北京市社会科学基金研究基地重点项目
北京智慧型社区商业服务模式研究（19JDYJA002）重点成果

智慧型社区商业服务模式研究

王成荣　王春娟　等◎著

中国商务出版社
CHINA COMMERCE AND TRADE PRESS

图书在版编目（CIP）数据

智慧型社区商业服务模式研究 / 王成荣等著. —北京：中国商务出版社，2022. 3 （2023.3重印）

ISBN 978-7-5103-3897-7

Ⅰ. ①智…　Ⅱ. ①王…　Ⅲ. ①社区—商业服务—研究—中国　Ⅳ. ①D669. 3

中国版本图书馆 CIP 数据核字（2021）第 252420 号

智慧型社区商业服务模式研究

ZHIHUIXING SHEQU SHANGYE FUWU MOSHI YANJIU

王成荣　王春娟　等◎**著**

出版发行：中国商务出版社

地　　址：北京市东城区安定门外大街东后巷 28 号　　**邮　　编**：100710

网　　址：http://www.cctpress.com

电　　话：010-64212247（总编室）　　010-64269744（事业部）

　　　　　010-64208388（发行部）　　010-64266119（零售）

邮　　箱：bjys@ cctpress. com

印　　刷：河北赛文印刷有限公司

开　　本：700 毫米×1000 毫米　1/16

印　　张：16. 5

字　　数：266 千字

版　　次：2022 年 4 月第 1 版

印　　次：2023 年 3 月第 2 次印刷

书　　号：ISBN 978-7-5103-3897-7

定　　价：69. 00 元

前 言

笔者对“智慧型社区商业服务模式”的接触、研究始于2013年。在“北京第八届京商论坛”上，笔者首次提出了“第四次零售革命”的概念；继而于2014年10月出版了《第四次零售革命：流通的变革与重构》[①]一书，先后发表了《新的零售革命：机遇与挑战》[②]《零售革命背景下百货店的转型与创新》[③]《第四次零售革命：从电商到智能零售》[④]等论文。从快速崛起的电商营销现象中，笔者敏锐地观察到：一场由信息技术变革催生、由电子商务和移动电子商务直接触发的新的零售革命——第四次零售革命已经来临。这场革命远远超越业态创新这一层次，既是一次零售全业态、全渠道的革命，又把商流、物流、信息流、消费流整合在一起，使流通、金融、制造连接在一起，从订单到生产、到零售终端、再到消费，整条供应链和价值链都发生了翻天覆地且不可逆转的变化，改变了商品流通过程、制造流程以及消费模式。这场革命涉及消费者主权的重新确立、流通生态的再造和零售模式的颠覆性改变，它比以往任何一次零售革命都要强烈、影响都要深远。同时，笔者深刻意识到：处于零售终端、贴近百姓生活、具有综合服务性质的社区商业，不但无法规避，而且还会受到第四

---

① 王成荣等著. 第四次零售革命：流通的变革与重构［M］. 北京：中国经济出版社，2014. 中国商务出版社于2019年4月出版英文版并由中国图书进出口（集团）总公司在海外发行；台湾乐果文化事业有限公司于2019年7月在中国台湾公开出版了繁体字版。

② 王成荣. 新的零售革命：机遇与挑战［J］. 中国商贸，2014（7）：20-24.

③ 王成荣. 零售革命背景下百货店的转型与创新［J］. 商业经济研究，2015（7）：7-9.

④ 王成荣. 第四次零售革命：从电商到智能零售［J］. 时代经贸，2018（1）：6-13.

次零售革命更加强烈的冲击。2017 年 5 月 30 日，在“京交会”[①]（北京）2017 中国电子商务大会上，笔者做了题为“构建互联网时代社区商业新生态”的演讲，揭示了在第四次零售革命的影响下，社区商业服务呈现出网络化、智慧化的新特征、新趋势、新模式。

发展智慧型社区商业服务模式，既有第四次零售革命的推动，更有国家相关政策的支持以及社区民生消费品质不断提升的内在动力。

2014 年，智慧城市建设被纳入国家战略[②]；2015 年，国务院《政府工作报告》提出“建设智慧城市”；2017 年，国务院提出要加快供应链应用与商业模式创新，大力发展智慧商圈、智慧商店等智慧零售终端[③]；2018 年，商务部提出“智慧生活服务”[④] 的理念。2020 年，《中华人民共和国国民经济和社会发展第十四个五年规划和 2035 年远景目标纲要》提出要建设智慧城市，推进智慧社区建设，依托社区数字化平台和线下社区服务机构，建设便民惠民智慧服务圈，提供线上线下融合的社区生活服务、社区治理及公共服务、智能小区等服务。北京市发布的《“十四五”时期智慧城市发展行动纲要》提出了六大主要任务，包括夯实智慧基础、便利城市生活、提高政务效能、促进数字经济发展、保障安全稳定、强化领域应用。

社区是城市社会最基础的单元，社区商业是城市流通体系和民生保障体系的重要组成部分。智慧型社区商业是智慧城市建设落地的关键触点，社区商业数字化转型有利于推进智慧城市国家战略。然而，我国多数城市的社区商业服务滞后于城市现代化建设，仍有较大的可挖掘发展潜力，数字化转型任务艰巨。以北京市为例，“四个中心”的城市功能战略定位和不断提升的居民消费需求，要求城市社区有足够的高品质的服务供给，但北京市社区商业从量到质，再到数字化转型上均存在一定差距。从量上讲，截至 2020 年，北京社区商业在城市商业中占比不足 40%，相比发达

---

① “京交会”，中国国际服务贸易交易会原简称；自 2020 年起，中国国际服务贸易交易会简称更改为“服贸会”。

② 中共中央，国务院．国家新型城镇化规划（2014—2020 年）[R]．2014.3.

③ 国务院．关于积极推进供应链创新与应用的指导意见 [R]．2017.10.

④ 商务部．关于加快城乡便民消费服务中心建设的指导意见 [R]．2018.6.

国家，如日本、法国等国（占比达50%以上），还有一定的提升空间。从质上讲，新老社区、城乡社区商业发展极不平衡；品牌化率和连锁化率不高；因房租、人工成本压力发展动力不足、服务质量不高；服务功能单一，基本处于满足居民“柴米油盐酱醋茶”等基本生活需要的层次，对居民健身、康养、文化及情感方面需求的满足度不高；社区商业主体多元、资源分散，公益性服务与商业服务严重脱节。从数字化转型上讲，缺乏统筹规划，各大电商平台处于跑马占地、无序发展的初级阶段。2015年北京市人民政府印发的《北京市提高生活服务业品质行动计划》和2018年北京市人民政府办公厅印发的《关于进一步提升生活性服务业品质的工作方案》均明确提出，要准确把握生活性服务业的商业性和公益性双重属性，着力推进社区生活性服务业“规范化、连锁化、便利化、品牌化、特色化、智能化”发展。在诸多政策的引导和支持下，随着互联网、大数据和人工智能等现代信息技术的广泛应用，北京社区商业服务的智慧化程度将迅速得到提升，为建设智慧城市提供重要支撑。

发展智慧型社区商业服务模式，最直接的推动力来自新冠肺炎疫情。

2020年初以来，在新冠肺炎疫情的防控中，社区发挥了重要作用，这彰显出社区商业“不可或缺”的基础地位和在重大公共危机事件中的应急保障功能，也暴露出城市商业中心和大型商圈建设的现代化、国际化与社区商业服务相对滞后之间的矛盾。两年多来，众多零售企业，特别是电商平台利用互联网以及人工智能、物联网、大数据、5G等数字技术，快速创新，加速了社区商业智慧化发展。进入常态化新冠肺炎疫情防控阶段后，线上线下融合成为社区商业发展的新趋势，社区团购成为新型社区商业模式，无接触服务模式适应疫情防控需要应运而生，生鲜电商平台精准匹配社区消费需求而得以迅速发展。实践证明，社区商业服务亟须转型升级、向智慧化方向推进；发展智慧型社区商业服务模式，有利于带动社区商业服务功能升级、品质升级、安全性和便利性升级，改善城市宜居生活条件和居民生活品质，为生活性服务业高质量发展注入持久动力。

研究智慧型社区商业服务模式，聚焦高质量发展、技术赋能和模式创新，破解智慧型社区商业服务发展难题迫在眉睫。因此，无论是从促进商业高质量发展的角度，还是从加快智慧城市建设的视角，对智慧型社区商业服务模式进行研究，均有重要的学术价值和社会经济意义。

基于上述认识、研究基础，以及这两年来社区商业越来越受到各界的关注，笔者于2019年申报了“北京智慧型社区商业服务模式研究”课题。由于研究环境优渥，课题组成员勤奋努力，取得了一系列研究成果，陆续发表了《“后新冠时代”加快智慧型社区商业服务体系建设的思考》①《现代城市社区功能与智慧型社区商业服务：文献探索与研究展望》②《数字经济背景下社区商业智慧化转型：理论体系与机制模型》③《常态和疫情下社区生鲜电商的盈利模型比较研究》④《数字经济背景下智慧型社区商业配置研究》⑤ 等学术论文。2020年6月，课题组向北京市哲学社会科学规划办公室提交了《“十四五”期间推进社区商业服务智慧化发展的建议》⑥，北京市主管领导做了重要批示。随后，根据北京市主管领导的批示，北京市科委召开专题座谈会，对建立智慧型社区商业服务体系问题与课题组成员进行了对接、讨论。大家一致认为，建设智慧型社区商业服务体系应列入智慧城市和智慧社区建设规划，统筹考量、系统设计，协同推进。

摆在读者面前的这本书，就是在上述研究成果的基础上，经进一步调查研究，文献探索，内容整合、梳理与细化所形成的重点成果。

依据从一般到个别、从理论到实践的研究逻辑及国内外比较的研究和

① 王成荣，王春娟．“后新冠时代”加快智慧型社区商业服务体系建设的思考［J］．商业经济研究，2020（12）：5-9.

② 王成荣，王肇．现代城市社区功能与智慧型社区商业服务：文献探索与研究展望［J］．中国商论，2020（21）：21-24.

③ 王春娟，王成荣．数字经济背景下社区商业智慧化转型：理论体系与机制模型［J］．商业经济研究，2021（10）：5-9.

④ 王艳，王成荣．常态和疫情下社区生鲜电商的盈利模型比较研究［J］．物流技术，2020，39（6）：20-24+29.

⑤ 康健，王成荣，王春娟．数字经济背景下智慧型社区商业配置研究［J］．商业经济研究，2021（21）：29-32.

⑥ 王成荣．“十四五”期间推进社区商业服务智慧化发展的建议［R］．北京社科基金项目《成果要报》，2020（42）：1-5.

写作方法，该书内容共分为以下七章：第一章“社区商业基础研究”，厘清了社区的概念、功能，梳理了国内外社区商业的研究现状，介绍了中心地理论、地价理论、商圈理论、零售业态演变理论、消费者行为空间理论、同类业态聚集理论、消费分层理论、集聚效应和外部性理论和场所理论等。第二章“智慧型社区商业转型研究”，首先说明智慧城市建设是国家战略、智慧社区是智慧城市建设的重要载体，同时介绍了智慧型社区商业的研究现状及发展趋势，阐述了社区商业智慧化转型理论基础——产业数字化转型理论和推拉理论。第三章“数字经济赋能社区商业智慧化转型”，研究了数字经济创新社区消费生态、数字经济赋能社区商业智慧化转型的理论与机制问题。第四章“智慧型社区商业发展现实研判”，总结了疫情下社区商业发展的新趋势和智慧型社区商业服务模式，对社区生鲜电商盈利模型和国内外快递物流业发展进行了比较分析，同时对北京发展智慧型社区商业的基础、科技创新情况和政策环境进行了透视分析。第五章“国内外智慧型社区商业典型案例研究”，分别选取国外和国内若干智慧型社区商业的典型案例进行了分析研究。第六章“智慧型社区商业服务体系建设”，研究了智慧型社区商业的特征，智慧型社区商业服务体系的基本构想，智慧型社区商业的配置原则、层级构成和配置模式，以及智慧型社区商业服务体系的标准化建设问题。第七章“智慧型社区商业发展的对策”，提出了智慧型社区商业发展的政策，其中强调要赋予社区商业一定的公益属性，加强智慧型社区商业服务体系建设的规划与落实，加大智慧型社区商业服务体系建设政策的支持力度，发挥国有企业在智慧型社区商业服务体系建设中的主体作用；在智慧型社区商业发展的建议上，本章提出要鼓励智慧型社区商业服务模式的探索和实践，形成智慧型社区商业服务模式创新引领示范，打造新业态新模式融合的智慧型社区应用场景，强化智慧型社区商业运营管理，构建智慧型社区商业流通设施；同时，本章还从组织保障、政策保障、资金支持和宣传推广四个方面，提出了发展智慧型社区商业的保障措施。

本书作者之一、北京财贸职业学院王春娟副研究员作为课题组核心成员，在调查研究、书稿整合与撰写、学术论文发表等方面，发挥了重要作用；北京财贸职业学院韩凝春研究员、康健副研究员、王艳教授，首都经济贸易大学王肇博士，北京工商大学郭馨梅教授等课题组骨干成员，在学术研讨和论文发表上做出了贡献。课题组其他成员包括：首都经济贸易大学陈立平教授、北京财贸职业学院张伦副教授、北京超市发连锁股份有限公司王增庆总裁、京东战略研究院曾晨高级研究员和北京便利蜂研究院张先振高级研究员，他们在调查研究、案例收集与分析等方面做了大量工作。笔者作为课题负责人和本书作者之一，主持并组织了课题研究工作，拟定了研究大纲，规划了技术路线与研究方法，提出了课题的核心观点和政策建议，参与了书稿撰写并对书稿进行了统改。

在本书即将出版之际，笔者特别感谢马龙龙、冯华、荆林波、张一平、崔也光、李亚、孟凡驰、刘建湖、焦金平、黄苏萍、孙忠娟和崔光野等专家的学术指导，也感谢首都经济贸易大学部分研究生在资料收集与整理方面所做的大量工作。

智慧型社区商业服务模式正处在不断创新与探索之中，尚未定型，尚需经过更长时间的实践检验。本书成书仓促，其中的观点与内容不可避免地存在不足、缺陷，诚恳地希望读者批评指正，并诚邀对智慧型社区商业服务模式有研究兴趣的同仁，加入我们的学术团队，合作开展更深入的研究，共同推动社区商业的数字化转型，助力做好发展智慧型社区商业服务模式这篇大文章。

王成荣

2022 年 3 月 18 日于北京

目　录

第一章　社区商业基础研究

本章首先厘清了社区的概念、功能，梳理了国内外社区商业的研究现状，介绍了中心地理论、地价理论、商圈理论、零售业态演变理论、消费者行为空间理论、同类业态聚集理论、消费分层理论、集聚效应和外部性理论、场所理论等影响较大的社区商业相关理论。

第一节　社区与社区商业研究

一、关于社区

（一）社区的概念

“社区”一词源于拉丁语 fellowship，原意是亲密的关系和共同的东西。1887 年，德国社会学家滕尼斯在《共同体与社会》一书中，将社区解释为由同质人口组成的、具有价值观念一致、关系密切、出入相友、守望相助的富有人情气氛的社会群体。① 自此，社区的概念不断拓展、演进、地域化。现代西方社会学家把村庄、集镇、城市以及具有更广阔地域的城区都称作社区，其着眼点就不再是社会关系的亲疏关系，而是社会关系的地域。关于社区的含义还有许多种，希勒拉利（G. A. Hillery）在 1955 年收集了有关社区的含义，发现有 94 种不同的含义。

在我国，社区的概念也在不断发展、泛化，具有独特含义。我国社会学者赋予社区的含义是，进行一定的社会活动、具有某种互动关系和共同

---

① Tonnies. Ferdinand. Community and Society［M］. Michigan State University，1957.

文化维系力的人类群体及其活动区域。[①] 也有人强调"共同体"这一人群要素，认为社区通常指"一定地理区域为基础的社会人群"。[②] 徐震在《社区发展在欧美》一书中指出，社区是若干社会群体或社会组织聚集在某一领域里所形成的一个生活上相互关联的大集体，是社会有机体最基本的内容，是宏观社会的缩影。[③] 1991 年，民政部提出"社区建设"的概念。2000 年，中办和国办转发《民政部关于在全国推进城市社区建设的意见》，标志着我国城市基层治理开启了从单位制与街居制向社区制转变的时代。有学者认为，现代城市社区作为城市建设与管理的基础，具有地域性、社会性、互动性、集聚性、联接性和多功能性等多重属性。相比之下，我国的社区地理边界与其他国家社区属性和边界的差异之处在于：不是基于文化认同自然形成，或通过居民投票决定，而是由政府基于方便服务、居民自治等原则进行的行政区域划分；基于方便行政管理的角度，社区的概念常与辖区或"邻里"交叉。

（二）社区的功能

在早期研究中，有学者认为，随着现代企业发展，社会服务、社会管理和社会保障功能从企业和政府中分离。现代城市社区的功能表现在发展社区经济、完善社区服务、社区管理、社区参与、提高生活质量和教育职能等方面。当然，社区职能的运作机制是满足不断变迁的社会需要，改善社区环境，提高生活质量。社区的"参与式治理"不但扩大了社区的自由和权力，也增强了社会自治的能力。在国家与社会的良性关系构建中，社区中的社会组织作为公共领域的组成，填补了国家让渡的权利空白，促进了国家与社会协调发展。随着经济的发展，社区治理的功能定位、动力机制也发生了变化，增加配合国家治理要求、回应社会内生需求的职能。总而言之，充分发挥社区的经济职能和管理职能，有重要的社会意义。

---

① 郑杭生. 社会学概论新修（第三版）[M]. 北京：中国人民大学出版社，2003：272.
② 唐忠新. 社区服务思路与方法. [M]. 北京：北京机械工业出版社，2003：6-7.
③ 徐震. 社区发展在欧美 [M]. 台北："国立"编译馆，1983.

二、国外社区商业研究

社区商业最早于20世纪50年代在美国诞生，二十世纪六七十年代在欧洲的英国、德国，亚洲的日本、新加坡等国形成了一定的规模。国外由于发展较早，因而现状较成熟，已经形成了体系化的研究成果。

国外早期对社区商业的研究主要集中于社区商业选址、类型和规模等级等，主要从微观零售企业的布局、职能等入手，研究重点放在社区商业中心的布局与功能上。1929年美国人佩里提出“邻里中心”的概念。[①] 关于社区商业对周边消费市场影响范围研究，1929年美国威廉·赖利（William. Reilly）的“零售引力法则”指出城市对周围区域的吸引力与其规模成正比、与距离成反比；1966年赫夫（D. L. Huff）提出“顾客吸引力法则”[②]，对于社区商业区位选择、社区商业设施数量和规模大小等有核心的指导作用。从社区商业的地位角度研究，德国地理学家克里斯泰勒于1933年出版了《南德的中心地》，提出了“中心地理论”。泰勒认为，“中心地是周围地域的中心，是可以向周围区域的消费者提供各种商品和服务的地点”。[③] 之后，美国的地理学家贝利、加里森在“中心地理论”的基础上做了补充，提出“成立阀人口理论”和“边界性等级货物”概念，并得出社区属于“中级中心地”的范畴。[④] 从城市空间布局的角度出发，最具代表性的是美国芝加哥大学教授伯吉斯在1925年提出的“同心圆理论”，即“以中心商务区为内部核心的向心圈的土地利用条件结构”。[⑤] 美国学者霍伊特（H. Hoyt）综合了64个城市的房租价格调查资料于1939年发表了

---

① 李曼. 社区商业建设发展若干问题思考［J］. 商业时代. 2006（8）：11-12.

② Huff. D. L. A Probabilistic analysis of shopping center trading areas［J］. Land Ecnomics，1963（39）：81- 90.

③ 唐振兴. 对发展中国养老服务业的思考［J］. 老龄科学研究，2014（4）：13-22.

④ 张逾，鲍观明. 城市社区商业发展模式研究述评［J］. 管理学家，2011（5）：15-16.

⑤ Burgess，E. W. The growth of the city：an introduction to a research project［J］. American Social，1924（18）：85-97.

《美国城市居住邻里的结构和增长》，提出了“扇形理论”。[①] 麦肯齐提出的“多核心理论”等都为社区商业的规划、设计、布局提供了重要指导。[②] 后期，国外对社区商业的研究渐渐着点于消费者行为和社会阶层属性上，讨论社区商业业态的创新和消费者的行为差异对社区商业中心的影响。从消费者需求的角度，在20世纪60年代产生了“消费者行为空间理论”，贝里和盖瑞逊[③]、大卫（Davis）、波特（Potter）[④] 等认为消费者收入水平的高低、文化程度的高低以及职业的不同都对社区商业的发展都具有很大的影响因素。大卫在构建的“购物中心层次性系统发展模型”中重点研究了社会经济特性差异和消费者行为对社区商业中购物中心的影响。K. Hayton 强调，社区商业应该紧密围绕社区，通过发展社区商业来促进地区的经济，通过参考借鉴英国苏格兰的城市社区建设经验，提出一种新型的社区商业模式。[⑤] Steven Bodzin 强调，应该在社区的重要空间节点建设社区购物中心，并增加购物中心内的就业岗位，使一些居民可以在社区内解决就业，同时强调社区商业在注重居民物质消费需求的同时还应该注重居民的精神文化需求。[⑥] Kamel El Hedhli 针对消费者购物心理进行研究，通过对美国的社区购物中心进行实地调研，走访社区的消费者，得到提升消费者购物体验的主要因素，并提出如何通过对这些因素的掌握来营造良好的购物环境的方法。[⑦] 国外近期对社区商业研究内容主要涉及社区企业合作伙伴关系、网络智能平台下社区商业盈利模式、社区商业金融投资、业种业态配置、企业绩效以及商业与社区之间的融通等，Mitsuyoshi

① Hoyt, H. The structure and growth of residential neighborhoods in American cities [J]. Federal Housing Administration, 1939.

② 张逾，鲍观明. 城市社区商业发展模式研究述评 [J]. 管理学家，2011 (5): 15-16.

③ Garner. Geography of Marketing [M]. Longman, 1979.

④ Potter. R. B. The Urban Retailing System: Location, Cognition and Behavior [M]. Gower and Retailing and Planning Associates, 1982.

⑤ K. Hayton. Scottish community business: an idea that has had its days? [J]. Policy & Politics, 2000.

⑥ Steven Bodzin. Newlife foroldmalls [J]. Journal of Housing and Community Development, 2003.

⑦ Kamel El Hedhli. Shoppingwell-beingat the mall: Construct, antecedent and consequences [J]. Journal of Business Research, 2013.

Horikawa, Taishirou Nonaka, Mitsumasa Sugawara 通过案例证明了社区商业建立信息系统有效实现购物活动。HallakRob, Brown Graham, Lindsay Noel J. C. 通过模型研究发现社区经济、地方依附、企业业绩呈现正相关关系，认为社区经济支撑中小型商业的绩效。Kruse Jean 认为，商业是社区经济发展的一个部分，商业与社区之间要实现融合贯通，社区商业要融入社区的整体。

三、国内社区商业研究

我国社区商业发展相对发达国家起步较晚。国内对社区商业研究从 20 世纪 80 年代开始。1986 年初期，我国民政部首次提出社区服务以民政对象为主；建筑部居住区详细规划课题组编写的《居住区规划设计》详细阐述了社区商业的定义、类型、功能、发展现状，探讨了社区商业的空间布置原则和结构设置。[①] 20 世纪 80 年代后期，为适应经济转轨和社会转型的客观需要，民政部借鉴国外的先进经验，结合我国的实际情况，提出了"社区建设"的口号。1989 年全国人民代表大会第一次将社区服务纳入法律。

国内早期研究主要针对社区商业服务功能、类型与布局问题开展，大多是在总结和借鉴国外有关社区商业的理论研究成果或成功发展经验，来启发国内社区商业的发展。随着城市化进程加速，研究重点逐渐向空间规划、网点规划、组织模式、发展模式、盈利模式、生命周期以及测评等方面延伸。另外，也有学者针对一线城市社区商业服务在发展中存在的诸多问题进行研究。具体问题包括：社区商业供求失衡、缺乏整体引导和统一规划，商业开发以短期收益为主、管理水平低；社区商业功能单一、结构不完善且规模不当（规模偏小、不能满足居民需求，或盲目开发造成资源浪费），难以满足社区商业持续发展的需求；商业布局不合理、商业与社区协调性差等。

---

① 《居住区详细规划》课题研究组. 居住区详细规划［M］. 北京：中国建筑工业出版社，1985.

（一）社区商业的界定

李定珍教授编著的《中国社区商业概论》[①] 最早对社区商业进行了系统阐述。它是国内第一部相关学术领域界研究社区商业的著作，对国内外社区商业的概念、类型、理论进行了总结，第一次系统地介绍了社区商业的基本概念、我国社区商业的现状和存在的基本问题，并结合我国的实际情况提出了健康发展我国社区商业的战略和基本路径，为国内的社区商业理论奠定了基础。张占东首次用市场营销学的理论去分析中国社区商业的问题。[②] 真正对社区商业的相关研究具有政策指导作用的文件是2005年商务部颁布的《关于加快我国社区商业发展的指导意见》，此后国内开始重视社区商业的发展。[③] 张齐荣教授的《社区商业管理》基于连锁经营体系的社区商业拓展理论，对中国未来社区商业的发展战略、经营模式、组织形式以及社区商业建设规划等问题提出了自己的建议。[④] 目前社区商业主要以定性研究、对策研究为主，主要集中于现状调查、配置理论以及对生活性服务业的发展完善提出对策建议。

但与中国目前社区建设轰轰烈烈的情况相伴随的是，我国理论工作者和实际工作者对社区服务、社区商业、社区建设中社区概念提出了不同的看法。概括起来主要有三种观点：一种观点强调，社区主要指居民委员会；另一种观点认为，社区主要是指街道办事处辖区；还有一种观点认为，社区应该是指人们通常所说的“小区”，而非街道、居委会辖区。持这种观点的社会学者认为，街道、居委会辖区并不是社区，只是人们所说的“小区”才是真正意义上的社区。[⑤]

城市社区服务、社区商业和社区建设中的“社区”并非泛指任何层次、任何规模的社区，各有其不同的内涵。中国民政部所提的社区建设、

① 李定珍. 中国社区商业概论［M］. 北京：中国物价出版社，2004.
② 张占东. 社区商业问题探讨［J］. 地域研究与开发，2004（3）：58-60.
③ 商务部. 关于加快我国社区商业发展的指导意见［R］. 2005.12.
④ 张荣齐. 社区商业管理［M］. 北京：中国物资出版社，2008.
⑤ 唐忠新. 社区服务思路与方法［M］. 北京：机械工业出版社，2003：7.

社区服务中的“社区”[①] 概念主要是指基层社区，尤其是基层法定社区[②]。城市居住社区就是在城市地域内，特定的空间组织内部相同的环境设施、相似的文化背景下所构成的大集体。[③]

按照商务部商业改革发展司对社区划分说明，社区商业中的“社区”概念指由一定质量的住宅、一定规模的人口、一定地域范围、一定特色文化氛围、一定数量的服务设施构成的城市居住社区，按社区建设时间和人口规模分为两大类[④]。社区商业中的“社区”，实际指的是城市住宅小区，是指被城市道路或自然界限所围合的具有一定规模的生活聚居地，它为居民提供生活居住空间和各类服务设施，以满足居民日常物质和精神生活的需求。[⑤] 杨琳在《社区会所经营实务》一书中提出：“在实际生活中，社区也常常等同于住宅小区，是指人们集中成片居住的区域或区块。”[⑥]

国内学者对于社区商业的界定相对统一。李定珍首次就社区商业的基本含义、类型、特征等进行了系统性的分析，认为社区商业是一种以住宅小区为载体、以一定地域居民为服务对象、以便民利民为宗旨、以满足和促进居民综合消费需求为目标的属地型商业。社区商业是城市商业空间中一个重要层次，它是相对于城市中心区商业、区域型商业而言的。[⑦] 喻颖（2008）在《社区商业开发运营指南》中对社区商业的内涵进行了较为细致的介绍和界定，社区商业的判断是以商业体与住宅的关系为识别标准的，它区别于传统的商业范畴，如大型购物中心、主题商业步行街等，是以周边地域内和周边居民为主要服务对象的零售商业形态，因而其立足点是为了满足社区消费，其特点体现在便利性、服务多样性等方面，具备购物、修理服务、餐饮服务、综合服务四项基本功能。

---

① 杨琳. 社区会所经营实务［M］. 广州：广东经济出版社，2001.
② 马龙龙. 商业学［M］. 北京：中国人民大学出版社，1998：122-142.
③ 王彦辉. 走向新社区［M］. 南京：东南大学出版社，2003.
④ 李定珍. 中国社区商业概论［M］. 北京：中国物价出版社，2004：3.
⑤ 李定珍. 社区商业理论探索［J］. 湖南商学院学报，2004（1）：27-29+32.
⑥ 杨琳. 社区会所经营实务［M］. 广州：广东经济出版社，2001.
⑦ 李定珍. 社区商业理论探索［J］. 湖南商学院学报，2004（1）：27-29+32.

（二）社区商业的发展模式

刘念雄在其《购物中心开发设计与管理》一书中提出，社区型购物中心是提供日用消费品、耐用消费品等更多商品选择的余地的购物服务。[①] 张占东认为，不同的社区可以依据其规模的大小进行不同的商业配置，规模大的社区可以选择自主运营的商业模式，把大型的购物中心作为主要的业态，中小型的社区可以由商业组织或者政府部门进行集中的管控和规划，以形成规模效应。[②] 赖阳在《对社区商业的理想形态与开发模式探讨》一文中提出，社区商业应当是“现代生活广场+便利商业终端”的全新社区商业体系，解决开发商和经营者利益不同的矛盾，发展商业投资基金。[③] 丰志勇、何俊提出，结合上海社区商业政策导向和发展情况提出了两种社区商业发展模式，即居住型商业模式和街坊型商业模式，其中街坊型商业模式又包括三种具体模式，会所式、多点式和沿街式。[④] 张晓娜研究社区商业组织模式，认为网点配置和业态组合是社区商业组织模式的关键环节。[⑤] 葛英通过理论研究和定量计算的方法，对国内外各代表性的社区商业模式进行研究，从中寻求适合我国各城市客观条件的商业模式。[⑥] 李炅之、王梦珂、何丹研究了新加坡邻里中心模式在国内本地化的经验，提出国内社区商业发展模式。[⑦] 谭博裕分析了国外发达国家社区商业的发展模式，通过介绍欧美、日本和新加坡三种社区商业模型，来探索中国社区商

---

① 刘念雄. 购物中心开发设计与管理［M］. 北京：中国建筑工业出版社，2001.

② 张占东. 社区商业问题探讨［J］. 地域研究与开发，2004（3）：58-60.

③ 赖阳. 对社区商业的理想形态与开发模式探讨［J］. 北京市财贸管理干部学院学报，2005（3）：9-12.

④ 丰志勇，何骏. 我国城市社区商业的现状、定位和发展模式［J］. 地域研究与开发，2008（4）：47-51.

⑤ 张晓娜. 城市社区商业组织模式探讨［J］. 北京工商大学学报（社会科学版），2008（6）：19-23.

⑥ 葛英. 城市社区商业开发模式及规模探析［D］. 合肥工业大学，2009.

⑦ 李炅之，王梦珂，何丹. 社区商业模式选择的思考——以苏州工业园区邻里中心为例［J］. 世界地理研究，2010，19（4）：138-144.

业未来的发展之路。[1] 杨娟以郑州市航南新城居民安置区为模板，探讨了社区邻里中心的空间模式。[2] 王瑞丰、韦恒以北京朝阳区作为案例，通过研究其社区商业的现状模式、出现的问题，分析如何为其构建和保障社区商业新格局、新模式。赵灵翡在研究北京社区商业发展现状的基础上，从政府和开发商角度探讨了在新型城镇化背景下北京社区商业的发展模式问题。[3] 杨晓娜对当下我国的城市大型社区商业模式进行研究，探讨其内涵、特征及建设实践，将其总结为主要四种模式。[4] 蒋明阳对邻里社区模式进行分析和探讨，总结国内外相关的邻里社区方面的优秀案例，并尝试将这一商业模式运用于我国的社区商业规划设计与建设之中。[5]

我国的社区商业早期主要以历史城市发展过程中形成的沿街商铺为主要载体，缺乏统一的规划，业态配置普遍较低，社区商业服务功能不完善。[6] 随着近几年房地产业的迅猛发展，特别是商住综合体项目的逐渐成熟，社区商业实现了跨越式的发展。[7] 全国各地在加快城镇化进程以及新开发住宅区的建设中，把社区商业的规划和发展视为至关重要的一环，国内涌现出了一大批“大型超市”“生活广场”“特色街区”等众多社区商业项目。它们可能在定位上超出社区服务范围的口号，但是从实际情况来看，它们多数仍是以服务社区居民为主要目的的，特别是居住区内部的商业基础设施。国内的社区商业建设正在迈向一种综合商业、居住、娱乐、休闲全功能服务的体验式场所，一种为社区居民创造的拥挤热闹的场所的方向发展。总的来说，目前国内的社区商业普遍带有浓厚的住宅底商特点，当前国内社区商业中心的基本模式主要有三大类：

一是以上海联洋、苏州邻里中心为代表的大型商业中心，大型超市、

---

① 谭博裕. 新加坡“邻里中心”社区商业模式对中国的启示［J］. 技术与市场，2011（8）：256-257.

② 杨娟. 城市邻里中心商业空间模式的探究［D］. 长安大学，2013.

③ 赵灵翡. 新型城镇化背景下北京社区商业发展研究［D］. 首都经济贸易大学，2014.

④ 杨晓娜. 我国城市大型社区商业模式探析［J］. 江苏商论，2014（31）：49-50.

⑤ 蒋明阳. 新型社区商业模式——邻里中心的探讨［J］. 现代经济信息，2016（7）：84.

⑥ 郑淑蓉. 社区商业的发展模式及其运作［J］. 商讯商业经济文荟，2004（3）：1-3.

⑦ 沈萌萌. 社区商业的理论与模式［J］. 城市问题，2003（2）：40-44.

餐饮、娱乐、健身、学校、医院等社区配套服务设施应有尽有，类似于欧美国家社区商业中心的模式。以苏州工业园区邻里中心为例，借鉴新加坡邻里中心最新模式，并根据中国国情把新加坡邻里中心的商业功能与新加坡人民协会民众联络所及政府部门投资建设的社会公益性设施有机结合，融为一体，探索新型的商业开发和社区管理模式，把所有与居民日常生活需要贴近的商业和生活服务设施都集中于邻里中心。邻里中心专注于“居住区商业中心”的开发运营，成功改写“社区商业”的定义，创立了“以房屋租售为经营基础、以市场需求作功能定位、以所有者身份进行行业管理”的特有模式，并提出“居住商业，品质生活”的企业定位。邻里中心的特点是有序、规范、配套。“有序”是指在园区统一规划下，根据社会发展需求建设邻里中心，进行区域服务的有序布局与功能的合理设置；“规范”是指全面引进新加坡的管理模式，来规范邻里中心的服务与经营；“配套”是指涉及居民日常生活所需的服务项目门类齐全、应有尽有、配套完整。①

二是“沿街式”的社区商业中心模式，是“以步行约 5 分钟为半径的从居民居住区到商店的垂直距离”，它是在成规模的新建居民区中，选择其中一些居民楼底层，建成商业用房，满足居民对生活必需品就近消费需要的“社区底商发展模式”②。它的必备性的业态主要是 24 小时便利店、水果店、餐饮店、美容美发店、洗衣店等；而其指导性业态有报刊亭、咖啡馆、休闲茶吧、音像店等。

三是“改造式”的社区商业中心模式，只用于已经存在的固有商业网点，对散布在社区的传统商业网点进行升级改造，并根据常住人口的消费需求和小区结构，对社区商业网点布局进行科学、统一规划，形成有一定吸引力的商圈。

---

① 杜岩，彭品志，庄玉梅. 我国城市社区商业辨析与探讨［J］. 山东经济，2005（1）：21-24.

② 何骏. 我国城市社区商业的发展模式研究［J］. 北京工商大学学报（社会科学版），2008（2）：23-26.

（三）社区商业规模布局

中国人民大学的黄国雄提出，城市社区商业网点规划非常重要，如何选址及确定网点分布是关键。[①] 郑淑蓉利用定量计算等方法来为社区商业规模的确定提供依据。[②] 张晓娜、施明华研究了主流社区商业空间布局模式。[③] 徐晓燕、曲静、叶鹏对街区层面的居住区商业设施进行研究，并运用量化方法对不同空间布局模式社区进行评价，以此选择最佳可达性的空间布局模式。[④] 丰玮通过对合肥市居住区周边公共服务及商业设施空间布局进行调研，了解各设施的可达性和居民满意度，总结其现状问题，提出商业设施在空间布局方面的规划要点。[⑤] 钟桂芬、张丽君、李伟选取南京市社区作为各类社区商业布局模式的代表性案例，探究其空间位置、业态构成以及空置率，总结各类布局模式的特点。[⑥] 富嫱对多种社区商业布局模式的布局形态、空间区位、优劣势比较、案例分析进行研究，并从各模式中选取作为未来我国社区商业发展的主力模式。[⑦] 王庆璐以哈尔滨市老城社区为案例，总结社区商业空间布局的影响因素、发展现状，并提出建设性意见。[⑧] 徐晓燕的《城市社区配套设施微区位布局研究》[⑨] 通过对八大类居住区配套模式的反思，提出社区的配套设施从“闭合系统”向“开放系统”的转变是实现合理布局的关键，并对于其中商业服务设施进行了微区位的分析，提出配套设施的两种理想的布局模式：（1）等质等量的配

---

① 黄国雄. 以城建市以市兴城——首都商业网点规划之我见［J］. 北京市财贸管理干部学院学报，2000（1）：17-19.

② 郑淑蓉. 社区商业的发展模式及其运作［J］. 商讯商业经济文荟，2004（3）：1-3.

③ 张晓娜，施明华. 我国城市社区商业的空间布局模式探讨［J］. 北京工商大学学报，2009，24（6）：28-33.

④ 徐晓燕，曲静，叶鹏. 基于空间句法的住区配套商业设施可达性研究［J］. 规划师，2012. 28（S2）：244-248.

⑤ 丰玮. 公共服务设施配置与居民出行间关系研究［D］. 合肥工业大学，2012.

⑥ 钟桂芬，张丽君，李伟. 社区商业业态空间布局研究——基于典型社区商业案例的总结［J］. 中国房地产，2013（7）：46-49.

⑦ 富嫱. 城市大型社区商业空间布局模式研究［J］. 城市建设理论研究（电子版），2015（10）：46-47.

⑧ 王庆璐. 哈尔滨市社区商业空间布局策略研究［D］. 哈尔滨工业大学，2017.

⑨ 徐晓燕. 城市社区配套设施微区位布局研究［J］. 规划师，2011，27（12）：62-66.

套设施应按照最小服务半径分组模式，分布于各个小区的中心。（2）非等质等量的配套设施，应聚集于市场的中心，以占据最大的市场份额，同类设施服务等级有分化时有形态的变化。柴彦威、沈洁的《基于居民移动—活动行为的城市空间研究》[①] 根据陈述偏好法以个体对日常活动的感知与评价作为研究切入点，以城市空间研究和行为地理学两条主线展开，将对个人的移动—活动行为置身于城市空间环境的大背景之中，探求居民追求的理想行为及其理想空间。结合 SP 法和 RP 法及一般统计数据和 GIS 空间数据等多源数据，利用 GIS 等空间分析的新技术新方法，尝试构建一个居民移动—活动行为与城市空间之间互动的研究新框架。沈洁、柴彦威（2006）从北京市社区居民对中心商业区使用方面的研究发现，"城市商业中心由于受到了社区商业新业态的发展，越来越多居民的购物空间已经从市中心向社区商业转移"。[②] 龙海波从人文地理学居住空间的角度入手，研究了上海市社区商业的等级结构和空间结构，并在社区商业的空间布局方面有自己的一定见解。[③]

（四）社区商业评价指标

陶晓波开发了一组测评社区商业设施满意度的量表，并进行了实证检验，实证研究北京社区商业设施发展过程中的问题。[④] 张波、张荣齐从社区商业全国示范社区的评价规范出发，建立了社区商业建设评价指标体系，得出"我国的社区商业建设水平东部比西部高，而且是按照沿海向内陆梯次分布"。[⑤] 郑光财从营业面积、时间、服务距离、营业先进性和居民满意度五个方面的指标，运用统计学的方法来进行评测并分级，评测结果

---

① 柴彦威，沈洁. 基于居民移动—活动行为的城市空间研究［J］. 人文地理，2006（5）：108-112+54.

② 沈洁，柴彦威. 郊区化背景下北京市民城市中心商业区的利用特征［J］. 人文地理，2006（5）：113-116.

③ 龙海波. 上海现代社区商业空间研究［D］. 上海师范大学，2007.

④ 陶晓波. 社区商业设施满意度测评指标体系实证研究——以北京市为例［J］. 北京工商大学学报，2009，24（6）：21-27.

⑤ 张波，张荣齐. 社区商业建设评价指标体系构建［J］. 商业时代，2009（24）：18-19.

通过与平均值的对比来获知某社区的社区商业建设水平。① 吕一林、田林、李妍嫣从居民的需求满意度的角度出发，将其分为安全性、健康性、便利性、舒适性等逐一评测，总结出北京社区现有的社区商业问题并提出对策。② 乜标、俞佳峰采用结构方程模型对社区商业满意度进行定量分析，认为科学规划社区商业、引进品牌社区商业店铺、加强社区内商业店铺管理、通过培训提升店铺经营者和从业人员素质是推动社区商业发展、提升城市居民社区商业满意度的重要手段。③

（五）社区商业开发

樊盛兰主要从社区商业的经营模式、招商策略、管理模式等方面入手，来研究如何营造良好的商业开发运营体系，尤其是通过运用规模经济和范围经济等经济理论来探究良好的管理对于社区商业运行的重要性。④ 万房网地产研究机构所著的《社区商业开发操盘实战解码》是社区商业开发领域的第一本案例式教科书，对社区商业 7 大环节、7 种核心开发模式、23 个绝密实战案例进行了精确解读剖析，为社区商业发展提供了丰富的理论和实践借鉴。⑤ 周霞、周晓静结合房地产开发来研究社区商业，指出当下社区商业发展正处于黄金发展期，应该着力改善现阶段的社区商业开发模式和销售模式，加强对社区商业的统一经营和管理。⑥ 俞海英主要研究社区商业综合体的开发和运营的影响因素，探究区位、功能设置、业态结构和经营形式如何对其造成影响，并为社区商业综合体的未来发展提出一些策略性建议。⑦ 郑宏晟针对当下社区商业在开发过程中所存在的缺乏商

① 郑光财. 浅议评价社区商业建设水平的指标体系［J］. 北方经济，2010（16）：13-14.
② 吕一林，田林，李妍嫣. 基于居民满意度的社区商业发展实证研究［J］. 商业时代，2010（3）：23-25.
③ 乜标，俞佳峰. 城市社区商业满意度实证研究——以杭州市为例［J］. 北京工商大学学报（社会科学版），2011，26（4）：38-45.
④ 樊盛兰. 城市社区商业开发运营研究［D］. 重庆大学，2006.
⑤ 万房网地产研究机构. 社区商业开发操盘实战解码［M］. 大连：大连理工大学出版社，2009.
⑥ 周霞，周晓静. 对现阶段我国社区商业开发经营模式的几点思考［J］. 江苏商论，2009（15）：6-7.
⑦ 俞海英. 如何成功运营城市社区商业综合体［J］. 城市建设理论研究，2013（7）：14.

业策划的问题进行调研，然后依照前期策划、中期规划建筑设计、后期运营管理的三个商业开发阶段来分别进行研究，结合相关商业开发案例，从中总结出基于商业策划的社区商业开发的基本原则。① 柳丽针对目前我国社区商业发展现状，分析社区商业多元化缺失、管理工作缺乏精益化等问题，提出未来社区商业发展新思路、具体性措施和建议。② 薛凯、王崇岗以青岛福州路万科广场社区商业为研究案例，从中探究位于城市中心区的社区商业的开发策略，并着力于通过改善社区商业的开发流程来提升社区居民的生活品质。③ 刘宇涵、韦恒阐述了台资类连锁服务模式优越性，论证该模式与社区商业互动的路径，找出顺应社区商业发展新方式的思路。④ 靳晶晶对比我国及美国、英国、日本、新加坡等国家社区商业开发模式，总结商业开发模式的经验。⑤

（六）社区商业的政策建议

黄国雄论述了城市社区商业网点规划的必要性，提出政府在社区商业中扮演规划主体角色。⑥ 王晓玉提出，政府要在社区商业中扮演规划主体这一角色，而连锁企业要作为重要角色协助政府做好社区商业。⑦ 李程伟、张晓红认为，北京市要加快发展社区商业，并探讨了其建设的难点、问题成因以及措施。⑧ 赵立华提出，发达国家社区商业在满足居民的全方位服务中的作用不可替代，而社区商业发展状况直接可以反映出一个国家或者地区现代化建设程度和整体竞争能力，未来社区商业是价值最高的一种商

---

① 郑宏晟. 基于商业策划的社区商业开发研究［D］. 湖南大学，2014.

② 柳丽. 我国社区商业发展现状分析及建议［J］. 时代金融，2015（24）：191+194.

③ 薛凯，王崇岗. 社区商业开发策略研究——以青岛福州路万科广场社区商业为例［J］. 中小企业管理与科技旬刊，2016（6）：51-52.

④ 刘宇涵，韦恒. 京台连锁服务业与社区商业互动发展路径研究［J］. 哈尔滨商业大学学报（社会科学版），2016（4）：31-41.

⑤ 靳晶晶. 中外社区商业开发模式比较及经验借鉴［J］. 商业经济研究，2018（17）：9-12.

⑥ 黄国雄. 以城建市以市兴城——首都商业网点规划之我见［J］. 北京市财贸管理干部学院学报，2000（01）：17-19.

⑦ 王晓玉. 国外社区商业发展的理论与实践［J］. 上海经济研究，2002（11）：68-73.

⑧ 李程伟，张晓红. 北京市社区商业服务的发展：难点与对策［J］. 北京行政学院学报，2002（4）：52-55.

业形式；[①] 并认为北京商业未来新增长点就在于社区商业，并提出了一系列发展思路。[②] 孙元欣认为，要正确认识社区生命周期现象对于发展社区商业直接影响和制约作用，制定发展战略，有助于社区商业的科学发展。[③] 梁运文、谭力文研究了社区型购物中心角色与战略选择问题。[④] 叶强通过对宝山区大场镇社区研究，提出可以通过整合社区商业开发流程，加强对商业动态监控，加强社区商业企业服务素质等方式来提升社区商业管理水平。[⑤] 李曼指出，社区商业是城市商业快速发展的基础和重要的推动力，是未来我国商业投资的目标，同时有助于解决更多的社会人员的就业问题。[⑥] 蔡鑫则指出，社区商业可以有效地分散开购物中心所引起的城市中心的交通压力，并在节约土地资源、推进和谐社会方面具有重要意义。[⑦] 曹汝东提出，影响社区商业发展的不同影响因素、规律和特点。[⑧] 陆文隽针对上海三个主要社区商业中心进行考察，对其空间规划和适用情况进行分析，并考察其内部的居民消费行为，以此来探究社区商业规划布局如何与消费者的消费行为联系起来，满足消费者使用需求和行为习惯。[⑨] 吕靖烨将目光聚焦于我国社区商业外部经济情况，从政府、行业、企业等角度提出了治理措施。[⑩] 刘建湖认为，应该以满足广大人民群众的物质、精神消费的需求，满足广大人民群众对生活质量提升的迫切愿望，以政府为导向，以市场为风向标的原则设置社区商业。[⑪] 何骏认为，按照我国的国情，

---

① 赵立华. 社区商业未来商业新的增长点［J］. 北京市财贸管理干部学院学报，2003（3）：24-26.

② 赵立华. 北京社区商业发展探讨［J］. 商业时代，2005（23）：19-20.

③ 孙元欣. 社区生命周期与社区商业发展规律［J］. 上海商业，2003（3）：10-12.

④ 梁运文，谭力文. 商业生态系统价值结构、企业角色与战略选择［J］. 南开管理评论，2005（1）：57-63.

⑤ 叶强. 社区商业管理的问题及对策研究［D］. 上海交通大学，2006.

⑥ 李曼. 社区商业建设发展若干问题思考［J］. 商业时代，2006（8）：11-12.

⑦ 蔡鑫. 发展社区商业——社会和谐与经济发展的并重之举［J］. 商场现代化，2009（6）：151-152.

⑧ 曹汝东. 我国社区商业发展模式研究［D］. 东北财经大学，2007.

⑨ 陆文隽. 社区商业空间规划与消费行为的互动［D］. 同济大学，2008.

⑩ 吕靖烨. 城市社区商业外部不经济的表现与治理策略［J］. 商业研究，2008（3）：133-135.

⑪ 刘建湖. 城市社区商业发展模式的定位思考［J］. 商业研究，2008（12）：197-200.

应该发展商业布局合理、服务功能齐备、服务质量和管理水平较高的社区商业综合服务体系。①

宋春光和刘江涛提出，按照社区所处地理位置和社区经济结构作为选择社区商业模式的标准。(1) 依据社区所处地理位置。城市中心城区的社区一般都处于传统的社区周边，周围必然有社区商业中心或者次级商业中心丰富的业态可以满足社区居民的物质、精神需求，应该设置部分底商来补充周围业态的不足来方便居民的购物出行。而近郊社区或远郊社区一般都是新建社区，周围没有大型的商业配套设施，建议设置社区商业中心或大型社区商业街，来满足社区内广大人民群众的消费需求。(2) 依据社区居民的社区经济结构。按照居民的社区经济结构水平，可将社区分为五种类型，即别墅区、高层公寓区、中高档多层住宅区、中档多层住宅区、廉价多层住宅区。别墅区、高层公寓区和中高档多层住宅区属于高收入群体的居住区，应以社区商业中心为主，大体量的社区商业建筑配合一些便民利民的社区商业网点，形成社区的小型商业中心，可以满足高收入人群对生活品质和文化生活的需求。中档多层住宅区及廉价多层住宅区消费水平普遍偏低，廉价的大中型超市、折扣店等社区商业业态是这种社区商业的首选。社区布置社区商业的时候要综合考虑，需要满足政府的商业规划也需要满足社区内广大人民群众的日常物质消费需求。②

徐爽从消费者需求和行为角度来研究社区商业总量、结构以及不同空间布局适用性，尝试总结出一套行之有效的基于消费行为的分析方法并将其应用于上海新建大型社区实例，以对其进行有效的评价。③ 孙元欣提出，在城市和乡镇发展社区商业的过程中，要进行预见性设计，增加资金投放并要实施监察和管控，逐步完善功能。④ 李华明以南京市建邺区为对象范

① 何骏．上海社区商业的发展模式研究［J］．城市问题，2008（4）：40-43+48.

② 宋春光，刘江涛．中国社区商业发展的路径分析［J］．学术交流，2008（1）：4.

③ 徐爽．基于消费者行为学的居住社区商业规划与设计研究——以瑞虹新城为例［D］．同济大学，2009.

④ 孙元欣．上海郊区新市镇商业发展的模式与措施［J］．商业研究，2009（8）：159-161.

围，通过借鉴一些商业设施规划相关理论和实际案例，结合居民消费需求，探讨其社区商业设施配置的发展现状，并提出相关对策建议。[①] 林善浪通过研究发现，软硬环境影响社区商业的发展，“人口的数量、职业特征、消费水平”等是软环境，而社区的“区位、社区商业设施的概况、交通通达度”等是硬环境。刘岭以北京市回龙观社区为例，对居住其内的居民进行归类并分析其消费行为特征，将其社区商业发展划分为多个阶段，并分析其各阶段的消费行为特点，总结其社区发展与建设的经验。[②] 李亚晴针对深圳市南山区社区商业设施配置现状及其使用情况进行调查分析，找出其现状的优势及问题，并进一步提出政府干预对社区商业设施发展的重要性及具体方法。[③] 赖月云在对杭州市社区商业现状的摸查后，提出了相应的发展对策。[④] 隋鑫毅通过对济南城郊三个大型居住区的社区商业设施进行实地探访和资料分析，得到其规模、空间布局、业态配置情况以及消费者使用情况，并总结出影响济南城郊社区商业规划建设五个重要因素。[⑤] 曹正进分析了北京发展社区商业动因，认为政府和企业应该把北京社区商业建设上升到战略高度。[⑥] 蔡欣春以上海宝山区为例分析了社区商业存在的问题，并结合国内外成功案例，提出发展社区商业的建议。[⑦] 汤婧雯选取了西安市典型的二十多个小区为对象，调研其社区商业设施的配置及使用情况，分析各社区在功能、形态、布局等方面特点找出其在业态配置、经营模式方面不符合相关规范指标的缺点所在，以此来进一步探讨如何对社区商业进行合理的规划与定位。[⑧] 黄振波、王先庆认为，在新城镇背景下社区商业发展有便利性、文化休闲、体验消费、主体化、特色化

① 李华明. 城市社区商业设施配置研究——以南京市建邺区为例 [D]. 长安大学，2009.

② 刘岭. 北京回龙观特大型社区商业发展探析 [J]. 中国商论，2010 (6)：226-227.

③ 李亚晴. 市场主导下政府干预居住社区商业设施配置研究 [D]. 深圳大学，2010.

④ 赖月云. 国外社区商业发展对杭州的启示 [J]. 商场现代化，2010 (13)：96. 97.

⑤ 隋鑫毅. 济南城郊大型社区商业设施配置研究 [D]. 山东建筑大学，2011.

⑥ 曹正进. 大力发展首都社区商业的动因探析 [J]. 北京工商大学学报 (社会科学版)，2011, 26 (2)：22-28.

⑦ 蔡欣春. 我国城市社区商业发展问题和对策研究 [D]. 复旦大学，2011.

⑧ 汤婧雯. 城市居住小区商业服务设施配置调查研究——以西安市为例 [D]. 长安大学，2013.

和专业化等趋势，同时总结了我国社区商业的三种模式：第一，社区购物中心主导型；第二，社区次主力店主导型；第三，特色商业街主导型，并给出了国内社区商业的发展对策。① 另外，黄国雄认为，我国应当以政府主导为手段布局社区商业，零售市场应当积极转型品牌型和连锁型。② 张华以南京市保障性住房作为切入点，从社区商业整体情况、居民满意度、经营商户满意度等方面来对南京市的社区商业管理现状进行梳理和分析，并提出统一营销管理和统一招商管理的社区商业管理策略。③ 张荣齐、石秀娟深入分析北京市门头沟区八个社区商业环境、信息平台、物流等方面的情况，从而探讨社区商业在新型城镇化背景下发展的整体措施。④ 黄晓微在对上海虹口区曲阳街道社区商业的实地调研后，为政府部门提出了若干发展社区商业的建议。⑤ 邢志宏认为，应当通过创新经营模式、完善支撑体系、健全规范标准、加强市场监管，实现生活性服务业的标准化、规范化和现代化。⑥ 韩凝春对北京社区居民生活性服务业发展需求及消费方式基础研究。⑦ 路红艳、武芳从供给侧提出对生活性服务业进行创新。⑧ 龚丹主要探究我国社区商业管理所处的地位、所具有的商业性价值以及所存在的问题，强调其对于促进社会经济和文化发展的重要意义。社区商业最终的服务对象是消费者，也即社区居民，只有从居民的角度出发，研究才能更有意义。⑨ 杜万辉研究社区商业设施物业管理并提出解决措施。⑩ 徐波以宁波市鄞州新城区为案例，通过大量实地考察，根据其社区商业设施配

① 黄振波，王先庆．新城镇化背景下社区商业的业态选择及发展趋势［J］．广州城市职业学院学报，2013，7（2）：13-17.

② 黄国雄．试论商业原则［J］．北京工商大学学报：社会科学版，2013（6）：1-3.

③ 张华．南京市保障性住房社区商业管理研究［D］．东南大学，2014.

④ 张荣齐，石秀娟．新型城镇化社区商业发展问题研究——以北京门头沟区为例［J］．中国市场，2014（28）：60-67.

⑤ 黄晓微．上海社区商业发展研究［D］．上海社会科学院，2014.

⑥ 邢志宏．提升服务品质建设宜居之都［J］．前线，2015（4）：77-80.

⑦ 韩凝春．北京社区居民生活性服务业发展需求及消费方式基础研究［J］．时代经贸，2016（25）：24-37.

⑧ 路红艳，武芳．创新生活性服务业供给政策研究［J］．商业经济研究，2016（15）：145-147.

⑨ 龚丹．社区商业管理［J］．同行，2016（14）：91.

⑩ 杜万辉．浅谈现代社区商业物业的管理特色［J］．中国房地产业，2016（9）：45-46.

置和用地布局的实际情况，揭示其现状所存在的不足，并结合相关理论，剖析当前影响社区商业发展的主要因素和配置布局情况。① 高宝华在对我国居民生活性服务业进行分析提出了“一体两翼”的发展战略，即构建以健全城乡居民生活服务体系为主体、以满足居民基本生活服务需求与个性化生活服务需求为两翼，促进居民生活服务业的持续健康稳定发展。② 王少峰提出了多项举措提升北京生活性服务业的品质。③ 王丽娟通过对《居民生活性服务业发展“十三五”规划》进行梳理，认为需要从服务形式、发展模式、创新能力、商业运作模式、服务消费方式、政策几个方面进行创新，来提升生活性服务业的发展品质。④ 杨宜从供给侧改革的视角对北京市生活性服务业发展提出对策建议。⑤ 焦姣的《社会转型期社区商业型态研究——以上海市虹口区为例》从社会转型的角度，研究社会转型时期社区商业形态的变化，以及社会转型作用于社区商业的机制。⑥ 刘伯雅则认为，改造利用传统社区商业模式，同时可以引进一些先进的零售业态，借鉴外国先进成熟的社区商业模式和理论，丰富国内社区商业模式，来满足国内社区居民的物质、精神消费需求。⑦

四、国内外社区商业对比研究

王晓玉系统梳理了国外社区商业理论与发展情况，对我国社区商业的研究很有意义，此外对构建符合我国特色社会主义国情的社区商业发展模式也有重要作用。⑧ 陈红华、栾志强在《国内外社区商业发展比较研究及对发展我国社区商业的相关建议》中从零售业态、组织结构、规划设计三

① 徐波. 宁波市鄞州新城区社区商业设施配置与空间布局研究［D］. 浙江大学，2016.

② 高宝华. 促进我国居民生活服务业“一体两翼”发展的战略思考［J］. 金融经济，2017（12）：21-23.

③ 王少峰. 多措并举提升生活性服务业发展品质［J］. 前线，2017（8）：92-94.

④ 王丽娟. 城市社区治理研究［D］. 云南财经大学，2017.

⑤ 杨宜. 把握新常态提升生活性服务业品质［N］. 北京日报，2017-01-10（7）.

⑥ 焦姣. 社会转型期社区商业型态研究——以上海市虹口区为例［D］. 同济大学，2009.

⑦ 刘伯雅. 国外社区商业的发展及启示［J］. 城市问题，2008（9）：92-95.

⑧ 王晓玉. 国外社区商业发展的理论与实践［J］. 商贸经济，2002（1）：68-73.

个方面对国内外的社区商业进行了比较，总结出国外成熟模式中的可取之处：(1) 国外社区商业一般都经过政府合理规划；(2) 商业布局往往经过严格的设计；(3) 以一些知名的企业为核心，并首先确定本社区商业最重要的承租户，以之为核心展开。同时，他们提出发展我国社区商业的建议：(1) 政府以及相关管理部门应在开发前期介入；(2) 考虑目标社区居民的收入水平；(3) 结合目标社区现状选择沿街式、团组式。[①] 陈红华认为，国外的社区商业是在政府有关部门的合理规划下，社区商业才会得到较完善的发展；而中国的社区商业设施一般都是由房地产开发商投资，出现的问题一是不太规范，二是布局比较随意。[②]鲍观明认为，在社区商业的业态选择上，是由社区的性质与居民购买能力来决定，并构建了我国社区商业网络的模式。[③] 储铁军对国内外成熟社区商业模式进行了总结和对比，借此提出适合我国社区商业发展的模式。[④]

通过对国内外社区商业分析，笔者发现国内社区商业研究存在以下问题：

第一，国内社区商业的研究主要是单一视角，绝大多数是运用商业经济学、社会学、管理学、经济学、建筑学等的理论进行分析研究，缺少从地理学、行为学等综合视角来研究分析社区商业的问题。

第二，国外对社区商业的研究侧重于建筑规划与商业消费、微观的规模布局、消费行为等方面，其理论体系也是为此而服务的。国内对社区商业的研究则较为零散，理论体系与实际脱节，实证研究深度不够，并没有从开发商、政府、居民三者之间的联系找到一种真正可持续的发展模式。

第三，国内社区商业研究多以具体社区或居住区为研究对象，从城市

①② 陈红华，栾志强. 国内外社区商业发展比较研究及对发展我国社区商业的相关建议 [J]. 商场现代化，2005 (21)：16-17.

③ 鲍观明. 社区商贸服务业业态模式选择 [J]. 上海商业，2006 (3)：31-33.

④ 储铁军. 国内外社区商业发展对比研究 [J]. 合作经济与科技，2012 (20)：14-15.

的购物中心和中心商业区进行研究，对区域内整体社区商业的体系化研究角度较少。

第二节　影响较大的社区商业相关理论

社区商业不仅解决了社区居民的生活需求，也作为基础性商圈对城市商业进行补充。学术研究发现，社区商业服务的发展得益于城市生活空间场所结构变化、家庭消费行为方式转变，中心商业功能下移、交通和基础设施建设等因素。

欧美的社区商业研究强调跨学科的思想，综合运用了商学、经济学、社会学、地理学、规划学、建筑学、管理学、行为学等相关学科的理论。国外关于社区商业理论主要的有商圈理论、地价理论、中心地理论、消费者行为空间理论和零售业态演变理论等。

一、中心地理论

德国地理学家克里斯泰勒（Christaller）于 1933 年提出了中心地理论，他在发表的《德国南部中心地原理》[①] 一书中，按层级来划分商业结构，详细研究了中心地的数量、规模、分布模式等问题，为城市商业空间化布局打下理论基础。他提出：中心地是周围地域的中心，向周围地域提供商品和服务。中心地是具有等级性的，即中心地主要是以贸易、金融、行政、文化等提供为主，但其商品和服务是有高低等级之分的，其服务范围也存在大小的区别。根据提供商品等级高低分为高级职能中心地和低级职能中心地，每个高级中心地包括几个中级中心地和更多低级中心地。高级中心地数量少，职能多，服务范围广。低级中心地数量多、职能少，提供的商品和服务档次低、种类少，只能满足居民的日常生活需要。中级中心地的数量和职能介于高级中心地和低级中心地之间。根据中心地的商品与

① ［德］克里斯泰勒．德国南部中心地原理［M］．北京：商务印书馆，2016.

服务的可变范围推导出三种销售距离，并在此基础上提出城市六边形网络模型与三原则。

（一）中心地特点

基于提供服务和商品等级决定中心地等级。中心地等级决定其数量、分布情况和服务半径。中心地等级与其数量、分部成反比例状态，服务半径则与中心地等级成正比。一定等级中心地不仅为本级而且为其下级提供商品和服务。中心地等级表现在每个高级中心地附属几个中级中心地和更多的低级中心地，形成中心地体系。

（二）中心地三原则

基于中心地形成的中心地系统具有市场原则、交通原则和行政原则三个主要原则。

1. 市场原则

在部分地区，有明显的市场作用，受其影响中心地的分部也是以利于提供商品和服务为原则的，基于均衡模式，每个中心地层级为其周边提供商品和服务需要通过若干次级中心地来实现。

2. 交通原则

中心地系统遵循交通原则，即在交通影响明显的地区，受交通状况影响，中心地的登记系统中各层级中心地提供商品和服务必须依托交通联系而产生，对于交通便利状况的反映较为强烈。

3. 行政原则

在行政职能作用明显的地区，行政原则制约着中心地的登记系统，但是每个中心地在行政管理上只能从属于一个高级中心地，并不能像市场原则或交通原则一样受到两个或三个高一级中心地的影响，必须服从行政原则。

（三）六边形网络模型

在中心地理论基础上，克里斯泰勒提出了六边形网络模型作为中心地理论模型。他认为，在市场原则基础上，中心地空间均衡应该是以中心地系统为基础，因此具有以下基本前提：

（1）自然条件和资源相同且均质分布是中心地分部的区域，假设在中心地中无论是人口分布还是居民收入、需求、消费方式是同质的。

（2）交通系统是同质的，即交通便利程度、运输费用单价或标准等都是相同的，仅与距离成比例关系。

（3）距离最近的中心地是消费者的首选。

（4）在任何一个中心地相同商品和服务价格与质量是相同的，消费者购买商品和服务的实际价格等于消费价格与交通费之和。

（5）供给中心商品的职能，尽量布局于少数中心地，并且满足供给所有的空间配置形式。

在此基础上，构成以六边形网络为表现形式的均衡模式，即统一登记的中心地之间的距离相等，服务范围是相同半径的圆形区。

克里斯泰勒的中心地理论为后来学者研究城市内部商业架构奠定了理论根源，对城市地理学、城市经济学和区位理论做出了巨大的贡献，但仍然存在一些不足之处。

（1）现实的情况很难满足其理论基于的假设条件。

（2）克里斯泰勒的理论只注重对商品和服务供应范围的上限分析，缺少对商品和服务供应范围下限的分析。

（3）克里斯泰勒提出的中心地系统之间的 K 值比例关系，是在一个封闭的系统当中提出的，是固定不变的，与现实的情况不符。

（4）克里斯泰勒的理论忽略了集聚的效应。

基于竞争机制，各中心地要扩大服务区范围，就会造成相邻中心地之间的重叠，根据到中心地购物最近化的原则，重叠区的消费者将以中心线为界被最近的中心地吸引，于是每个中心地的服务区变成最稳定空间结构的六边形。每个次一级的中心地成为六边形的六个顶点，各级中心地组成一个有规律递减的多级六边形图形，形成一般均衡状态下的中心地空间分布模式。

中心地理论及其六边形网络模型是现代社区商业发展重要的理论来源

和参考依据，社区商业作为城市内部商业空间中的一个层次，不仅受到中心地分级的影响，而且人口分布和商业发展间存在着内生的相互影响关系。

二、地价理论

城市的土地价格一般受该城市的土地制度、城市规划、城市性质及宏观区位、人口状态、经济发展状况的影响。其中，商业服务设施的完善程度和空间分布对地价有着直接的影响。

地价是影响商业设施空间分布的重要因素，有关地价对商业设施位置选择影响的理论对社区商业的规划和发展也有重要意义。西方地价理论的诞生可以追溯到17世纪。其经过三百多年的不断发展和完善，已经形成一套完整的地价理论体系。1961年，阿瑟·格蒂斯（Arthur Getis）[①] 在借鉴杜能的位置级差地租的基础上，对城市内部商业区位的布局进行研究，提出零售业的销售额与其缴付的土地租金能力成正比，销售量随着离开地价最高地段距离的增加而呈现减式、多点式等不同布局方式。加纳（B. J. Garner）于1966年在对零售业等级职能与地价关系研究的基础上，提出了零售业的等级职能与支付地价的能力正相关，即市场中区位条件最佳、地价最高的空间将会被能够支付这种地价能力的高级职能零售业所占据，低职能的零售业由于支付地价的能力受限，则会被排斥到市场的边缘地带，从市场地域的中心到边缘、按照地价的高低依次分布着中心商业、地区级购物中心、社区级购物中心。因此，根据地价依次构建相关商业中心具有很强的现实可操作性。在后期国外学者的研究中，支付地价能力与零售业等级职能的反向关联关系被得到充分认证，对于社区商业而言，在

① 阿瑟·格蒂斯系美国学者，华盛顿大学获博士学位，他与人合著多本地理学教科书和两本地图模式分析专著。任《地理分析杂志》编辑、《地理分析》与《区域科学论文集》编委多年，曾任圣迭戈州立大学伯奇地理研究所所长。2002年曾荣获美国地理学家协会杰出学者奖。他和朱迪丝·格蒂斯、杰尔姆·D. 费尔曼合著的《地理学与生活》（后浪出版公司、世界图书出版公司2013年8月出版中文版）具有全球性影响，2017年，该书入选新浪2017年度中国生活好书榜。

考虑自身商业层次和成本基础上进行规划和部署，做出正确的决策是十分重要的。

三、商圈理论

商圈理论是关于某一商业区或商业设施对周围顾客辐射范围的理论，主要探讨商业中心或零售企业在一定经济区域内如何吸引消费者，是指导商业布局的重要理论。商圈理论主要理论有赖利（William Reilly）1931 年提出的零售引力法则、贝利（J. L. Berry）1967 年提出的贝利模型、康维斯（P. D. Convers）1949 年提出的消费行为空间引力模型、戴维·哈夫（D. L. Huff）于 1963 年提出的关于预测城市区域内商圈规模的模型——哈夫概率模型等，这些理论主要研究零售商业规模的定量计算，可以在实践中指导测算或验证社区商业中心或社区商业网点的规模设置，对于社区商业规模定位、布局选址、数量的确定具有重要的意义。

（一）中心商圈理论

商圈最早见于 20 世纪 30 年代德国学者克里斯泰勒的中心地理论（Central Place Theory）中，该理论的核心是指不同经营规模、经营业态、空间布局、经营条件、经营方式的商业组合其有效的销售活动范围有着不同的地理界限，该地理界限通俗地讲是指来店消费顾客的有效地理范围。一般来说，商圈分三个等级，即中心商圈（primary tread zone）、次级商圈（secondary tread zone）和边缘商圈（tertiary tread zone）。中心商圈是离店最近的区域，一般在 3 公里范围以内，这里聚集的顾客一般占商场总顾客数的 55%~70%。次级商圈是离店 3~5 公里范围内的区域，这里聚集的顾客数占到总人数的 15%~25%。边缘商圈是除中心商圈和次级商圈以外部分，这里的顾客最为分散。

（二）零售引力法则

美国的威廉·赖利于 1931 年提出的零售引力法则，是针对某一商业设施或商业区对消费者引力范围与强度的理论。商圈范围的大小，并不是一成不变的，在不同的经营时期，受到不同因素的影响，其商圈规模时大时小。商圈的具体形态并不是圆形，而是表现为不规则的多边形。

威廉·赖利在对美国150个城市商圈的实地调查后，引入牛顿万有引力原理得出以下结论：在两个同等级的城市中间有一个相对来讲等级低一些的城市，那么同等级这两个城市对低级城市有零售额的吸引，吸引力的大小一方面取决于两所城市的人口数量，另一方面取决于低级城市与两城市的距离。具体的数量关系表现为，与同等级城市的距离的平方成反比，与两个城市的人口数量成正比。如A城市和B城市中间有一个C城市，那么A城市、B城市的商业对C城市的消费群体有吸引力，设A到C的距离为a，B到C的距离为b，A城市人口数量为PA，B城市的人口数量为PB，那么两城市对C城市的吸引零售额的比率I可以表示为：$I=b2PA/a2Pb$。

赖利法则的数学公式：$(Sa/Sb)=(Ra/Rb)2\times(Db/Da)2$(1－1)

Sa：A城市从零售中心地C吸引来的销售额。

Sb：B城市从零售中心地C吸引来的销售额。

Ra：A城市人口。

Rb：B城市人口。

Da：A城市离中心地的距离。

Db：B城市离中心地的距离。

威廉·赖利的零售引力法则充分说明了人口和距离对于社区商业发展的重要性。之后，肯威斯在调查了美国100多个小城市的流行商品的购买行为之后，发现了在小城市商品的购买量与附近大城市商品的购买量之间存在一定的关系，找出了都市之间的商圈平衡点。在他们研究的基础之上，贝利提出了城市是通过中心职能而不是人口来吸引周边人口的，他用城市的中心职能数，代替了赖利的城市人口数。商圈理论的发展经历了从赖利的零售吸引法则，到哈夫的概率模型的演变。

当然在实践中，将商圈理论直接运用于社区商业仍有一定的局限性。首先，其测算方式主要是用宏观视角来研究商业在商圈内对消费者的辐射能力，如果研究范围聚焦到某个社区，就会产生计算误差，因此在实际测算中要按需调整社区的具体范围。其次，不同类型、不同定位的社区决定着社区商业的规模定位、布局模式等方面都会不同，因此社区商业的定位策略、规模设置、商业环境、业态组合要与不同类型社区的人口密度、社会经济属性等情况相配合。

因此，在运用商圈模型定量测算社区商业规模定位时，想要结果更加准确，需要结合产业经济学、区域经济学、社会学、管理学、消费行为学等多学科做基础调研，综合考虑各方面影响规模结果的相关因素，对商圈基础模型进行适当修正。

四、零售业态演变理论

零售业态是指销售市场向确定的顾客提供确定的商品和服务的具体形态，其具体形态主要是根据商品的经营结构、商店规模、商店位置、销售方式、价格策略、销售服务等经营手段所决定的。目前，常见的零售业态有便利店、超市、百货店、大型综合超市、仓储式会员式商店、专卖店、专业店和购物中心等。所谓的零售业态演变是指对构成业态的商品、价格、环境、服务等要素组合所做的边际调整。现在比较公认的理论主要有零售理论、综合化和专业化循环理论、生命周期理论、适者生存理论等。这一理论告诉我们，在新经济时代，随着消费理念的不断升级，零售业态的转型与复合将成为新常态，社区商业要牢牢把握这种趋势，创造出更多符合当下消费者需求的新业态。

五、消费者行为空间理论

消费者行为理论从 20 世纪 60 年代开始逐步发展和完善，运用于研究社区商业的相关理论主要是消费者行为空间理论。消费者行为空间理论是以消费者为研究对象，研究不同消费者行为对商业空间结构产生的影响。它在狭义上仅仅是指消费者的购买行为以及对消费资料的实际消费，而在广义上则是消费者为索取、使用以及处置消费物品所采取的各类行为以及先于且决定这些行动的决策过程，消费者行为空间理论深刻影响着社区商业的定位和决策。

这部分研究商业活动空间的学者就是消费者行为学派，主张顾客的心理想法、经济社会属性等特性会影响顾客的消费习惯和行为，因此商业区或商业网点的空间设计、结构设置要充分考虑消费者的需求和行为差异。

贝里（Berg）于2002年在20世纪60年代学者们消费者行为空间理论研究的基础上，分析商业空间的组织形式，分析消费者的决策过程，从消费者的需求出发，在考虑消费者行为差异的基础上，将消费者行为与商业空间类型结合起来，从而划分不同空间类型的商业，社区商业就属于其中的范畴，在此基础上充分考虑各类影响因素，进行相关商业决策，从消费者需求出发，考虑消费者行为差异对商业空间组织的影响。

（一）消费者行为

在消费者行为空间理论中，消费者行为是由两个部分组成的。其一，消费者的购买决策过程，即是消费者的消费心理活动和行为倾向，由此产生消费者的购买产品和服务行为，消费者购买决策是消费态度形成的过程。其二，消费者的行为，即是消费活动和行为倾向结束后的具体行动，实际上就是购买决策的实践过程。

（二）消费者行为影响因素及决策过程

消费者行为空间理论中，影响因素的分析是最为关键的，消费者行为的产生既受个体因素的影响，同时也是心理作用的集中体现，因此需要从消费者个人的需求、动机，消费者的知觉，消费者的学习与记忆，消费者的态度与个性，消费者自我概念和生活方式等多个方面进行具体分析，找出影响消费者决策行为的各类要素，并找出其中的关键因素，从而对外部环境与营销刺激的影响起到积极推动或是逆向抑制的作用。

在消费者行为影响因素的作用下，消费者会进行决策，并最终形成消费行为。对于包括社区在内的商业活动参与者而言，对消费者购买决策进行分析，从而采取措施进行引导，实现自身营销目标是能否在竞争中取胜的关键，因此可以从以下方面对消费者行为进行分析。

1. 购买决策参与者分析

购买决策参与者分析包括社区商业在内的消费者消费行力虽然是以单位为决定对象，但并不是由全部成员参与的，往往是由核心成员或是关键成员直接决策，因此，应该从购买行为发起者、影响者、决策者、购买者和实际消费或服务使用者进行分析。

2. 购买行为的类型分析

对于消费者的购买行为，可以简单分为四大类，即复杂的购买行为、减少不协调的购买行为、广泛选择的购买行为和习惯性的购买行为。根据消费者购买行为的特点，制定有针对性的营销策略是把握购买机会、占据消费市场的关键。

3. 购买决策过程分析

无论消费者购买何种商品或服务，虽然存在产品或服务类型、购买者类型等方面因素的不同，但其购买决策过程一般包括几个重要的方面，即认识需求、收集信息、购买决策，在购买行为发生前，往往需要对购买需求、满足条件等进行充分的认识，进而根据需求去搜集相关信息，并在各类信息中进行取舍，最终形成购买决策。

（三）消费者管理与评价

虽然消费者的购买行为是无法控制的，但在商业活动开始前，对消费者特别是主要客户群的分析与评价十分有必要，而在商业活动结束后对消费者的管理又十分重要，直接决定着企业经营的成败，社区商业同样如此。

消费者的管理和评价是基于消费者信息而产生的，消费者信息主要包括个人信息、商业信息、公共信息、经验信息等，并对与消费者行为有关的信息进行评价，例如，对产品的属性、产品等级、品牌价值等进行评价，进而做出基于自身需求的购买决策，实施购买行为。

贝里和盖润逊提出的三级活动理论，第一次将消费者行为纳入理论研究，将消费者行为与商业空间类型结合起来作为划分商业空间类型的标准。他们提出在商业网点中顾客的消费行为是多目的的观点，也就是说，消费者不一定只会到离他距离最近的社区商业点消费，例如，想要购买家电的顾客不一定会到离他较近的超市购物，而可能会去较远距离的购物中心消费。Davis 于 1972 年在其构建的“购物中心层次性系统发展模型”中重点研究了社会经济特性差异和消费者行为对社区商业中购物中心的影响。J. L. Berry 于 1988 年提出的零售区位模型综合研究区域人口特征、社会经济属性以及消费者模型等方面对中心商业层次的影响，将人口密度、职业构成、收入水平和文化水平等纳入模型，使模型更加有真实性和现实意义。20 世纪 90 年代，还有学者把消费者行为空间理论与商圈理论进行综合研究的。Jonesk 于 1993 年成立 CSCA（商业活动研究中心），在理论研究和实证分析中充分结合消费者行为、中心地理论、商业空间结构等方面综合视角优势，真正将研究成果实践于商业市场。

六、同类业态聚集理论

这一理论认为只要商店经营商品或者服务之间存在哪怕是极微小的差异，都可以在一个商业区内共存。因为经营同种商品或服务的商家在一个商业区聚集，会增加消费者比较、选择的机会，这样消费者更容易买到自己满意的商品。Nevin 和 Houston 在 1980 年对美国威斯康星州麦迪逊的 5 家购物中心进行调查，发现购物中心的销售量与购物中心内的店铺数，呈现正相关关系，进一步证实了同类业态聚集理论。他们的研究显示，商业区内经营低档商品的店铺数量应当尽可能地少，因为经营低档商品的店铺，相互之间的差异较小，经营低档商品的店铺数量增加会加剧彼此之间的竞争，不利于店铺的经营。经营高档商品的店铺可以适当增加，因为经营高档商品的店铺，彼此差异较大，适当增加这类店铺的数量，不但不会加剧竞争，反而可以增加消费者选择的机会，吸引更多的消费者。①

七、消费分层理论

持续的社会经济分化导致社会阶层体系发生根本性变化。布迪厄

① ［法］费尔南·布罗代尔. 15 至 18 世纪的物质文明、经济和资本主义［M］. 顾良，施康强，译. 北京：生活·读书·新知三联书店，2002：1-82.

(Bourdieu) 认为，相对于用收入等原有社会分层标准，消费所反映出的生活方式和阶层品味，更能显示人们属于什么社会阶层。在国内关于消费分层标准的研究中，李培林于2005年提出，收入等传统指标在我国经济结构调整和发展方式转型的背景下越来越不能全面反映居民社会分层情况，因为双轨制和隐形收入在分配环节的出现，反映居民消费结构的恩格尔系数更适合成为社会分层的划分标准。田丰于2010年使用2008年中国社会科学院社会学研究所的社会状况综合调查数据进行对比分析，发现不同职业阶层之间的消费差异，构建了以消费水平、消费结构、耐用消费品拥有量和消费方式等作为操作性指标的消费分层标准。

随着我国经济发展、社会转型和城市化进程的进一步加快，消费分层及其空间分布差异现象越发显著，即具有相似消费特征的人群聚居趋势明显，阶层不一样的消费方式必会对社区商业体系的建设产生影响。通常而言，社区商业的档次会匹配于社区定位，例如，高收入、消费能力强的居民多集中于高档新建社区，因此该社区商业体系会根据居民的消费特点进行高端定位和布局。消费经济学理论认为，消费是收入的函数。收入越高的社会阶层，其消费阶层越高。城市居民收入水平的变化导致了购买力的变化，从而体现出居民消费层次和对商业需求的差异，而这个差异主要体现在消费水平和消费结构、对新兴业态的接受度、对消费环境的选择等方面。

（一）消费水平和消费结构

消费水平的差异决定了消费结构的差异：消费阶层越低，生活基础型消费的比重越大；消费阶层越高，服务消费、休闲娱乐消费、耐用品消费的比重越大。社区居民的消费阶层不同，社区商业内容结构也会发生变化。高消费阶层类型社区的零售业、居民服务业的结构比例呈基本型数量减少、品质型递增的趋势，并以品质型服务业为主体，囊括更多休闲娱乐、地产中介、商业服务和金融服务等业种。

（二）新型业态接受度

零售业态的四次革命推动着人们消费观念和购物方式的改变。零售业态的种类大致可以分为购物中心、超市、便利店等新型业态和百货店、专业店、专卖店、食杂店、折扣店等传统业态。各种业态由于经营理念、商圈、目标顾客、商品结构、服务功能等方面的差异而具备了经济属性，因而业态消费呈现出明显的等级化。

中高收入群体文化程度相对较高，消费观念与时俱进，对新型业态的接受度较高；同时，新型业态逐渐向功能综合化、便利性消费、体验式消费发展，对高收入人群的吸引力增强。例如，购买同一种生鲜产品，消费阶层较低的居民倾向于在菜场或食杂店等传统业态货比三家；消费阶层较高的居民更倾向于去社区便利店或大型超市等新型业态选购经过精美包装的商品。

（三）消费环境的选择

不同的消费阶层代表着不同的经济水平、文化程度及消费观念，从而对消费环境质量的要求也存在着差异。低收入阶层对商品的价格较为敏感，更倾向选择适应自己收入水平的消费场所；而中高收入阶层倾向于选择氛围较好的消费环境，并且消费阶层越高，越注重购物体验和服务水平。

总的来说，不同消费阶层社区的消费结构、新型业态接受度、消费环境的选择存在着一定的差异，具体表现为如下特征：一是社区居民消费阶层越高，消费水平越高，消费结构中的生活基础型消费越少，发展型、享受型消费的比重越大；二是社区居民消费阶层越高，消费观念越与时俱进，对新型业态的接受程度也越高；三是社区居民消费阶层越高，越注重购物体验和服务水平，对消费环境的要求越高。

消费分层理论对社区商业的指导意义在于，在建设不同类型社区的商业体系时，要从消费分层的角度进行规划定位、业态组合设计、购物环境设计，要求匹配当地居民的消费水平，从而探寻出整合改造旧社区商业、规划建设新社区商业体系的现实路径。

八、集聚效应和外部性理论

集聚效应是指各种产业和经济活动在一定空间上集中而产生的经济效

果，并且吸引大量生产、生活要素向该区域集聚，这些要素的集聚是导致城市形成和不断扩大的基本因素。在集聚效应的初级阶段，要素集聚一般能推动该区域的经济增长。但如果要素集聚的规模超过某个程度，会给这个区域造成某些消极影响，外部不经济由此形成。

外部性理论属于福利经济学的范畴，最早由庇古于1962年提出。外部性是指厂商或个人进行谋求自身利益的经济行为时对外部（其他社会成员）产生了非市场化的影响。如果该经济行为使其他社会成员受益，则叫作外部经济；如果该经济行为使其他社会成员利益受损，则叫作外部不经济。

当一个城市刚刚开始形成和发展时，中央地带会集聚越来越多的产业、设施和人流等而形成规模效应，从而带来外部经济现象。进入成熟阶段以后，中心城的环境、交通随着城市规模的不断扩大将渐渐无法承载人口和城市功能的过度聚集，于是产生外部不经济的现象。这种情况在城市发展的后期又促使着中心城的产业、设施和人口等向城市郊区转移。旧城改造、新城副中心、卫星城镇的建设等，正是政府解决这种负外部性、疏解人口和产业而采取的政策措施。优质的社区商业资源是吸引人口向新城集聚的重要前提，同时这些政策为旧社区商业体系的改造和新社区商业体系的建设提供了时机和动力。

在集聚效应的影响下，社区商业由“点”（散点式店铺）发展到“线”（沿街式、商业街），继续发展到“面”（融合多种业态的商业中心）。但当社区商业对商业活动和消费者产生的集聚效应超过一定规模时，由于规划配套与消费需求脱节、管理不善等，因而居住环境污染、商业资源浪费、市场秩序混乱等外部不经济现象会越来越突出。因此，集聚效应和外部性理论对社区商业的指导意义在于，它要求社区商业设计要充分考虑商业设施与住宅区分离，同时规模和业态结构既要避免体量过小、多样性不足而不能满足周边居民的多层次需求，又要避免商业体量过大、业态单一导致同质化恶性竞争。

九、场所理论

场所理论研究的是人与外部环境的相互关系，它包括“场所依靠”和“场所认同”两个方面。“场所依靠”强调一种功能性依赖，体现了资源以及提供设施的重要性。“场所认同”强调的是人与外部环境在思想、情感、信仰、价值观、目的、行为等精神层面的内在联系。用这一理论来指导如何将人文、艺术、自然等精神元素融入社区商业空间布局，使居民对社区商业产生场所依赖具有很好的现实意义。

第二章　智慧型社区商业转型研究

本章首先提出：智慧城市建设是国家战略，智慧型社区是智慧城市建设的重要载体。然后，本章介绍了智慧型社区商业的研究现状及发展趋势，同时阐述了智慧型社区商业转型理论基础——产业数字化转型理论和推拉理论。

第一节　智慧型社区与智慧城市

一、智慧城市建设成为国家战略

简·雅各布斯（Jane Jacobs）在《城市经济》一书中指出，城市促使了世界大部分的经济增长和创造。① 城市的发展水平直接影响到各个国家的综合实力。

低收入发展中国家城市人口占全国人口的50%，区域产出占全国产出的55%；中等收入国家城市人口占全国人口的50%，城市区域产出占全国产出的73%。高收入国家城市人口占全国人口的79%，城市区域产出占全国产出的85%。“城镇化”是世界发展大趋势。城市人口流动形成了“盆地聚集效应”，造成资源环境紧张、环境污染、交通拥堵，产生保障管理、基础建设、文体医疗、就业保底等方面问题，对城市管理和服务提出了考验和挑战，加快智慧城市显得格外的重要和迫切。随着互联网、物联网、云计算、大数据、移动互联网、空间地理信息集成等新一代信息技术发展

① ［加］简·雅各布斯. 城市经济［M］. 项婷婷，译. 北京：中信出版社，2007.

步伐加快，以“智慧”汇聚提高城市竞争力的理念于1990年在美国诞生，2009年IBM公司率先提出“智慧城市”的理念，引领世界城市的发展方向。[①] Jonathan等于2011年提出了智慧城市生态系统概念。[②] Leonidas Anthopoulos和Panos Fitsilis提出将通信技术应用到真实社区，形成无所不在的智慧城市模式。[③] 随后，国内学者从技术层面、城市规划层面、城市发展阶段、政府行为、应用领域等对智慧城市进行了研究。

目前，我国城镇化步伐不断加快，城市化率已经由1978年的17.92%提高到了2019年的60.6%，城市经济对中国GDP的贡献已超过70%。近年来，我国高度重视智慧城市的发展。2013年，国内启动第一批90家智慧城市试点，标志着智慧城市建设正式规模化；同时，《国务院关于促进信息消费扩大内需的若干意见》明确提出加快智慧城市建设。2014年，《国家新型城镇化规划（2014—2020年）》正式发布，标志着智慧城市建设纳入国家战略；2015年，政府工作报告提出要建设智慧城市。

二、智慧型社区成为智慧城市建设重要载体

我国智慧城市建设快速发展必然带动城市之内社区的进步，在智慧型社区建设方面处于比较先进水平的试点城市，主要集中于经济较为发达且文化较为先进的地区，如北京、上海、深圳、广州等。

在智慧城市建设的推动下，社区的性质和职能发生变化。智慧型社区的建设是在信息技术发展条件下社会、经济领域的创新行为，其内涵可以理解为“结合物联网、云计算、移动互联网、信息智能终端等新一代信息技术，通过数字化、网络化、智能化、互动化、协同化有机链接社区居民的‘吃、住、行、游、购、娱、健’等生活要素”的社区建设过程。对于智慧型社区的认识，可以从以下两方面考虑：其一，智慧型社区是智慧城

---

① IBM. 智慧的城市在中国［EB/OL］. http://www.ibm.com/cn/zh,2012-01-10.

② Juan Carlos Augusto. Past, Present and Future of Ambient Intelligence and Smart Environments［J］. HCI, 2011 (7): 425-432.

③ Andrea Caragliu, Toppeta D. The Smart City Vision: How Innovation Can Build Smart, “Liveable”? Sustainable Cities［R］. Think Report, 2010.

市的一部分。在此视角下，智慧型社区也应承担部分城市治理、商业服务功能。例如，杭州等城市建设智慧社区综合信息平台，使得居民可以在社区平台办理政务服务。其二，智慧型社区是智慧家庭的延伸，是智能化住宅技术的集合。当然，该视角重点关注与智慧型家庭相关的科技发展，但智慧型社区的发展趋势除精准先进的技术，更是从居住环境、治理模式、社区商业服务发展等方面进行整合与创新。

20 世纪 90 年代，随着全球智能信息技术的飞速发展，美国、澳大利亚、加拿大、日本、韩国、新加坡等国全面发展智慧型社区。一是政府制定建设规划，如澳大利亚政府详细规划了智慧型社区未来发展方向："创新社区类型、提升社区服务水平、创建新型社区管理模式、改善社区环境、促进网络在社区发展中作用、建立社区利益相关者间的网络。"二是采用全方位的管理方式，如美国拉格兰吉市充分应用了社区社交网络，加速了通信公司的引进，设立了社区互联网技术控制中心。三是实现融资渠道多元化，多数采用政企合作方式，依靠政府拨款，联系企业赞助，利用民间基金会等。① 四是创新发展模式，如搭建数字平台，完善基础设施，共享信息资源，创造社区氛围，以电子政务带动社区发展等。

1999 年，我国首次明确了智慧社区建设技术标准；2001 年，民政部出台了《全国城市社区建设示范活动指导纲要》，标志着智慧社区发展体系初步形成；2010 年，中办和国办印发了《关于加强和改进城市社区居民委员会建设工作的意见》，进一步明确提出了智慧社区建设存在的若干问题和解决办法；2014 年 5 月，住建部发布《智慧社区建设指南（试行）》，对智慧社区产品、服务、社区管理、社区设施配备、社区环境建设、发展规划、保障体系建设等给予了说明。北京、上海、广州等城市也先后出台了一系列政策，支持智慧社区建设，并取得宝贵的建设经验。

2017 年，国务院提出"大力发展智慧商圈、智慧商店等智慧零售终

---

① 华淑华. 发达国家智能社区的特色及成功因素分析［J］. 情报探索，2009（12）：91-93.

端”。[①] 2018 年，商务部提出“智慧生活服务”。[②] 2021 年，国家提出“推进智慧社区建设”。[③]

北京作为首都，智慧型社区的建设起步较早，2012 年，北京发布《北京智慧社区指导标准》等文件，全面启动智慧社区试点工作。上海代表了我国智慧型社区建设上的先进水平，上海市人民政府于 2011 年在浦东新区建设了全上海第一个智慧社区——浦东金桥碧云一期，2013 年，上海发布《上海市智慧社区建设指南（试行）》，对上海市智慧型社区建设起到了重要的指导作用。广州《关于建设智慧广州的实施意见》将智慧型社区建设作为重点任务，要求加快智慧社区建设速度，把公共服务与城市管理作为智慧型社区建设的重点工作。北京智慧牛街、上海陆家嘴智慧型社区和智慧新江湾城、深圳兰溪谷智慧社区、杭州万科良渚文化村以及南昌联泰智慧城等都是智慧型社区建设的有益探索。

第二节　智慧型社区商业研究

一、政策支持智慧型社区商业发展

近年来，国家高度重视社区商业的发展。2019 年，国务院办公厅在《关于加快发展流通促进商业消费的意见》中明确提出，要优化社区的便民服务设施；商务部连续两年将社区商业发展列为“消费升级行动计划”推动的重点；各级商务部门采取了一系列激励措施，加快推动菜市场、超市、便利店、早餐点等社区生活服务业的建设改造，鼓励创新社区商业新业态、新模式。

新冠肺炎疫情暴发后，国家发改委等 23 个部门联合发布的《关于促进消费扩容提质加快形成强大国内市场的实施意见》提出：“促进社区生

① 国务院. 关于积极推进供应链创新与应用的指导意见［R］. 2017. 10.

② 商务部. 关于加快城乡便民消费服务中心建设的指导意见［R］. 2018. 6.

③ 中华人民共和国国民经济和社会发展第十四个五年规划和 2035 年远景目标纲要［R］. 2021. 3.

活服务业发展，大力发展便利店、社区菜店等社区商业，拓宽物业服务，加快社区便民商圈建设。”“加快新一代信息基础设施建设，鼓励线上线下融合等新消费模式发展。”商务部办公厅也印发了《关于做好重点城市生活物资保供工作的通知》，强调市场原则与政府保障并重、疫情防控与保障供应并重，发挥超市、社区菜店等在保民生中的重要作用。这些新政，为“后疫情时代”社区商业发展建设指明了方向，提供了保障。①

伴随城市建设与治理的深化、扩大消费和促进消费升级政策的实施，各地对社区商业服务业均高度关注并给予政策支持。如北京市在《北京城市总体规划（2016—2035 年）》中提出要增加基本便民商业设施，建立“一刻钟社区服务圈”；2018 年，北京市人民政府办公厅印发《关于进一步提升生活性服务业品质的工作方案》，提出要准确把握生活性服务业的商业性和公益性双重属性；在 2020 年的“商业流通发展资金”项目中，“重点支持商务发展领域内符合首都城市战略定位的促消费、稳增长、保民生项目；促进生活性服务业品质提升，推动商业便民利民发展的项目等”。新冠肺炎疫情暴发后，主管部门及时发出通知，“对受疫情影响严重或在疫情防控工作中保障市民基本生活的重点连锁餐饮（早餐）、菜店（生鲜超市）、便利店等企业新建连锁直营网点设立项目，对其房屋租金、店面装修、设备购置等费用给予支持，支持比例上限由原 50% 提高至 70%”。同时，在金融政策上，引导金融机构加大信贷支持力度，降低商业企业融资担保费率；在鼓励扩大优质消费供给上，鼓励企业挖掘网络零售发展潜力，鼓励模式业态创新，开展“末端共同配送服务新模式”试点，探索开展“无直接接触配送”服务，鼓励具备条件和资质的餐饮企业增加打包服务，鼓励大型连锁企业运用自助收银、刷脸支付等新技术，提升门店数字化水平，鼓励前置仓、无人超市（便利店）新兴业态发展。各级政府对社区商业高度重视与支持，疫情下又加大了对从事社区商业服务业的

① 王成荣. 智慧型社区商业：现状、模式与政策导向［J］. 时代经贸，2019（22）：13-16.

中小微企业的支持，为创建智慧型社区商业服务体系营造了良好的政策环境。

二、智慧商业理论及发展趋势

近年来，移动互联网的高速发展影响着居民生活模式和社区服务模式。智慧型社区进一步使用了物联网和云计算等多种信息技术手段，从而创造了一个更具有安全性、舒适性、便利性、智能化的社区服务模式，智慧社区服务体系正逐步形成。[①] 国内对智慧商业和智慧型社区商业服务的研究处于起步阶段。

王振坡、翟婧彤、贾宾、郑志恒的《"互联网+"时代下城市商业空间布局重构研究》将"互联网+"模式与传统模式进行类比，总结出前者所具有的降低交易成本、改变销售方式、多元化营销模式等优势，从而对社区商业结合互联网的前景，做出一些建议和展望。[②] 郭振主张充分合理地利用各项资源来构建和谐社会背景下的智能城市经济社区商业体系。[③] 武平提出移动互联社区商业价值创造，需通过开发移动互联社区营销平台功能、实现移动互联社区与电子商务整合和构建服务集成平台等创新途径。[④] 刘丽提出，以电子商务应用普及为突破口发展智慧商业。[⑤] 冯璐提出了智慧城市智慧服务体系。[⑥] 张荣齐、张寻研究了平台战略下社区商业业态业种共生问题。[⑦] 赖阳等提出了以民生保障的早餐工程为切入点建设社区

---

① 赖阳."云消费"时代提升生活性服务业品质的思路［J］. 商贸流通，2015（20）：14-16.

② 王振坡，翟婧彤，贾宾，郑志恒."互联网+"时代下城市商业空间布局重构研究［J］. 建筑经济，2016，37（5）：78-83.

③ 郭振. 广州市商铺租赁市场研究［D］. 广州大学，2011.

④ 武平. 移动互联社区商业模式创新研究［C］. Information Engineering Research Institute，USA. Proceedings of 2013 3rd International Conference on Education and Education Management（EEM 2013）Volume 29. Information Engineering Research Institute，USA：Information Engineering Research Institute，2013：646-650.

⑤ 刘丽. 智慧商业发展研究［J］. 旅游纵览（下半月），2013（11）：188.

⑥ 冯璐，赵佳因，郭乐深. 智慧城市智慧服务体系构建［J］. 北京城市学院学报，2014（1）：65-70.

⑦ 张荣齐，张寻. 平台战略下社区商业业态业种共生研究［J］. 商业研究，2015（8）：45-51.

“云服务”体系的构想。[①] 曹迪提出了基于 O2O 模式的社区便利店转型路径。[②] 刘思雨以零售业为例，分析了大数据对于生活性服务业业态的影响。[③] 陈章勇等提出了构建基于 O2O 模式的社区餐饮服务体系。[④] 康健提出北京生活性服务业“零距离”“云服务”发展路径。[⑤] 孙尧指出，智慧商业应以信息技术为支撑，创新商业模式及信息手段。[⑥] 范晓波提出了基于居民社区的 O2O 商业模式。[⑦] 袁娅薇基于价值共创视角研究了社区增值服务模式。[⑧] 但这些研究，只聚焦于商业层面，对社区服务功能关注不够，缺乏整体构架与发展机制和经营模式的研究。

随着经济社会发展和信息技术的进步，智慧型社区建设为社区商业服务发展提供新的思路和途径，社区商业服务也出现新的发展趋势：社区商业从零售走向与电商结合的新业态；超市等一站式社区商业中心发展迅速；生鲜菜场的重要性愈发显现；社区电商发展减缓，而传统零售行业面临洗牌；便利店、超市等小业态和无人配送、无人店增长迅速。在“第四次零售革命”背景下，由信息技术变革催生、电子商务和移动电子商务触发的商业模式变革，也是消费者主权确立、流通生态再造和零售模式的根本变革。[⑨] 社区商业模式的革新优化，也一定会向智慧型商业转化，通过资源整合、移动终端“智慧支付”和物联网等信息技术实现模式转变。

政府大力支持、国家人工智能产业政策催生零售行业新的运营模式。大数据、云计算等信息技术的发展，使得“智慧商业”为先进商业企业运

① 赖阳，康健．“云消费”时代提升生活性服务业品质的思路［J］．商业经济研究，2015（20）：14-16.

② 曹迪．基于 O2O 模式的社区便利店转型路径［J］．商业经济研究，2016（16）：92-93.

③ 刘思雨．大数据对生活服务业业态的影响——以零售业为例［J］．经济论坛，2017（7）：94-98.

④ 陈章勇，肖珩，吕坤，吴汶儒．基于 O2O 模式的社区餐饮服务体系发展研究——以“精致餐饮社区”网络公司为例［J］．现代商贸工业，2017（24）：56-58.

⑤ 康健．北京生活性服务业“零距离”“云服务”发展路径［J］．时代经贸，2017（22）：44-51.

⑥ 孙尧．智慧商业，新动力、新机遇、新挑战［J］．时代经贸，2018（1）：71-72.

⑦ 范晓波．基于居民社区的 O2O 商业模式研究［D］．南京航空航天大学，2018.

⑧ 袁娅薇．价值共创视角下的社区增值服务模式研究［D］．郑州大学，2017.

⑨ 王成荣．第四次零售革命：从电商到智能零售［J］．时代经贸，2018（1）：6-13.

营提供新的发展趋势；人工智能技术为无人商店等新的运营模式提供支撑，也能够优化消费体验，为企业提供经营效率和创新优势。人工智能与商业模式的融合，增加了商业发展的价值创造功能。①

目前，关于智慧商业模式的理论研究，仍处于起步阶段。学者们结合人工智能商业模式进行判断，认为该商业模式仍处于产业化早期阶段，未形成统一的商业模式，但前景广阔、且能够降低生产成本。②③ 智慧商业模式有以下特征：大数据是主要的生产要素；智慧物流是商业“血脉”，传统物流管理模式趋向于更高效、安全的方式；技术进步不断催生形成新的业态；移动支付是主要支付方式；线上线下融合（O2O）为主要形态。学者从多视角出发对智慧商业模式进行研究。例如，基于供应链视角，对智慧物流商业模式进行研究④；基于行业特征等因素对商业模式智慧化的研究。⑤

总之，智慧商业理论的形成、发展，与“人工智能”和信息技术进步密不可分。现有研究也多从技术进步推动智慧商业形成与发展的角度展开，从智慧商业发展现状、智慧商业具备的特点以及经济前景等方面进行探索。但关于智慧商业理论的深入研究较少，且相对分散、理论框架的系统性不强。诸如智慧商业的理论边界、实现模式（尤其是在社区中的经营模式）等问题的讨论仍存在较多空白。

---

① 王砚羽，苏欣，谢伟. 商业模式采纳与融合：“人工智能+”赋能下的零售企业多案例研究［J］. 管理评论，2019，31（7）：186-198.

② Chesbrough H., Rosenbloom R. S. The Role of the Business Model in Capturing Value from Innovation: Evidence from Xerox Corporation's Technology Spin-Off Companies [J]. Industrial and Corporate Change. 2002, 11 (3): 529-555.

③ Ferrando F. Is the post-human a post-woman? Cyborgs, robots, artificial intelligence and the futures of gender: a case study [J]. European Journal of Futures Research. 2014, 2 (1): 243-275.

④ 罗永红，林楠. 基于供应链视角的智慧物流商业模式发展研究［J］. 商业经济研究，2019（21）：82-85.

⑤ 周波，周玲强. 国外智慧旅游商业模式研究及对国内的启示［J］. 旅游学刊，2016，31（6）：8-9.

三、智慧型社区商业理论及发展趋势

截至 2013 年，全球大概有 200 个城市建设智慧城市和智慧型社区。我国智慧型社区建设自 2011 年 5 月于北京广内街道社会服务管理平台开始，逐渐在北京、上海、广州、深圳、杭州等城市推开。研究指出，智慧型社区商业服务发展，通过移动互联、云技术和物联网等网络信息技术平台，既能够推动传统社区生活方式的改变，也能够提高社会治理的质量。①

诸多研究将社区服务的关注点集中于养老助残服务体系的智慧化、社区文化设施的智慧化以及智慧型社区信息化的平台构建等问题，如帕特尔等（Patel，2013）②。对于智慧型社区商业服务模式的研究大多偏向于商业实践，且文献资料相对较少。例如，张荣齐、张寻研究了平台战略下社区商业业态业种共生问题。③ 针对智慧型社区商业服务模式的研究既离不开对信息技术与商业融合框架的探索，也离不开以多维度视角对智慧型社区商业服务模式内涵的研究。随着智慧型社区的快速普及和建设，如何以创新设计驱动社区经济健康发展、通过创新供给完善智慧型社区的管理服务，充分发挥社区商业的经济价值，也应成为学者研究的重要内容。

根据零售生命周期理论，智慧型社区商业发展正由创新阶段向成长阶段过渡、趋于普及化。何继新、李露露认为，智慧型社区商业服务的实质是以大数据、智联网、云平台、人工智能、现代通信技术和新媒体技术等信息技术为支撑，创新商业模式和管理手段，将服务供给各环节各主体聚合在同一系统中的商业服务模式。④

国内对智慧商业和智慧型社区商业服务的研究处于起步阶段，且大多

---

① 杨雅厦. 智慧社区建设对公共服务供给模式的变革及其优化研究［J］. 中国行政管理，2018（11）：151-153.

② Patel A. S，Darji H.，Mujapara J. A. A Survey on Role of Intelligent Community and Social Networking to Enhance Learning Process of Students and Professionals［J］. International Journal of Computer Applications. 2013，69（4）：14-17.

③ 张荣齐，张寻. 平台战略下社区商业业态业种共生研究［J］. 商业研究，2015（8）：45-51.

④ 何继新，李露露. 城市社区公共服务智慧化供给功能价值意蕴与建设模式设计［J］. 海南大学学报（人文社会科学版）. 2019，37（4）：56-64.

研究是针对智慧型社区建设及优化策略、智慧型社区运营和智慧型社区商业服务实践中存在的误区进行讨论。朱懿、韩勇研究指出，现有智慧型社区商业服务发展中存在诸多有待完善之处，如缺少完善的顶层制度设计，建设及运营模式仍需改良；过分关注技术推广，而忽略社区商业本质和管理服务质量的提升；政府推动力度较大，但与实施效果和社区落实情况存在差异；仅从技术方面对社区建设进行提升，缺少应对智慧型社区建设的专业化运营人才和管理人才；社区居民对智慧化缺乏认识和信任。①

总之，智慧型社区商业服务带给居民的不仅是便利，更是高质量的生活品质。智慧型社区商业服务模式的相关研究，实质上是探索商业服务价值创造的逻辑和价值实现的过程。② 智慧型社区商业服务模式的设计，应该重点解决以下问题：公共管理服务与商业服务的矛盾、商业主体争夺社区资源的矛盾、商业经营与居民生活的矛盾。通过结合社区公共服务与商业服务，融合商品零售、终端配送与多功能服务，融合线上线下 O2O，最终实现服务与需求“零距离”“云服务”和安全便捷的智慧型社区。

四、智慧型社区商业配置研究

国内学者孙德芳已经提出建立具有中国特色的城市公共服务设施配置理论体系、创新公共服务设施配置方法和关注数字城市公共服务设施配置。③ 张荣齐等研究了互联网平台战略下社区商业业态配置问题。④ 冯猛提出了社区服务的供需匹配实现路径。⑤ 张艳国等建议发挥互联网在社区服务资源配置中的优化集成作用。⑥ 周岱霖等研究了社区生活圈服务设施配

① 朱懿，韩勇. 我国智慧社区建设及其优化对策［J］. 领导科学，2020（2）：122-124.

② 阮重晖，李明超，朱文晶. 智慧城市建设的商业模式创新研究［J］. 浙江学刊，2015（6）：216-221.

③ 孙德芳，秦萧，沈山. 城市公共服务设施配置研究进展与展望［J］. 现代城市研究，2013，28（3）：90-97.

④ 张荣齐，张寻. 平台战略下社区商业业态业种共生研究［J］. 商业研究，2015（8）：45-51.

⑤ 冯猛. 城市社区服务的供需匹配：模型构建及其应用［J］. 福建论坛（人文社会科学版），2016（2）：142-150.

⑥ 张艳国，朱士涛. 互联网+社区服务：智慧社区服务新趋势［J］. 江汉论坛，2017（11）：139-144.

置问题。[①] 李雪等构建了网络经济时代社区便民商业设施配置体系。[②] 张忠国等提出了城市社区服务圈便民设施配置均好性评估体系。[③] 对于智慧型社区商业研究还处于起步阶段，国内学者研究了智慧型社区商业“一结合两融合”的商业服务体系的基本构想，即商业与社区公共服务相结合，商品零售、终端配送与多功能服务相融合，线上与线下相融合。[④] 有的学者在四家代表性企业的多案例研究基础上，提出和构建社区商业智慧化转型理论体系与机制模型。[⑤] 有的学者评价了社区智慧养老服务资源配置系统协同度。[⑥]

纵观现有文献，国内外学者从理论和实践两方面对社区商业服务进行研究，从社区建设、社区商业服务到与智慧城市融合，视角从微观到宏观、由实践到理论再到顶层设计层层递进、不断深化，为智慧型社区商业服务相关研究的发展奠定了坚实基础。但从整体看，相关研究仍比较分散，值得进一步深入研究。

（1）文献多基于社区的社会功能和治理职能进行研究，关于社区商业服务发展的研究也多聚焦于养老、智能化服务技术等问题，较少从商业服务体系构建的角度进行讨论。

（2）相关研究多集中于智能化、智慧化、“互联网+”等新颖概念，关注在社区商业服务中信息化技术的推广使用，但缺乏对智慧型社区理论框架的充分探讨。这容易造成学术讨论、政策制定和公众理解之间的

① 周岱霖，黄慧明．供需关联视角下的社区生活圈服务设施配置研究——以广州为例［J］．城市发展研究，2019，26（12）：1-5+18.

② 李雪，张赫，于丁一．网络经济驱动下社区便民商业设施配置方式研究——以菜市场为例［J］．现代城市研究，2020（2）：33-41.

③ 张忠国，赵旭，杨震，张舰．城市社区服务圈便民设施配置均好性评估体系构建探索［J］．城市发展研究，2020，27（3）：63-69.

④ 王成荣，王春娟．“后新冠时代”加快智慧型社区商业服务体系建设的思考［J］．商业经济研究，2020（12）：21-24.

⑤ 王春娟，王成荣．数字经济背景下社区商业智慧化转型：理论体系与机制模型［J］．商业经济研究，2021（10）：5-9.

⑥ 于凌云，李易颖．社区智慧养老资源配置协同度评价研究［J］．经济与管理评论，2021，37（4）：149-160.

偏差，使得社区商业服务发展倾向于高科技的使用，而缺少经营理念和模式创新。

（3）缺乏针对社区与“邻里”、社区与城市等概念的辨析，造成部分研究对智慧型社区的理解局限于“智慧化的多功能住宅区”，影响对智慧型社区商业服务发展模式的研究。

（4）随着第四次零售革命的深入，国内学者开始关注智慧商业向社区延伸问题。但相关研究仍缺乏对智慧型社区商业服务整体理论框架与发展机制的研究。

（5）已有研究和实践尚未从数字经济视角对社区商业智慧化转型的视角进行探索。

（6）尚未在数字经济背景下对社区商业智慧化转型机制理论进行系统性的深入剖析。

（7）受制于研究样本和数据的限制，大多从实践上初步探讨社区商业智慧化转型的路径和措施，尚未系统构建社区商业智慧化转型机制模型。

（8）尚未在数字经济背景下对智慧型社区商业配置进行研究。

五、社区商业智慧化转型研究

（一）流通业智慧化转型

国外学者 Mathews and Cho 认为，技术战略促进了传统服务业转型升级。① Manyika 等认为，数字技术打破行业壁垒，模糊产业边界，加速产业融合，推动基础行业转型升级。② Pisano 等提出互联网分享经济模式创造新消费和新供给机制，实现传统服务业供需瞬时精准匹配。③ 国内学者对

① Mathews, J. A., and D. S. Cho. Tiger Technology: The Creation of a Semiconductor Industry in East Asia [M]. Cambridge: Cambridge University Press, 2000.

② Manyika, Chui J., Roxburgh R. Big data: the next frontier for innovation,, competition and productivity [R]. Mckinsey Gbbal Institute, 2011 (5).

③ Pisano, P., M. Pironti, and A. Rieple. Identify Innovative Business Models: Can Innovative Business Models Enable Players to React to Ongoing Trends [J]. Journal of Entrepreneurship Research, 2015, 5 (3): 181-199.

流通智慧化转型研究集中在互联网+流通、流通数字化、流通智慧化三个方面：(1) 互联网+流通。董承华等通过案例分析了互联网对现代企业流通效率的影响深远。① 郭燕等提出了基于线上线下融合的传统零售商转型升级对策。② 李冠艺等认为，互联网技术发展提升流通组织效率。③ 王春豪和袁菊研究发现，互联网发展水平对流通业效率具有正向促进作用。④ (2) 流通数字化。沈华夏等通过案例分析了实体零售商数字化转型过程的实践与经验，提出零售企业数字化转型建议。⑤ 王砚羽等认为，人工智能等先进数字技术是实现“新零售”的核心支撑，是流通企业未来发展的重要手段。⑥ 李晓雪等剖析了数字化技术驱动的以消费需求为核心的供需体系变革是零售业数字化转型的内在机理。⑦ 王强等通过多案例研究了数字化能力和价值创造能力视角下零售数字化转型机制。⑧ (3) 流通智慧化。刘向东等认为，智慧零售是传统零售商数字化转型的前沿阶段。⑨ 张建军等认为，“新零售”是流通智慧化转型的突破口，是重构流通供应链、创新商业模式的关键。⑩ 谢莉娟等认为，流通智慧化通过引导媒介机制转型驱使产

---

① 董承华，刘国辉. 信息技术提升流通业效率的路径研究 [J]. 北京工商大学学报（社会科学版），2013，28 (2)：31-34.

② 郭燕，王凯，陈国华. 基于线上线下融合的传统零售商转型升级研究 [J]. 中国管理科学，2015，23 (S1)：726-731.

③ 李冠艺，徐从才. 互联网时代的流通组织创新——基于演进趋势、结构优化和效率边界视角 [J]. 商业经济与管理，2016 (1)：5-11.

④ 王春豪，袁菊. 西部地区现代流通业效率测度及空间差异分析——基于非径向超效率三阶段 DEA 模型 [J]. 工业技术经济，2019，38 (12)：102-110.

⑤ 沈华夏，殷凤. 全球价值链视角下零售业效率测度与升级策略——结合“新零售”实践探索的新思路 [J]. 中国流通经济，2019，33 (6)：3-13.

⑥ 王砚羽，苏欣，谢伟. 商业模式采纳与融合：“人工智能+”赋能下的零售企业多案例研究 [J]. 管理评论，2019，31 (7)：186-198.

⑦ 李晓雪，路红艳，林梦. 零售业数字化转型机理研究 [J]. 中国流通经济，2020，34 (4)：32-40.

⑧ 王强，王超，刘玉奇. 数字化能力和价值创造能力视角下零售数字化转型机制——新零售的多案例研究 [J]. 研究与发展管理，2020，32 (6)：50-65.

⑨ 刘向东，汤培青. 实体零售商数字化转型过程的实践与经验——基于天虹股份的案例分析 [J]. 北京工商大学学报（社会科学版），2018，33 (4)：12-21.

⑩ 张建军，赵启兰. 新零售驱动下流通供应链商业模式转型升级研究 [J]. 商业经济与管理，2018 (11)：5-15.

销逻辑由推式向拉式蜕变。[①] 马晨等提出新零售时代电子商务推动农产品流通体系转型升级机理与路径。[②] 孟庆鹏等阐述了生鲜农产品智慧物流的内涵特点、应用价值、运作流程实施策略。[③] 师博研究发现，基于人工智能的智能协同规划与绿色交易模式助力流通向智能消费、绿色消费等智慧化转型升级。[④] 俞彤晖等研究了数字经济时代流通智慧化转型的内涵与特征、动力与实现路径。[⑤]

（二）社区商业智慧化转型

国外学者主要对社区养老助残服务体系、社区文化设施以及社区信息平台构建等智慧社区服务进行研究（Patel[⑥]，Mitsuyoshi Horikawa 等[⑦]）。国内学者对社区商业智慧化转型研究处于起步阶段，主要从社区智慧型服务和社区智慧型商业模式两个方面对社区商业智慧化转型的实践问题与对策建议进行探讨：(1) 社区智慧型服务。刘君在分析社区服务业与智慧社区基本内涵、社区服务业和社区信息化发展现状与存在问题的基础上，提出智慧社区服务发展策略。[⑧] 郑从卓等提炼了智慧社区服务体系的内涵，分析了国内外智慧社区的建设现状、存在问题与对策建议。[⑨] 汪碧刚等通过促进公共服务和便民利民服务智能化创新智慧社区管理和服务。[⑩] 张艳

---

① 谢莉娟，庄逸群. 互联网和数字化情境中的零售新机制——马克思流通理论启示与案例分析［J］. 财贸经济，2019，40（3）：84-100.

② 马晨，王东阳. 新零售时代电子商务推动农产品流通体系转型升级的机理研究及实施路径［J］. 科技管理研究，2019，39（1）：197-204.

③ 孟庆鹏，王诚杰. 生鲜农产品智慧物流推进策略研究［J］. 农业经济，2019（5）：141-142.

④ 师博. 人工智能助推经济高质量发展的机理诠释［J］. 改革，2020，33（1）：30-38.

⑤ 俞彤晖，陈斐. 数字经济时代的流通智慧化转型：特征、动力与实现路径［J］. 中国流通经济，2020，34（11）：33-43.

⑥ Patel A. S., Darji H., Mujapara J. A. A Survey on Role of Intelligent Community and Social Networking to Enhance Learning Process of Students and Professionals［J］. International Journal of Computer Applications. 2013，69（4）：14-17.

⑦ Mitsuyoshi Horikawa. Information of Community Activities on Regional Shopping Street［A］. Proceedings of 12th Asia Pacific Industrial Engineering & Management Systems Conference. 2011.

⑧ 刘君. 智慧社区服务发展策略研究［J］. 管理现代化，2012（6）：46-48.

⑨ 郑从卓，顾德道，高光耀. 我国智慧社区服务体系构建的对策研究［J］. 科技管理研究，2013，33（9）：53-56.

⑩ 汪碧刚，王永健. 新经济背景下智慧社区的服务与运营［J］. 人民论坛，2017（32）：76-77.

国等通过探索"互联网+社区服务"，发挥互联网在社区服务资源配置中的优化集成作用，提高社区居民的满意度和幸福指数。① 杨雅厦在阐述智慧社区建设对社区公共服务供给模式深层变革的基础上，提出社区公共服务智慧供给优化的路径选择。② 陈跃华建议打造智慧社区建设新体系、便民服务新平台、培养新型智慧居民。③ 王凯等阐释了智慧社区公共服务精准响应平台理论逻辑和构建思路，提出完善共建开放的智慧设施，建立多元合作的统一标准，加强共享价值的数据治理和构建智慧服务"生态圈"的运行机制。④ （2）社区商业智慧型模式。阮重晖等立足"互联网+"时代的特征，提出智慧城市商业模式创新路径。⑤ 张荣齐等研究了互联网平台战略下社区商业业态的业种共生问题。⑥ 曹迪提出了基于O2O模式的社区便利店转型路径。⑦ 赖阳等提出了以民生保障的早餐工程为切入点建设社区"云服务"体系的构想。⑧ 王成荣和王春娟提出了建立"一结合两融合"智慧型社区商业服务体系的构想以及构建"到店体验服务""到家云服务""到点智能服务"社区商业生态圈的路径，形成市场化与公益性"双轮驱动"的动力机制和利益共享机制。⑨

---

① 张艳国，朱士涛. 互联网+社区服务：智慧社区服务新趋势［J］. 江汉论坛，2017（11）：139-144.

② 杨雅厦. 智慧社区建设对公共服务供给模式的变革及其优化研究［J］. 中国行政管理，2018（11）：151-153.

③ 陈跃华. 加快智慧社区建设破解社区治理难题［J］. 人民论坛，2019（2）：60-61.

④ 王凯，岳国喆. 智慧社区公共服务精准响应平台的理论逻辑、构建思路和运作机制［J］. 电子政务，2019（6）：91-99.

⑤ 阮重晖，李明超，朱文晶. 智慧城市建设的商业模式创新研究［J］. 浙江学刊，2015（6）：216-221.

⑥ 张荣齐，张寻. 平台战略下社区商业业态业种共生研究［J］. 商业研究，2015（8）：45-51.

⑦ 曹迪. 基于O2O模式的社区便利店转型路径［J］. 商业经济研究，2016（16）：92-93.

⑧ 赖阳，康健."云消费"时代提升生活性服务业品质的思路［J］. 商业经济研究，2015（20）：14-16.

⑨ 王成荣，王春娟."后新冠时代"加快智慧型社区商业服务体系建设的思考［J］. 商业经济研究，2020（12）：5-9.

第三节　智慧型社区商业转型理论基础

一、产业数字化转型理论

学术界目前还没有系统阐述产业数字化转型的理论体系。下面从产业数字化转型的内涵与外延、核心特征两个方面探究产业数字化转型的理论体系。

（一）产业数字化转型的内涵与外延

产业数字化转型主要包含产业数字化转型的内涵与外延两个方面：（1）产业数字化转型的内涵是围绕业务流程将大数据、云计算、人工智能、物联网、先进生产方法等前沿技术与生产业务相结合，打通不同层级与行业间的数据壁垒，改变产业原有的商业模式、组织结构、管理模式、决策模式、供应链协同模式，通过扁平的产业形态、高效的业务流程、完善的客户体验、广阔的价值创造、新兴的产业生态，实现产业协同发展与转型升级。（2）产业数字化转型外延包含支撑产业数字化转型所需的经济、社会体系等外部支撑环境全方位的转变。从经济维度上看，主要涵盖数字化背景下经济结构、创新体系、市场竞争方式、贸易规则的全面转变；从社会维度上看，主要包括社会治理模式、就业模式、教育体系等可持续发展问题。

（二）产业数字化转型的核心特征

数字经济时代，产业数字化转型成为大势所趋，并呈现出四个方面的核心特征：一是数据成为新的生产要素，二是供求信息精准匹配成为商业模式创新的动力，三是工业互联网成为产业振兴的助推器，四是“区块链+供应链”成为产业大规模协同发展的技术支撑。

1. 数据成为新的生产要素

农业时代，以土地和劳动为生产要素；工业时代，土地、劳动、资本、技术成为生产要素；数字时代，数据与土地、劳动、资本、技术一起成为新的生产要素。数据作为信息的载体，是产业数字化的核心，也是商业模式创新、业务流程优化、商业决策制定的核心依据，已经成为产业数字化转型的核心生产要素。大数据技术就是信息矿藏的开采和加工工具，让人们在结构数据之外，进一步挖掘了多种数据类型和巨大数据体量下的商业价值，有效实现了数据到价值创造的有效转化，从而成为业务创新、产业升级、社会变革的重要源泉。如我国百度搜索、百度地图、阿里电商、腾讯社交等产生的数据，成为产业发展的生产要素。特别是新冠肺炎疫情暴发以来，大数据在阻断疫情传播路径方面发挥了巨大作用。12306票务平台利用实名制售票数据，实时配合地方政府及各级防控机构提供确诊病人车上密切接触者信息。北京新发地批发市场疫情发生后，通过微信、支付宝等大数据信息锁定35万相关密切接触人群。

2. 供求信息精准匹配成为商业模式创新的动力

传统产业数字化程度普遍偏低，在云计算、人工智能、物联网等数字技术的推动下，产业数字化转型驱动商业模式的智能化变革，基于应用需求驱动的软件功能创新成为数字化转型的重要抓手，数字化平台颠覆传统产品驱动的商业模式，生产端企业直接触及消费端用户，消费者需求或体验成为驱动企业生产的新动力，形成生产商、中间商、消费者的信息互联互通，促使传统产业向柔性化、定制化和个性化方向变革，供求信息精准匹配为商业模式创新提供新动力。如我国服装业领先的个性化定制厂商红领集团运用大数据、云计算、物联网、智能化的方式，提供互联网化的C2M平台，打造全定制工业化流程化生产方式，实现商业模式创新。

3. 产业互联网成为产业振兴的助推器

产业互联网是基于海量数据采集、汇聚、分析，融合应用云计算、大数据、物联网、人工智能等数字技术，构建生产服务体系，支撑产业资源的泛在连接、弹性有效供给、高效精准配置，实现了最新数字化技术与现代技术的深度融合，产业全要素的泛在链接，构成了资源汇聚分享的重要平台，使得产业能够实现数据的全面感知、动态传输，提高资源配置效率，构建智能生产模式、达成互动化服务闭环，成为传统产业振兴的助推器。如海尔集团的 COSMOPlat 平台、华为公司的 Ocean Connect IoT 平台、西门子集团的 Mind Sphere 平台等产业互联网平台，通过数字化技术、大数据挖掘、智能化应用，支撑制造业数字化转型升级；上海钢联通过钢铁网发布的 MySpic 价格指数消除了信息不对称性，提供撮合交易、金融服务、物流整合三位一体的钢贸服务；用友软件、软控股份、广联达、瑞茂通、汉得信息、保税科技、康美药业等企业依托产业互联网，实现企业数字化创新发展。

4. “区块链+供应链”成为产业大规模协同发展的技术支撑

区块链具有去中心化、开放性、共享性、透明性、私密性等特征，能够提供块链式数据存储、数据防篡改、基于共识的透明可信等信任协作机制，可以构建可信的应用环境，满足供应链管理的需求，为解决产业大规模协作问题提供了可靠的技术支撑，实时了解商品的状态，有效避免信息的失真和扭曲，满足联盟企业之间的利益，打破传统封闭的运营模式，优化生产运营和管理，提升运行效率和产出效益，形成开放共享的产业生态，在供应链领域发挥着重要作用，为产业大规模协同发展提供技术支撑。如“京东区块链防伪追溯开放平台”通过联盟链方式，实现全流程零售商品追溯与防伪；国际运输物流集团马士基推出首个基于区块链的行业级跨境供应链解决方案；区块链科技公司联合大型保险公司发布“基于区块链的中小企业信用险增信平台”开创破解中小企业融资难的融资增信新模式。

二、推拉理论

推拉理论作为研究人口流动与移民最重要的理论，除了用于人口迁移决策，更进一步广泛应用与产业迁移、产业发展等领域。[①] 推拉理论的产生和演变分为产生、完善和扩展三个阶段。

（一）推拉理论的产生阶段

推拉理论最早是由美国社会学家莱温斯坦（Ernst G. Ravenstein）提出

① 周皓. 资本形式、国家政策与省际人口迁移［J］. 中国人口科学，2006（1）：42-51.

的。1881 年，他从英格兰和威尔士人口普查资料中发现，人口迁移具有规律性，经济因素、追求生产和生活条件的改善是人口迁移的主要影响因素。以此为基础，1885 年和 1889 年，他连续发表了两篇同名论文 *The Laws of Migration*①②，较为系统地提出了人口迁移七大定律，奠定了推拉理论的基础。1938 年，赫伯尔（Herberla）正式提出了推拉理论。

（二）推拉理论的完善阶段

20 世纪 50 年代末，美国学者唐纳德·博格（D. J. Bogue）对推拉理论进行了系统阐释，他认为“推力”是人口流出地的主要不利因素，“拉力”是人口流入地的主要有力因素；人们通过计算推力和拉力来预测人口流动趋势③，但忽视了个体特征对人口迁移的影响，无法解释同一群体在面临相同的推力和拉力时的不同选择。美国学者 Evereet S. Lee（1996）提出推拉理论的完整分析框架，将影响因素划分为“推”与“拉”两大因素，同时提出影响人口流动的第三个因素，即文化障碍和物质障碍等“干预障碍”。④ 其他学者在 Lee 的基础上对“推拉”理论不断进行探索与改造，如 Jackson（2005）认为第三个因素既可以促进人口流动，也可以抑制人口流动，因此将 Lee 提出的“干预障碍”变量改为“干预变量”。⑤ Trausti Valsson（2013）等提出，Lee 认为流出地与流入地之间存在阻碍与促进流动的双重因素，应该用中性词“in-between-space”表示。⑥

---

① E. G. Ravenstein. The Laws of Migration [J]. Journal of the Royal Statistical Society, 1885, XLVIII (PartII): 167-227.

② E. G. Ravenstein. The Laws of Migration [J]. Journal of the Royal Statistical Society, 1889, LII: 241-301.

③ Bogue D. J., Internalmigration. Hauser P., Duncan O. D. The study of population. Chicago: University of Chicago Press, 1959, pp. 486-509.

④ Lee, E. S. A Theory of Migration. Demography, 1966, 3 (1), pp. 47-57.

⑤ Jackson Duncan J. R., Carr Stuart C., Edwards Margot, et al. Exploring the Dynamics of New Zealand's Talent Flow [J]. New Zealand Journal of Psychology. 2005, 7: 110-116.

⑥ Trausti Valsson, Gudmundur F. Ulfarsson& Sigurdur M. Gardarsson. A Theory of the Evolution of Settlement Structures Based on Identification and Use of Patterns: Iceland as a Case Study [J]. Futures, 2013, 54: 19-32.

（三）推拉理论的扩展阶段

以推拉理论为基础，学术界主要形成了四类理论分析框架：(1) 推拉系泊模型（PPM）[①]。1995 年，Moon 将“系泊”变量引入“推—拉”理论模型，提出推拉系泊模型，主要应用于管理学科（Jen-Ruei，2011）[②]，采用因素分析、偏最小二乘技术分析、多元线性回归等研究方法。(2) 双向推拉模型（TWPP）。Cheung（2016）在 Lee 观点的基础上提出改进后的双向推拉模型[③]，即认为在每一个流出地和流入地都存在正反向的推力和拉力，在推力、反拉力、拉力、反推力的共同作用下达到动态平衡。(3) 综合推拉模型（IPP）。Kumpikaite（2012）通过对双重劳动力市场、人力资本、迁移系统、迁移驼峰等迁移理论整理分析，提出了 IPP 的理论构想。[④] (4) 内外因素互动推拉模型（IEPP）。2013 年，李秀珍提出了内外因素互动模型。[⑤] 除此之外，国内外其他学者也从宏观和微观层面提出推拉因素模型。

① Moon B. Paradigms in Migration Research: Exploring “Moorings” As a Schema [J]. Progress in Human Geography, 1995, 19 (4): 504-524.

② Jen- Ruei Fu. Understanding Career Commitment of IT Professionals: Perspectives of Push-Pull-Mooring Framework and Investment Model [J]. International Journal of Information Management, 2011, 31: 279-293.

③ Alan C. K. Cheung&Timothy W. W. Yuen. Examining the Motives and the Future Career Intentions of Mainland Chinese Preservice Teachers in Hong Kong [J]. High Education, 2016, 71: 209-229.

④ Vilmante Kumpikaite& Ineta Zickute, Synergy of Migration Theories: Theoretical Insights [J]. Engineering Economics, 2012, 23 (4): 387-394.

⑤ 李秀珍，马万华. 来华留学生就业流向的影响因素研究——基于推拉理论的分析视角 [J]. 教育学术月刊，2013 (1): 36-39.

第三章　数字经济赋能社区商业智慧化转型

本章首先分析了数字经济和数字技术的作用，然后在数字经济背景下从社区商业智慧化转型的内涵与外延、核心特征、动力体系三个方面对社区商业智慧化转型机制理论进行深入剖析，基于美团、便利蜂、物美、超市发四家代表性的社区商业服务企业的多案例研究，创新构建社区商业智慧化转型机制模型，进一步深化社区商业智慧化转型理论，归纳出了社区商业智慧化转型机制的要点，为社区商业智慧化转型指明了方向和路径，对社区商业智慧化转型机制实践具有指导意义。

第一节　数字经济创新社区消费生态

一、数字经济带动数字消费发展

消费既是国民经济循环的终点，也是起点；新消费既是消费的新引擎和新动能，也是经济循环的重要引领力量。[①] 数字化消费已经成为构建双循环新发展格局的重要引擎和增长新动能。我国于2015年最早提出新消费概念。[②] 2019年，国务院提出“‘互联网+资源循环’促进循环消费”。[③] 2017年，国务院发布《关于进一步扩大和升级信息消费持续释放内需潜力

---

① 韩凝春，王春娟. 新生态体系下的新消费、新业态、新模式［J］. 中国流通经济，2021（3）：121-128.

② 国务院. 关于积极发挥新消费引领作用加快培育形成新供给新动力的指导意见［R］. 2015. 11.

③ 国务院办公厅. 关于加快发展流通促进商业消费的意见［R］. 2019. 8.

的指导意见》，为信息消费扩大升级营造了良好的发展环境和有力的政策支撑。[①] 2019 年，工业和信息化部提出“在全国范围内深入开展信息消费示范城市建设工作”。[②] 2020 年，国家发展改革委提出“鼓励线上线下融合等新消费发展，完善互联网+消费生态体系”。[③] 从优化业态治理方式、加强数字化转型协同、完善就业服务制度、改革生产资料管理制度等方面，消除新业态新模式发展面临的制约因素，为数字经济营造良好的发展环境。[④] 2020 年，国务院提出“以新业态新模式引领加快新型消费发展”，以现代流通创新激发新的消费增长点，形成强大的国内市场，推进“双循环”新发展格局加快形成。[⑤] 党中央在十九届五中全会提出“全面促进消费”，畅通国内生产、分配、交换和消费的大循环。[⑥] 2020 年，中国网上零售额 117601 亿元，数字消费者达 8. 55 亿人次，数字化渗透率均超 50%，其中网络购物领域渗透率最高，达到 85. 2%。[⑦] 以互联网、云计算、人工智能、大数据、虚拟现实、5G 等数字技术为核心的数字经济正引起消费变革。2020 年，我国信息消费规模达 5. 8 万亿元，年均复合增长率超 10%，最终消费占比超 10%，为扩大内需贡献重要力量。[⑧] 数字技术引发资源重组和聚合，促进社会各领域互联互通，为释放中国消费需求提供了强大引力（江小涓，2017）。[⑨] 在国家政策推动和 5G、云计算、人工智能等网络信息技术加速应用的背景下，新业态新模式的健康发展将进一步激发数字经济的活力和韧性，更多领域将成为数字新技术的“试验场”、新模式的

---

① 国务院. 进一步扩大和升级信息消费持续释放内需潜力的指导意见［R］. 2017. 8

② 工业和信息化部. 信息消费示范城市建设管理办法（试行）［R］. 2019. 4.

③ 国家发展改革委. 关于促进消费扩容提质加快形成强大国内市场的实施意见［R］. 2020. 3.

④ 国家发展改革委. 关于支持新业态新模式健康发展激活消费市场带动扩大就业的意见［R］. 2020. 7.

⑤ 国务院办公厅. 关于以新业态新模式引领新型消费加快发展的意见［R］. 2020. 9.

⑥ 中共中央关于制定国民经济和社会发展第十四个五年规划和二〇三五年远景目标的建议［R］. 2020. 11.

⑦ 中国社会科学院数量经济与技术经济研究所. 数字经济蓝皮书：中国数字经济前沿（2021）［M］. 北京：社会科学文献出版社，2021.

⑧ 国家互联网信息办公室. 数字中国发展报告（2020 年）［R］. 2021. 7.

⑨ 江小涓. 高度联通社会中的资源重组与服务业增长［J］. 经济研究，2017（3）：4-17.

“练兵场”、新业态的“培育场”。

二、数字技术赋能社区消费创新

数字技术是数字经济的核心驱动力，以数字技术为中心，主要从供给侧和需求侧两方面促进数字化消费提升。从供给侧方面来看，运用数字化新技术不断渗透到传统产业体系中，优化重构生产要素组合，催生出数字化生产要素，能够促进企业开展商业模式创新和提升绩效；数字化在生产、交换、流通和消费等多环节不断渗透和融合，多方面赋能产业发展，生产和销售打通、前台与后台合二为一，形成电子商务产业、数字内容产业、网络广告产业等产业融合的商业模式，使产业实现去中心化、平台化和柔性化的全新组织结构。从需求侧方面来看，在人工智能、云计算、生物识别、物联网等数字技术发展与应用的驱动下，大数据营销决策更加精准，能够创造沉浸式的消费环境，为消费者提供视频直播、社交媒体等多种消费方式，有效适应消费者不同的消费风格和偏好，满足新的消费需求，提高服务效率，提升消费者体验。

具体来讲，首先，数字经济的发展通过推动生产和流通的数字化和智能化，赋能数字化消费，改变消费者的消费观念和消费行为，既实现了供需两端的精准匹配，从而在降低搜寻成本的同时能够在消费市场中创造新需求，推动数字化消费的普及向三、四线城市延伸，又通过促进分工深化而极大提升了资源配置效率，全面整合线上与线下、有形与无形的资源，打破渠道壁垒，实现商业生态体系的资源高效配置。同时，随着数字化消费的发展，“互联网+金融”服务在消费领域越来越普及，支付宝、微信、手机银行等电子支付方式兼具便捷性和安全性，蚂蚁花呗、京东白条等新型消费信贷能够有效缓解消费者的流动性约束，对消费意愿的提升和潜在客群的挖掘有助力作用，且呈现出普惠化的特征，是数字化消费的重要驱动力。其次，技术变革带动仓储、物流和售后等环节的改造，逐步解决以往的冷链运输短板，既极大地满足了消费者高效率、多场景的服务体验，又通过细分市场展开覆盖消费者日常生活需求的便捷服务，涵盖搜索、下单、配送、评价等一体化服务。比如，在线教育平台提供随时随地享受面对面交流的个性化场景消费；美团、大众点评、盒马鲜生等专业化电商逐步开拓生鲜、水果、商超及医药配送服务，使用户需求得到极大满足，进而不断开拓数字化消费的新客群。

伴随 AI、大数据、云计算等技术与传统消费结合日趋紧密，利用虚拟显示技术营造消费场景，利用大数据进行消费者画像，实现精准营销和个性化零售服务，已成为新科技切入消费前端的重要表现。现阶段，通过智能算法、大数据积累和网络媒体渠道，已经可以做到对单个消费者进行精准营销，消费者画像变得更加清晰，使得多层次消费需求可以得到满足。将来通过自动化技术催动柔性生产线进行大规模定制化生产，将在更大程度上颠覆大规模排浪式消费，精准化营销、定制化生产、智能化服务将引领社区消费新趋势。

新冠肺炎疫情对消费领域造成较大冲击，居民非必需品、聚集性、流动性、接触式消费受到严重抑制，但同时也催生了消费新场景，培育了消费新模式，引领新型消费加快扩容，线上消费在保障居民日常生活需要、推动经济企稳回升等方面发挥重要作用，部分线下消费转移至线上，线上消费黏性增加。线上消费对象范围不断拓展，网购对象从标准化程度较高和易于快递配送的商品向生鲜、医药等非标和低频商品延伸。数字文化娱乐服务受到追捧，视频、游戏等用户迅速增加，线上教育、办公等迅速兴起，网络授课、视频会议等成为居家生活新常态。在疫情的影响下，互联网在中老年人群中迅速普及，中老年人群的线上消费使用频率与深度均明显提升。直播带货、社区团购、数字营销、无接触配送等新兴消费不仅在疫情防控中发挥了稳经营、稳消费的重要支撑作用，也为传统消费求新谋变、提质升级创造了条件，更为市场回暖、经济发展注入了新动能。新兴“云端”消费模式也获得了迅速拓展，云综艺、云展览、云旅游、云演唱会、云蹦迪等新型互联网消费浪潮喷涌。另外，人们把更多的钱用于购买身体健康和心理健康产品（服务），包括私人医生、私人心理医生以及各种“线上”咨询服务，医药健康行业新业态也将日渐成长。

第二节　数字经济赋能社区商业智慧化转型理论与机制

一、社区商业智慧化转型理论

本部分主要从社区商业智慧化转型的内涵与外延、核心特征、动力体系三个方面，阐述数字经济背景下社区商业智慧化转型的基础理论。

（一）社区商业智慧化转型的内涵与外延

本书认为，社区商业智慧化转型是指在数字经济与服务经济融合的背景下，通过人工智能、物联网、区块链、5G 等数字技术赋能社区商业发展，打通社区商业中不同区域、不同业态之间的数据壁垒，改变社区商业原有的商业模式、商业组织、运营管理，形成精准高效、智能决策、协同共享、整合集约的智慧型社区商业服务体系，由“便民、利民、惠民”，向提升社区居民生活品质，满足人民对美好生活的向往为目标转变。

本书认为，社区商业智慧化转型的外延包含支撑社区商业智慧化转型所需的社区经济体系、社区管理体系、社区基础设施等外部支撑环境全方位的转变。从经济维度上看，主要涵盖数字经济背景下社区商业的经济结构、盈利模式、运营体系、市场竞争等的全面转变；从社会维度上看，主要包括社区治理模式、社区基础设施、社区就业模式、社区居民服务等的可持续发展。

（二）社区商业智慧化转型的核心特征

数字经济时代，社区商业智慧化转型成为社区商业未来的发展趋势，呈现出四个方面的核心特征。

（1）数字化技术为社区商业智慧化转型提供支撑。数字技术正在不断重塑企业生态与价值创造方式①，数字技术所带来的业务变化是企业数字化转型的重要特征，在供给端拓展生产可能性边界，在需求端提升消费者

① 刘洋，董久钰，魏江. 数字创新管理：理论框架与未来研究［J］. 管理世界，2020，36（7）：198-217+219.

能力和意愿，并推动服务功能、价格、空间、时间等维度的有效匹配，推动效率提升。①

（2）资源整合为社区商业智慧化转型提供平台。依托数字技术整合社区各种商业资源，完善并优化社区商业要素市场配置，打通资金、人力资源、数据信息、物流等制约行业发展的堵点，促进要素的自由流通和行业共享，实现社区商业资源共享、运行高效，为社区商业智慧化转型提供平台。

（3）供需精准匹配为社区商业智慧化转型提供动力。社区商业通过大数据挖掘、精准化营销、物流共享协同等方式，使社区商业供需双方接近帕累托状态，社区商业供需匹配更加精准，为社区商业智慧化转型提供动力。

（4）跨界融合为社区商业智慧化转型提供拓展空间。以数字技术为依托的线上社区商业兴起，并逐渐向线下渗透，同时线下社区商业与互联网、移动互联网之间跨界融合，形成了社区 O2O、社区团购、无接触配送等模式，为社区商业智慧化转型提供了拓展空间。

（三）社区商业智慧化转型机制的动力体系

根据 E. G. Ravenstein 在 19 世纪末提出的推拉理论②，基于前期对产业数字化转型进行了专题研究，在产业数字化转型内涵与外延、核心特征研究的基础上，构建了产业数字化转型动力体系，认为产业数字化转型是内在推力和外在拉力共同作用的结果。③ 本部分在前期研究的基础上，结合社区商业智慧化转型的内涵与外延、核心特征，提出社区商业智慧化转型的动力体系。如图 3-1 所示，内在推力和外在拉动共同推动社区商业智慧化转型，内在推力是社区商业智慧化转型的核心驱动力，指的是以社区商

① Galindo M. M，Castaño M. M，Mendez P. M. 2019. Digital transformation，digital dividends and entrepreneurship：A quantitative analysis［J］. Journal of Business Research，101：522-527.

② Ravenstein，E. G.，The Laws of Migration. Journal of the Royal Statistical Society，Vol. 52，No. 2，Jun 1889，pp. 241-305.

③ 祝合良，王春娟. “双循环”新发展格局战略背景下产业数字化转型：理论与对策［J］. 财贸经济，2021（3）：14-27.

业数字技术赋能和社区商业模式变革内在推动社区商业智慧化转型；外在拉力是社区商业智慧化转型的可持续发展动力，指的是以社区商业管理模式创新和社区商业基础保障支撑外在拉动社区商业智慧化转型。

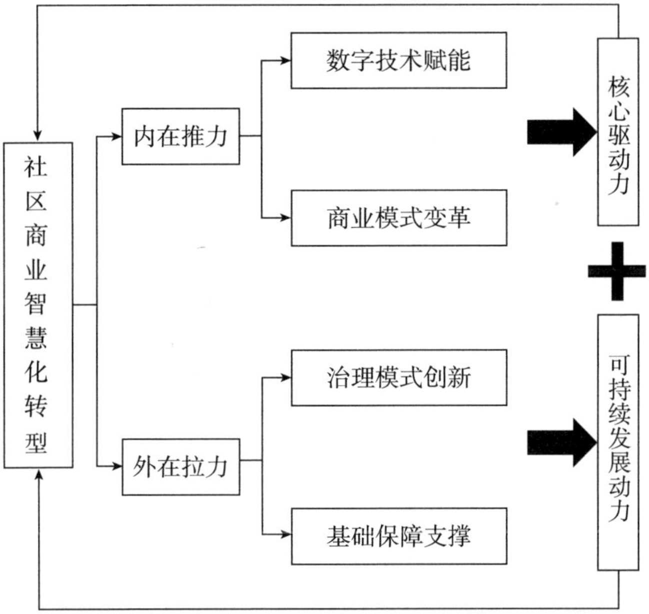

图 3-1　社区商业智慧化转型机制的动力体系

二、多案例研究案例选择与数据收集

（一）方法选择

基于社区商业智慧化转型的理论基础，本部分聚焦于探讨社区商业智慧化转型机制，多案例研究方法适合于解释此类研究问题，原因在于：(1) 回答现实问题。案例研究作为管理学研究方法的重要分支，注重回答“如何”和“为什么”的问题，强调现象所处的现实情境并能够对其进行丰富描述，有利于阐述社区商业智慧化转型这一类实践现象。(2) 归纳提炼理论观点。每个社区商业服务企业的智慧化转型都有其各自独特的特点，这也属于社区商业实践中涌现的新现象和新趋势，归纳式的多案例研究可以通过案例间的“复制逻辑”来相互检验所得到的理论①，更利于从质性数据中挖掘现象背后的潜在规律，构建理论观点，深入理解实践新现象。②（3）定性阐述动态机制。社区商业服务企业智慧化转型目前还处于动态发展阶段，尚未形成完备的数据进行定量分析，多案例研究适合剖析社区商业服务企业智慧化转型复杂的演化过程，从而定型阐述客观动态机制。③综上所述，本部分采用多案例研究方法，回答社区商业智慧化转型的现实问题，从不同角度归纳提炼社区商业智慧化转型机制的理论要素，定性阐述动态机制，研究结论更具说服力。

（二）案例选择

艾森哈特（Eisenhardt）指出，多案例研究适合采用理论抽样的方式，最合适的案例数量为4~8个。因此，本部分根据研究主题，基于案例研究规范的代表性、启发性、可获得性抽样原则④，选择美团、便利蜂、物美、超市发4家企业进行多案例分析。（1）代表性。本部分案例选择传统零售企业（物美、超市发），数字原生的新零售标杆企业（美团）、科技创新零售企业（便利蜂）不同类型的社区商业服务企业，既符合本书的研究主题，又体现了不同领域社区商业智慧化转型样本企业的代表性。（2）启发性。本部分的案例选择考虑到不同类型的社区商业服务企业智慧化转型背景、动力和路径，由此形成多个视角的案例对比，对于研究具有一定的启发性。（3）可获得性。本部分在案例企业选择时还考虑了企业信息和数据的可获得性和准确性，从而提高了案例研究的可信度。样本的描述性信息如表3-1所示。

---

① Yin, R. K. Case Study Research: Design and Methods [M]. Newbury Park, CA: Sage Publications, 1989.

② Siggelkow, N. Persuasion with Case Studies [J]. Academy of Management Journal, 2007, 50 (1): 20-24.

③ Eisenhardt K. M. Building theories from case study research [J]. Academy of Management Review, 1989, 14 (4): 532-550.

④ Eisenhardt, K. M., and M. E. Graebner. Theory Building from Cases: Opportunities and Challenges [J]. Academy of Management Journal, 2007, 50 (1): 25-32.

表 3-1　案例基本信息及选择依据

企业名称	成立时间	选择依据	所属领域	转型历程
美团	2010 年	数字原生的新零售标杆企业	创新型业态	2012 年美团点评成立，推出电影票线上预定；2013 年美团外卖网上订餐平台上线，推出酒店预订；2014 年推出旅游门票预订；2015 年大众点评网与美团达成战略合作；2016 年推出面向商家的聚合支付系统、供应链解决方案服务；2017 年推出生鲜超市“小象生鲜”；2018 年收购摩拜单车；2019 年美团买菜上线；2020 年美团优选社区团购平台上线，美团外卖推出无接触式配送、“无接触安心送”，“春风行动”百万小店帮扶计划通过数字化手段助力小店经济实现强力复苏
便利蜂	2016 年	以新型便利店为主体的科技创新零售企业	创新型业态	2018 年便利蜂上线自营外卖配送服务；2019 年便利蜂小程序新增“便利蜂洗衣”服务；2020 年便利蜂自有品牌“蜂质选”开通线上商城、微信商城、天猫旗舰店、拼多多旗舰店等多个渠道，通过拼多多、抖音、快手、淘宝、B 站等平台直播卖货，实现“少人化”“无接触”等经营模式，全链路的智慧化管控
物美	1994 年	传统零售企业，多次智慧化转型	连锁超市	2007 年上线 ERP 系统；2014 年门店生鲜区域上线电子价签；2015 年推出全渠道零售平台多点 Dmall，智能购物车、进口冷链产品“一码溯源”；2017 年物美增设门店前置仓，推出扫码自由购、自助购等应用；2018 年线上线下全面融合，门店实现数字化升级，优化扫码购流程，2020 年设立社区提货站，实行无接触配送，用多点实现老年卡、养老助残卡支付，推出拼团业务，与麦德龙合作推出针对食堂的团膳业务

续 表

企业名称	成立时间	选择依据	所属领域	转型历程
超市发	1999 年	传统零售企业，多次智慧化转型	连锁超市	2015 年超市发 App 上线；2016 年推出二维码（短保期）食品安全管控；2018 年推出无人货柜、微信电子会员卡；2019 年推出智慧屏；2020 年“超市发鲜到家”微店上线，推出社区团购服务，智能提货柜实现无接触到点提货。

（三）数据收集

本书主要采用深度访谈、现场调研和二手资料收集等方法收集基础数据，同时对多样化的数据来源进行“三角验证”，保证数据的信度和效度。① 在采集数据的同时，遵循 SPS（Structural，Pragmatic，Situational）研究方法同步进行数据分析工作。(1) 从官网、年报、报纸、网上报道、企业内部等收集企业的基本资料，针对访谈对象设计相关问题，在访谈过程中根据受访者的回答对新问题、新视角不断进行修正。(2) 获得企业准入后，理清访谈资料，对遇到新问题或不确定的具体问题进行现场调研。(3) 采用现场访谈、企业微信、腾讯会议等多种形式进行研讨，采纳公认度较高的结论，形成一致的见解。(4) 对多种信息资料进行整理、对照、核查，完善数据证据链，确保案例研究建构效度。

（四）数据编码

本书遵循案例研究中质性资料的规范性编码步骤，将数据编码与分析过程分为数据缩减、数据陈列、数据验证三个阶段。(1) 数据缩减：以研究框架作为依据，在对质性文本资料进行甄别、聚焦和简化的基础上，构建基本编码表对每个案例文档进行独立编码。(2) 数据陈列：在数据缩减和编码基础上进行整理分析，提炼比较。(3) 数据验证：基于编码结果梳理理论框架

① Robertson B. J. Holacracy：the new management system for a rapidly changing world [M]. New York：Henry Holt and Company，2015.

与研究结论，并通过研讨、调研等完善修正、数据验证，避免结论片面性。

编码具体情况：首先，根据资料来源对案例数据进行一级编码；其次，以研究框架作为依据，通过文献指引，以数字技术赋能、商业模式变革、数据治理模式创新和数字基础设施支撑四大核心要素形成二级编码；最后，在二级编码基础上识别出案例企业智慧化转型具体举措，形成三级编码。一级编码如表 3-2 所示。

表 3-2　案例数据的一级编码

数据来源	数据分类	一级编码			
		美团	便利蜂	物美	超市发
一手资料	通过正式访谈获得的资料	M1	B1	W1	C1
	通过非正式访谈获得的资料	M2	B2	W2	C2
	通过现场调研获得的资料	M3	B3	W3	C3
二手资料	通过企业官方网站获得的资料	m1	b1	w1	c1
	通过第三方获得的网络资料	m2	b2	w2	c2
	通过企业获得的内部资料	m3	b3	w3	c3

三、社区商业智慧化转型研究设计

基于社区商业智慧化转型理论，本部分从内在推力和外在拉力两方面，通过数字技术赋能、商业模式变革的内在推动和数字治理模式创新、数字基础保障支撑的外在拉力，探讨社区商业智慧化转型机制。

（一）数字技术赋能

社区商业企业依托人工智能、物联网、区块链、5G、AI 等数字技术，建立数字创新能力，将数字技术集成并锚定到消费者购买过程中，打破设备、数据、体验、服务之间的壁垒，通过社区商业实体店铺数字技术应用、线上线下云服务、智慧型社区商业供应链体系，打造“数字技术+社区商业”功能，提升经营管理效率，驱动社区商业智慧化转型。本部分数字技术赋能主要分为数字层、平台层、应用层三个方面，代表性证据如表 3-3 所示。

表 3-3　数字技术赋能代表性证据

二级编码	三级编码	代表性证据
数字技术赋能	数字层	建立线上线下全方位、多维度数据档案（m2）
		通过建立商品数据库和会员数据库大大地提升了效率（W1）
		开发了人货场大数据分析系统（C1）
	平台层	数字化采销平台实现全链条连通（w2）
		大数据分析决策知识图谱平台实现商户经营数字化（M1）
		全业务链的互联网信息化平台增加直接效益、降低人力资源要求、店长时间管理优化（b2）
		搭建了无人配送协同创新开放平台（m2）
		B2B 餐饮采购平台提高采购效率、降低采购成本（M1）
	应用层	将大数据应用于消费者行为分析和餐饮企业运营优化，实现营销数字化（m2）
		智能选品系统分析消费需求实现精细化运营，提高门店商品更新迭代速度（b2）
		鲜度管理系统、食品二维码保质期追踪系统、批次管理系统实现门店食品温度和有效期数字化管理（B1）
		二维码（短保期）食品安全管控（C2）

资料来源：根据相关研究整理。

1. 数字层

数字层由数据汇聚而成，依托智慧化技术在数据资源采集、存储、分析和应用的基础上，通过大数据服务、数据建模等实现数据知识化赋能。如美团推出 RMS（餐厅管理系统）把餐厅经营与美团、大众点评两个平台打通融合，建立一个全方位、多维度的数据档案。物美通过建立商品数据库和会员数据库，实现线上+线下选品优化，浏览行为+线下购买共同完善，以“店”为最小运营单位对会员精准分析，实现会员数据化，商品大数据和采销促销精准度评估，提升运营效率。超市发通过人货场大数据分析系统，实现定时定点定屏定人内容秒级推送的精准营销、精益运营。

2. 平台层

依托大数据和云计算，搭建集社区信息共享、社区便民购物、社区生活服务等的社区商业智慧化平台，解决社区商业中面临的问题。如美团商业大脑是大数据分析决策知识图谱平台，基于知识图谱等AI技术能力，面向4.8亿用户、超650万商户，近80亿个的线上评价数据，超过100亿张的线上图片以及200多个生活服务场景，充分挖掘关联各个场景数据，用AI技术让机器“阅读”用户评论和行为数据，理解用户在菜品、价格、服务、环境等方面的喜好，构建人、店、商品、场景之间的知识关联，通过细致刻画商户服务现状、商户竞争力分析以及商圈洞察等方式，实现商户经营数字化。美团快驴由B2B餐饮采购平台构成，以全供应链为切入点，打破B、C端的壁垒，实现B端直接统购、统采，提高平台商家采购效率、降低采购成本。便利蜂全业务链的互联网信息化平台包含大数据平台、便利蜂App、基于人工智能的仓管平台三部分：一是大数据平台，实现大数据平台统筹，财务系统、物流管理系统、单车管理系统等各项业务系统协调运行的信息化管理；二是便利蜂App，实现店铺查询、自助购物、单车查询、单车使用、会员管理、订单管理、无人货架购物、充电宝使用、手机支付等功能；三是基于人工智能的仓管平台，具有自动排班、销量预测、活动预测、自动订货、库存管理、店铺财务管理等各项功能。

3. 应用层

在数字层和平台层的基础上，将数字技术与社区商业各业态进行无缝对接，实时获取关于消费的丰富信息，包括前所未有的数量、变化速度和多样性的大规模数据，使得消费者成为“产消者”，通过消费者的精确定位和精准画像，在整个消费者决策和使用过程中产生新的交互①，实现线上线下一体化。如美团点评推出餐饮开放平台免费开放全渠道会员，通过销售终端、线上团购、外卖等多渠道订单集成精准记录会员行为，打通商户交易和数据，实现线上线下一体化，大数据应用于消费者行为分析和企业运营优化。便利蜂智能选品系统对电商平台商品数据搜集和筛选分析进行选品，提高门店商品更新迭代速度，通过鲜度管理系统、食品二维码保

① Ramaswamy V., Ozcan K. Offerings as digitalized interactive platforms: a conceptual framework and impli-cations [J]. Journal of Marketing, 2018, 82 (4): 19-31.

质期追踪系统、批次管理系统实现门店食品温度和有效期数字化管理。超市发于2016年推出二维码（短保期）食品安全管控试点，截至2020年10月，超市发共在30家连锁店进行了二维码（短保期）食品安全管控施工工作，实现现场制售商品、生鲜日配商品短保期、日配等预包装商品出厂赋码的有效期管控。

（二）商业模式变革

社区商业企业利用互联网、大数据、物联网等数字技术，快速、大规模地交换产品和信息，突破传统社区商业模式，创新发展社区商业新业态、新模式、新服务，增强商户运营能力，促进产品交易，升级消费体验，提高社区商业盈利能力，驱动社区商业智慧化转型。代表性证据如表3-4所示。

表3-4　商业模式变革代表性证据

二级编码	三级编码	代表性证据
商业模式变革	新业态	与XURFACE超体面合作开设新美业概念店（m2）
		开发了“蜂小茬”新鲜的现调饮品（M1）
		物美超市“包装鲜鱼”等“加工菜”系列（w1）
	新模式	“闪购”新模式促消费（m2）
		在门店实现了热餐标准化（B1）
		“多点App+物美”全渠道零售的新模式（W1）
		便利蜂线上的“蜂超市”业务（W1）
		超市发海中市场引入联营的生鲜个体和餐饮档口（C1）
	新服务	自主研发“智慧餐厅”提供线上线下一体化服务（m2）
		推出了“年货节”“小碗菜”等活动（b2）
		超市延伸社区便民服务功能（c3）

资料来源：课题组整理。

1. 新业态

依托数字技术，在重塑传统商业业态的基础上，创造社区商业新兴业态。美团推出以“新供给、新体验、新营销、新服务、新人才”为核心的“美业店　美团芯”计划，与XURFACE超体面合作开设新美业概念店，消费者可以直接在线上完成预约、支付、购买、评价等行为。便利蜂于2020年5月上线茶饮品牌——“蜂小茬”新鲜的现调饮品，依托便利店的供应链优势，采用新鲜水果及短保鲜奶，配以优选知名产区的中国茗茶打底，人均消费20元左右。“超市发鲜到家”针对“生鲜果菜”类商品尝试线上销售，主打“超之鲜”自有品牌的果蔬商品。物美超市“包装鲜鱼”等“加工菜”系列，消费者可根据包装袋上的颜色辨别上架时间。“包装鲜鱼”主打“活鱼当日宰杀，新鲜看得见”概念，覆盖鲫鱼、鲤鱼、草鱼、武昌鱼等7种鱼类水产品，购买后产品在冷藏环境下仍可保鲜48小时。

2. 新模式

通过数字技术，整合社区商业资源，实现社区商业规模化个性定制、各业态共享合作、网络化协同消费等，各业态、各环节、各流程的运营成本降低。美团“闪购”采用快零售业务模式，搭建一个24小时无间断、30分钟内配送到货的生活卖场，同时对加入“闪购”平台的传统零售商加强营销、配送、科技等服务，实现数字化转型。便利蜂将系统驱动、大数据、AI算法等融入全链条，实现热餐标准化；“多点App+物美”全渠道零售的新模式通过App实现全场景覆盖，数字化采销平台实现全链条连通，线上线下一体化洞察用户行为；便利蜂线上的“蜂超市”业务，为消费者提供生鲜蔬菜的无接触配送服务；超市发海中市场通过引入联营的生鲜个体户和餐饮档口，满足周边消费者一站式的购物需求。

3. 新服务

数字经济时代，市场需求正在从产品导向向服务导向转变，数字化服务和人们的生活已经高度融合。社区商业企业利用数字技术创新社区商业服务方式，拓展了社区商业服务时间和空间，拓展了社区商业服务范围，提供线下线上一体化服务，满足消费者体验。美团“智慧餐厅”SaaS提供线上线下一体化服务，推动新一代智慧门店数字化升级。便利蜂打造了“年货节”，启动了“岁启‘蜂’ 年吉食运转”的年货售卖、优惠活动，并配套相关的抽奖金和抽电影票等活动，同时还推出现点现做、全天可供的小份碗装菜。超市发以生活超市作为核心，搭载早餐、加工被褥、缝补打气、修锁配钥匙等 8~15 项社区便民服务功能。

（三）治理模式创新

社区商业智慧化转型的治理模式创新是在新的社区商业发展模式下建立新的治理模式，最终实现社区商业智慧化转型。本部分治理模式创新主要分为数据治理和数字化人才两个方面，代表性证据如表 3-5 所示。

表 3-5　治理模式创新代表性证据

二级编码	三级编码	代表性证据
治理模式创新	数据治理	信任度主动式防御司法服务平台（m3）
		实现了全业务链的信息化覆盖，全业务链下的大数据算法制定决策（b3）
		以消费者为中心的全渠道全链路全场景数字营销解决方案（c3）
	数字化人才	发布生活服务行业首个数字化人才标准体系、数字化新职业人才成长体系，建设“互联网+职业技能提升培训”平台、数字化人才战略联盟（M1）
		由数据和算法驱动决策，仅 6 个月就可以培养出一个合格优秀的店长（m2）
		开设袋鼠（外卖）学院、餐饮学院、美酒学院、丽人美业学院、亲子学院、结婚学院等职业培训平台（m1）

资料来源：课题组整理。

1. 数据治理

数据是实现对市场、消费者快速反应的关键。通过数字化获得的消费者数据、商品数据等，具有交易价值、信息价值和战略价值，需要从数据确权、数据安全与保护、数字产权交易、数据跨境流动方面创新数据治理。美团信任度主动式防御司法服务平台，基于区块链技术，提供电子数据上链规则定义、存证报告、出具区块链电子律师函、区块链电子公证书、电子司法鉴定报告、一键生成立案电子证据包、存证内容在线验证等功能，实现从数据的产生、上链、可视化监控、出证、纠纷解决全链条、阶梯式主动司法防御，保障敏感业务流程的规范化管理，数据跨链存证与北京互联网法院对接，实现增信背书、快速采信，降低维权成本，提升数字资产的保护能力。便利蜂开发了大数据平台，并基于大数据平台开发若干业务应用系统，实现了全业务链的信息化覆盖，全业务链下的大数据算法制定决策，在选品订购、陈列展示、动态定价、生产排版等环节实现了智能化，实现“一人管一店”增强了抗风险能力。超市发开发以消费者为中心的全渠道全链路全场景数字营销解决方案，通过智慧屏前端采集数据，提供单店多屏的媒体矩阵，以精细化的场景数据将人、货、场的数据深度绑定，基于 Face ID 整合 CRM/ERP/支付数据和互动营销模式实现数据可追溯、实时营销调控。

2. 数字化人才

数字化人才是社区商业智慧化转型的关键。[①] 随着社区商业的快速发展，社区商业数字化人才规模需求激增，推动企业数字化人才结构性转变。美团大学联合 20 家生态合作方与雄安新区管委会公共管理局和毕节市人力资源和社会保障局达成合作，共同建设“互联网+职业技能提升培训”平台；与国家开放大学、北京开放大学、上海中侨职业技术大学等 10 家院校达成合作，推进数字化人才培养的标准化和规模化；联合便宜坊、小恒水饺、东呈国际集团、速 8 酒店集团等行业头部商家，共建数字化人才战略联盟；发布数字化新职业人才成长体系，覆盖外卖运营师、餐饮运营师、酒店收益管理师、网约配送员等 10 个岗位。体系包含能力标准、学习地图、课程体系、培训认证四大模块，打造了 280 节系列课程，并与政府、协会、院校联合培养、认证，构建“终身持续、拾级进阶”的全链条成长路径。美团开设袋鼠（外卖）学院、餐饮学院、美酒学院、丽人美业学院、亲子学院、结婚学院等职业培训平台，通过在线知识共享平台和线下培训课程。便利蜂由数据和算法驱动决策，仅 6 个月就可以培养出一个合格优秀的店长，节省了人力供应。

---

① 祝合良，王春娟．数字经济引领产业高质量发展：理论、机理与路径［J］．财经理论与实践，2020，41（5）：2-10.

（四）基础保障支撑

社区商业智慧化转型的基础保障支撑以“数字基础设施”硬实力和“数字管理体系”软保障为基石，代表性证据如表 3-6 所示。

表 3-6　基础保障支撑代表性证据

二级编码	三级编码	代表性证据
基础保障支撑	数字基础设施	门店实现了电子价签、自动结账机、智能货柜、智能冷链（B3）
		多点开发人脸识别支付智能购、扫码购核销屏、云货架、AI 商品推荐大屏、多点+微信大数据精准营销屏、AI 机器人导购员、“多点 X 毫末智行”无人配送车等（W3）
		搭建分钟级即时配送网络（M3）
		推出数字信用卡，通过聚合收银实现餐厅支付数字化，参与数字货币项目合作（m2）
		“无人车”采用 L4 级别自动驾驶技术、运用 5G 技术实现车路协同（m3）
	数字管理体系	电子化批次管理、自动化分拣系统、TMS 运输监控系统实现全供应链数字化（b3）
		“餐饮新掌柜”计划提供自助入驻通道和一站式问题解决入口，建立了衡量商家运营能力的百分制指标体系（m2）
		通过订购、生产排班和动态定价系统、订购、展示和上架储存系统、排班和任务管理系统、数据驱动选址策略、店铺设计自动化等实现选址、陈列、订货、选品、门店管理流程高度耦合，实现端到端系统决策（B3）
		美团配送全域柔性调度将模式创新和技术升级相结合，创新研发多级分布式计算引擎架构，升级人工智能算法，多个场景之间柔性运力调配，实现跨商圈级别的全城调度、万人万单全城秒级匹配、城市范围内全局最优（b3）
		开店宝为商户提供经营管理平台（m2）
		“人机协作”模式持续优化（b2）

资料来源：课题组整理。

1. 数字基础设施

数字基础设施是社区商业企业智慧化能力的基础，区块链、5G、云计算、物联网、人工智能等先进的数字技术，从消费端的用户连接和信息采集，到企业中台的算法算力和云端构建，推动了企业整体流程再造①和能力重构。(1) 数字装备，借助大数据、人工智能、物联网、LBS、5G 网络等，无论是原生数字零售企业，还是传统零售企业都开发了一系列数字装备，实时收集消费者数据。如美团推出智能 POS、小白盒等提供收银、支付、排队、预订等环节的一站式服务。物美多点开发云 POS 机、人脸识别支付智能购、扫码购核销屏、云货架、AI 商品推荐大屏、多点+微信大数据精准营销屏、立体防损展示屏、AI 机器人导购员等，实现从门店前端的营销、货架管理、门店管理到人脸识别，再到支付端、后端商品供应链端、防损端等全场景数字化。(2) 数字物流，社区商业企业还应用数字技术去支持物流服务链提供高效服务，提升流通效率。在这方面，数字原生零售企业有着先天的优势。截至 2020 年，美团分钟级配送网络在全国有近万家配送站点和前置仓实体网络，覆盖 2800 余座市县，日活跃配送骑手超过 70 万人，平均 0. 55 毫秒完成路径规划、每小时可以规划 29 亿次的美团配送，送餐时间从之前的一个小时缩短到现在平均 30 分钟内。(3) 数字金融，技术实力较强的数字原生企业往往可以自己开发数字化系统，传统零售企业也在通过合作开发、参与研发等多种模式不断地进行探索。如美团无界数字信用卡基于银联数字银行卡体系，全面应用新一代互联网数字技术，实现全流程数字化申卡、快速领卡，为持卡人提供极致便利、支付优惠、安全贴心的全新体验。“美团生意贷”通过平台大数据与人工智能技术，为生活服务业小微商家和个体工商户提供无担保、方便快捷的信用贷款，解决普惠金融最后一公里。美团点评已经和多家参与了数字货币项目的银行展开了合作，并在美团单车等场景中使用。

---

① 孙新波，钱雨，张明超，李金柱. 大数据驱动企业供应链敏捷性的实现机理研究 [J]. 管理世界，2019，35 (9)：133-151.

2. 数字管理体系

数字管理体系是在数字化战略、数字化思维理念指引下，整合数字化资源，运用数字化工具，以业务数字化为起点，以运营效益数字化和决策数字化为节点，打造数字管理闭环，形成由数据驱动的扁平化管理结构和自组织形态的管理模式，赋能员工、智慧协同，推进社区商业管理运行效率提升，支撑社区商业智慧化转型。面对新业态、新模式，无论是传统零售企业，还是数字原生零企业、科技创新零售企业都需要进行管理的变革与调整，实现需求分析、数据挖掘、供应体系、营销策略等全渠道一体化运营。(1) 扁平化管理结构。社区商业数字化平台实现了社区商业资源、社区商业人才、社区信息服务的集约共享，简化业务流程和业态环节，从而有利于形成扁平化的管理结构。2018 年 10 月 30 日，美团聚焦 Food+Platform，以“吃”为核心，组建用户平台，到店、到家两大事业群，在新业务方面，快驴事业部和小象事业部将继续开展业务探索，同时成立 LBS 平台。(2) 智能化管理模式。数字技术促进了社区管理的智能化，改变了传统管理的组织形态，从而有利于形成自组织形态的管理模式。美团“餐饮新掌柜”计划提供自助入驻通道和一站式问题解决入口，建立了衡量商家运营能力的百分制指标体系。美团配送全域柔性调度将模式创新和技术升级相结合，创新研发多级分布式计算引擎架构，升级人工智能算法，多个场景之间柔性运力调配，实现了跨商圈级别的全城调度、万人万单的全城秒级匹配、城市范围内全局最优。便利蜂通过订购、生产排班和动态定价系统、订购、展示和上架储存系统、排班和任务管理系统、数据驱动选址策略、店铺设计自动化等实现选址、陈列、订货、选品、门店管理流程高度耦合，实现端到端系统决策。便利蜂采用电子化批次管理、自动化分拣系统、TMS 运输监控系统，前端货车安装蓝牙温度计和 GPS 定位设备，货车冷柜的温度会每隔五分钟左右被传到后台，形成温控曲线，实时监控冷柜温度。

四、社区商业智慧化转型机制模型

在剖析社区商业智慧化转型机制理论的基础上，基于美团、便利蜂、物美、超市发四家代表性的社区商业服务企业的多案例研究，笔者构建了一个社区商业智慧化转型机制模型，如图 3-2 所示。内在推力和外在拉力共同推动社区商业智慧化转型，其中内在推力包括基于数字层、平台层、应用层的数字技术赋能和基于新业态、新模式、新服务的商业模式变革，外在拉力包括基于数据治理、数字人才的治理模式创新和基于数字基础设施、数字管理体系的基础保障支撑。

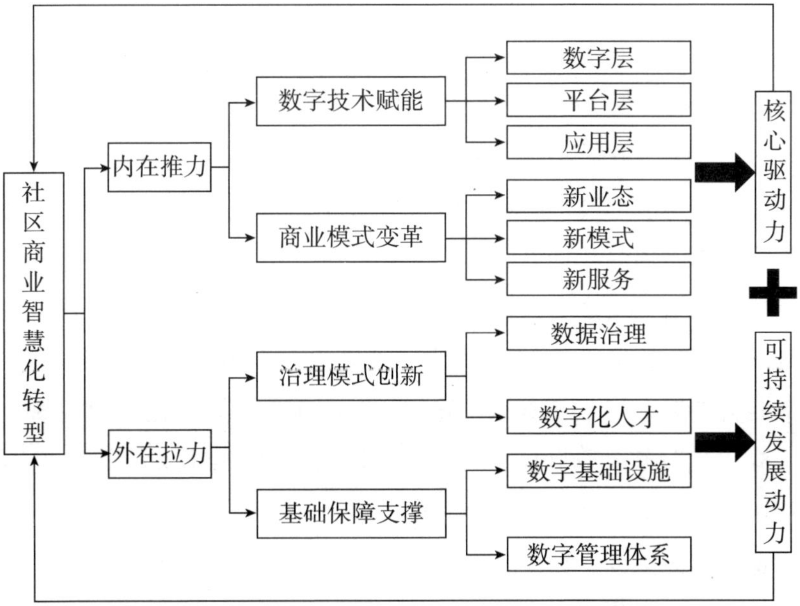

图 3-2 社区商业智慧化转型机制模型

（一）社区商业智慧化转型的内在推力

社区商业智慧化转型的内在推力包括数字技术赋能和商业模式变革，具体而言：(1) 数字技术赋能包括数字层、平台层、应用层三个层面。数字层由数据汇聚而成，依托智慧化技术在数据资源采集、存储、分析和应用基础上，通过大数据服务、数据建模等实现数据知识化赋能；平台层依托大数据和云计算，搭建集社区信息共享、社区便民购物、社区生活服务等的社区商业智慧化平台，解决社区商业中面临的问题；应用层将数字技术与社区商业各业态进行无缝对接，实时获取关于消费的丰富信息，包括前所未有的数量、变化速度和多样性的大规模数据，使得消费者成为“产消者”，通过消费者的精确定位和精准画像，在整个消费者决策和使用过程中产生新的交互，实现线上线下一体化。（2）商业模式变革包括新业态、新模式、新服务三种模式。依托数字技术，在重塑传统商业业态的基础上，创造社区商业新兴业态，整合社区商业资源，实现社区商业新模式，创新社区商业服务方式，拓展了社区商业服务时间和空间，拓展了社区商业服务范围，提供线下线上一体化服务，满足消费者体验。

（二）社区商业智慧化转型的外在拉力

社区商业智慧化转型的外在拉力包括治理模式创新和基础保障支撑，具体而言：（1）治理模式创新包括数据治理、数字人才。通过数字化获得的消费者数据、商品数据等，具有交易价值、信息价值和战略价值，需要从数据确权、数据安全与保护、数字产权交易、数据跨境流动方面创新数据治理。（2）基础保障支撑以“数字基础设施”硬实力和“数字管理体系”软保障为基石。数字基础设施是社区商业企业智慧化能力的基础，区块链、5G、云计算、物联网、人工智能等先进的数字技术，从消费端的用户连接和信息采集，到企业中台的算法算力和云端构建，推动了企业整体流程再造和能力重构。数字管理体系是在数字化战略、数字化思维理念的指引下，整合数字化资源，运用数字化工具，以业务数字化为起点，以运营效益数字化和决策数字化为节点，打造数字管理闭环，推进社区商业管理运行效率提升，形成由数据驱动的扁平化管理结构和自组织形态的管理模式，赋能员工、智慧协同，支撑社区商业智慧化转型。

第四章　智慧型社区商业发展现实研判

本章总结了疫情下社区商业发展的新趋势和智慧型社区商业服务模式，对社区生鲜电商盈利模型和国内外快递物流业发展进行了比较分析，同时对北京发展智慧型社区商业的基础、科技创新情况和政策环境进行了透视分析，以期对智慧型社区商业发展现状进行总体研判。

第一节　疫情下社区商业发展的新趋势

近年来，国务院提出推动“产业数字化”“互联网+流通”“实体零售创新转型”，“积极探索线上服务新模式，激活消费新市场”等政策建议。《中共中央关于制定国民经济和社会发展第十四个五年规划和二〇三五年远景目标的建议》提出“加快数字化发展，推进产业数字化”。数字经济正在引领产业高质量发展，赋能社区商业智慧化转型，网购用户数量的快速增长，物流配送体系得到进一步优化，网络零售额保持快速增长，传统社区商业企业为应对网上零售等新模式冲击，通过建立自己的数字化资产，加快通过线上线下融合发展等方式，推动自身业态加速转型升级，实现可持续增长；新兴零售业态快速发展，出现了“无人超市”“半小时送达”“三公里内理想生活”“新零售之城”“自助书屋”等新型社区商业业态。

一、购物中心探索智慧化运营

近年来，各类购物中心受电商快速发展的影响，线下实体商业增长乏力。然而，随着消费升级，火爆的餐饮店、电影院、文娱商店等也持续为购物中心带来新的流量，购物中心的销售情况不是极速衰退，而是呈现出滞涨或缓慢下降态势。在面临突如其来的新冠肺炎疫情，许多购物中心由于数字化、信息化建设不足，缺乏相关经验和准备，无法开展业务在线管理和生产自救。与此同时，一些购物中心通过快速搭建体温检测设备（视频红外测温设备、体温监测安全门），采用协同办公系统、巡逻机器人、会员服务系统等数字化技术，快速复工复产，从激烈的同业竞争中脱颖而出，成为购物中心数字转型的标杆。在新冠肺炎疫情下，购物中心深刻认识到数字化转型、智能化管理的重要性，通过数字技术赋能购物中心，进行精准营销、精准服务。

构建智能化数字运营平台，提升业务管理效率。目前，大部分购物中心已经完成商品数字化进程，正在逐步向消费者数字化转型。通过基于商圈分析、动线管理、会员系统、产品营销、数据复盘等环节的大数据积累，加快研发符合自身购物中心的商户服务数字化平台。与此同时，加快完善购物中心数字化建设，如 WiFi、智慧购物平台（微信及支付宝小程序、App 等）、智慧停车系统、智慧财务管理等软件，从顾客体验到日常运营管理，实现全程数字化。如天虹商场在行业内率先突破传统购物中心模式，联手腾讯打造智慧零售标杆，实现一个手机搞定购物全过程。天虹公司现已形成实体店、虹领巾 PC 端、移动端（天虹微信、天虹微品、虹领巾 App）的全渠道零售生活平台，实现从实体店走向线上线下融合的全渠道。

通过数字化系统建设，打通“人、货、场”全系统。新冠肺炎疫情期间，直播带货、社群营销、微商城、小程序等数字化营销成为实体商业逆势下的新亮点，助推购物中心加速数字化转型步伐。如万科半岛广场推出 IN 核购物直播间、中粮祥云小镇通过抖音带动购物中心流量、银泰百货推出“导购在家直播计划”，等等，均是在新冠肺炎疫情冲击下的产物，带动购物中心业绩增长和商户曝光。随着数字技术的快速发展，购物中心应用数据化和信息化手段搭建“人、货、场”系统。此外，还有一批购物中心通过对周边消费者和系统会员精准画像，适时推送购物中心内各品牌业态的服务场景和信息，形成互动，开展智慧营销、精准营销。

二、超市和便利店探索“到家”新模式

国际经验表明，当人均 GDP 达到 3000 美元时，便利店进入起步发展阶段，消费者开始接受便利店的概念；当人均 GDP 达到 5000 美元时进入成长期，便利店的形态与顾客的需求开始结合；当人均 GDP 达到 1 万美元时进入竞争期，同业竞争加剧，品牌开始整合；当人均 GDP 达到 2 万美元时进入成熟期，品牌进一步集中，出现主导品牌寡头垄断的市场格局。根据第一财经公布的 2018 年城市人均 GDP 排名，中国已经有北、上、广、深等 15 个城市超过 2 万美元，有近 80 个城市人均超过 1 万美元。这一大批城市正在便利店业态高速增长的阶段，甚至已经为人均客单价更高的新零售物种创造了消费基础。

在中等以上发达国家，平均 4000 人一个便利店，在发达国家，基本 2000~2500 人一个便利店。2018 年，日本平均每家便利店覆盖 1500 人；中国台湾每家便利店覆盖 2000 人；而中国大陆的 26 个重点城市，平均每家便利店覆盖 1.2 万人。这表明，中国便利店可能还存在近 10 倍的增长空间。

2016—2018 年，便利店业态平均增长速度达到了 18%，在整个零售业态中增长最快。2018 年，便利店市场规模超过 2000 亿元，商品销售额达 542.02 亿元，门店总数为 2.8895 万个，零售营业面积为 273.83 万平方米，年末从业人数为 10.05 万人。2018 年，中国连锁百强中便利店企业销售额平均增长 21.1%，门店增长 18%，而整个连锁百强的销售增长和门店增长分别是 7.7%和 9.1%（去除便利店门店因素）；其中门店数量在 10000 家以上的仅易捷、昆仑好客、美宜佳三个品牌，门店数量超 1000 家以上的有 20 家，而门店数量在 100~200 家的占 30%。总体来看，便利店企业还处于一个起步阶段，规模普遍不大，而头部品牌拉开大差距。

表 4-1　2009—2018 年中国便利店发展情况

指标 \ 年份	2009	2010	2011	2012	2013	2014	2015	2016	2017	2018
便利店商品销售额（亿元）	269.83	246.6	225.98	263.9	311.3	345.97	387.23	422.45	482.89	542.02
便利店零售营业面积（万平方米）	144.27	107.2	109.67	111.2	131.35	144.8	149.62	162.25	190.79	273.83
便利店年末从业人数（万人）	9.28	7.5	7.1	6.95	7.37	7.81	8.35	8.42	8.99	10.05
便利店门店总数（个）	15779	14202	13609	13277	14680	16832	17675	18588	24060	28895

以阿里巴巴、京东为代表的电商企业，为推进线上线下全渠道，解决线上获客成本高昂的问题，纷纷布局线下便利店；以家乐福、华润万家为代表的零售企业，借助品牌和供应链的实力，丰富零售生态完整性，开辟便利店新战场；以便利蜂为代表的创业企业，看准便利店赛道，以科技和大数据为抓手，试图变革便利店行业的商业模式；以亚马逊为代表的零售商看重无人便利店未来的趋势，用标准化和规模化拓展自有渠道。

在新冠肺炎疫情期间，全国很多超市和便利店积极探索打造全渠道营销运营平台，开展“到家”服务等模式在保障民生上发挥了极大作用，为全民在家抗疫提供了可能，也为稳定就业及促进消费等贡献了力量。①

在新冠肺炎疫情期间，各大超市和便利店快速响应，积极发展到家模式。与此同时，一些超市通过数字化转型，为客户创造全方位多渠道的购买实现。客户可以通过手机下单，超市将产品快递到客户指定地点；也可以先通过手机下单，然后去实体店指定地方取货，避免接触。此外，客户

① 王艳，王成荣. 常态和疫情下社区生鲜电商的盈利模型比较研究［J］. 物流技术，2020，39（6）：20-24+29.

也可以在去超市采买期间，取走提前订购的物品，组合搭配，满足各类客户的购物需求。如家乐福推出新版小程序，加码到家服务；超市发推出“超市发鲜到家”微店等，均动作频繁。再如，苏宁零售云推动社区超市数字化转型。苏宁零售云聚焦在城市社区超市，通过帮助数据化改造帮助社区超市实现升级，提升整体服务能力，打造了“邮局+菜市场+线上超市”的创新模式，在满足周边居民购物便利的同时，构建了中心+分布式的网络模式，弥补了社区线下便利店数量和分布的局限性。通过模式创新，苏宁零售云社区超市满足了消费者对新鲜、健康的菜篮子需求，促使社区超市“到家服务”更加丰富，满足了社区居民一站式购物体验和便民需求。此外，苏宁还推出云货架工具，最大范围和广度地展示商品，改变了门店陈列商品的局限性，同时商品的展示形式也更加立体。再如，物美超市将旗下多点 Dmall 打造成为线上线下一体化全渠道零售平台。在新冠肺炎疫情期间，多点通过实时监控防疫及民生商品的价格及库存，及时引导协助全国合作伙伴保供应，并搭建社区防疫提货站，推行“无接触”配送等，积极助力抗疫。多点的数字化操作系统“Dmall OS”为传统商超提供全面数字化、线上线下一体化的解决方案，实现人人在线、物物在线、事事在线，该系统囊括了会员、商品、供应链、员工、服务、营销、管理商超涉及的方方面面，全面提升商家运营管理效率、改善用户体验。便利蜂便利店坚持通过数字化技术手段提升自动化经营和智能化决策水平。

三、餐饮企业打造全流程数字化体系

突如其来新冠肺炎疫情加速了社会变革的进程，在这个过程中，餐饮行业受到较大的影响。因为新冠肺炎疫情，消费者的餐饮习惯被重构。一方面，由于对新冠病毒尚有许多未知，消费者为了安全，在新冠肺炎疫情后选择餐馆堂食的客户明显变少；另一方面，全民在家抗疫期间，许多家庭学会了更多的做饭技巧，甚至口味开始变化，更多家庭更偏爱在家用餐。与此同时，受新冠肺炎疫情的影响，餐饮堂食骤停或限流，外卖一度成为餐饮业的救火军。此外，餐饮采购也被重构，大部分菜市场面临全面清空消毒，餐饮店采购只能通过超市和网上采买实现。新冠肺炎疫情下的餐饮行业面临从采购、运输、储存、制作、销售到管理等实现全流程数字化升级改造。

为应对新冠肺炎疫情带来的影响，许多餐饮零售商将食材采购渠道从线下转移到线上，通过源头直采蔬菜，并经过供应链系统运输到厨房，这样不仅可减少人员接触，也可方便溯源管理，为餐饮采购拓展了新空间。在新冠肺炎疫情暴发前，许多餐饮企业探索通过与供应链平台合作，解决采购问题，新冠肺炎疫情促使这种向上采购模式更加普及。如在新冠肺炎疫情期间，餐饮连锁企业“骨气鼓气”与美菜供应链合作全品类菜品采购；小米食堂、中国银行北京分行相关机构主要通过采用线上采购渠道解决食堂供应需求。餐饮供应链服务平台，正逐步成为餐饮人的线上“菜篮子”。

在餐饮的营销和销售端，数字化转型也成为必要。在新冠肺炎疫情期间，外卖、新营销等手段从以前的锦上添花一举变成餐饮企业“救命稻草”的主要手段，正在成为餐饮行业的“新基建”。如旺顺阁制售真空包装的胖头鱼肉以及相应的酸菜和酱料，眉州东坡建立了线上的“眉州菜站”，龙人居、眉州东坡顺丰等物流集团合作，网红太二酸菜及不太关心外卖的茶颜悦色等新型餐饮平台也开启外卖进程。餐饮企业在新冠疫情期间创立了自有的外卖渠道，并通过社群等方式向自有渠道进行引流。

四、老字号零售企业开启直播带货等模式

老字号不仅是我国传统文化的重要符号，也是零售商业的重要代表。老字号企业不仅在中国历史长河中闪现重要光亮，在当前新业态、新模式频现的商业竞争环境中，还应该积极面对，通过数字化手段实现转型，避免其文化品牌不断被蚕食，甚至被淘汰。受新冠肺炎疫情的影响，传统产业遭受极大的冲击，一些老字号企业也受到较大影响。但是，数字经济快速发展，国潮、国货等新兴文化快速崛起，这对正在寻求转变的老字号企业是一个创新转变的重要机遇。

电商快速发展给予了老字号新的销售商机，老字号借助电商破除了区

域局限性，提振了产品销量。在新冠肺炎疫情影响下，大部分老字号线下店铺客流急剧下降，而线上直播带货却较为火爆。2020 年 4 月，京东开通北京非遗老字号直播渠道——“京城非遗装点美好生活”在线宣传展销，东来顺、内联升、荣宝斋等 13 家非遗老字号参与了这场为期三个月的直播带货活动。而内联升、吴裕泰、百花蜂蜜、同仁堂和义利等老字号则纷纷入驻淘宝直播间进行直播带货。老字号企业通过直播带货不仅拓宽了销售渠道，进一步了解了消费者的需求，也在探索数字化转型过程中实现了业绩增长和品牌的推广。

随时数字经济的快速发展，老字号企业打造的观光工厂及相应的体验工坊正成为文化消费的热点，这些文化消费热点主要包括线下场景，融合观光、休闲、科普、购物等。线下场景通过场景打造，促使消费者从购买老字号产品变为体验老字号传统文化，通过特色空间塑造以及互动体验植入，实体空间功能，让老字号的匠心精神在消费者亲身体验中得以有效传播。①

五、生鲜电商行业快速发展

作为民生消费的刚需行业，中国生鲜零售市场保持稳步增长。中国生鲜电商市场发展迅速，生鲜农产品具有帝单价、高复购率和强客户黏性的特点，近年来一直是各大电商平台激烈竞争的领域。生鲜电商的商业模式不断创新，并朝集成化、智能化方向发展，陆续涌现出盒马鲜生、永辉超级物种、京东 7 FRESH、美团掌鱼生鲜为代表的“线上+线下+餐饮”相融合的生鲜零售新模式。艾瑞监测数据显示，2020 年初，在新冠肺炎疫情发生期间，全民居家，使得大量的消费需求从线下转到线上，在线买菜成为 2020 年春节期间的消费主流，消费者使用生鲜电商 App 的次数显著上升。京东、盒马、美团、叮咚买菜等各大电商平台生鲜销售业绩普遍达到上年同期的三倍以上。在疫情的影响下，消费者对线上购买生鲜的便捷性和安

① 王春娟. 零售企业娱乐型购物满意度影响因素实证分析［J］. 商业经济研究，2017（24）：113-115.

全性的认知也在不断强化，线上购买生鲜产品的习惯正在加速培育。疫情变缓后，生鲜电商用户的购买频次显著高于疫情发生前，疫情培养了用户使用生鲜电商平台消费的习惯。2020 年，中国生鲜电商市场快速发展，生鲜电商行业规模达 4584.9 亿元，较 2019 年增长了 64.0%。随着生鲜电商的发展及模式的成熟、用户网购生鲜习惯的养成、生鲜电商用户覆盖数量愈发广泛以及技术愈发成熟，艾瑞预计，到 2023 年，生鲜电商行业规模将超万亿元。目前前置仓、店仓一体化、O2O 平台、社区团购等多种新型生鲜电商模式共存，叮咚买菜、美团买菜等平台异军突起，拼多多、美团、滴滴等入局社区团购，不同商业模式的生鲜电商满足不同层级消费者的消费需求。艾瑞调研数据显示，35 岁及以下的生鲜电商用户占比达 55.7%。80、90 后消费群体对生鲜价格敏感度相对较低，购买生鲜时更注重便利性，对生鲜品质的要求较高，同时对配送速度有更快的要求。

第二节　疫情下智慧型社区商业服务模式

一、疫情对社区商业的影响

（一）销售渠道及收入来源的变化

随着互联网技术在零售业不断地创新迭代，线上化已成为不可阻挡的购物趋势。[①] 面对互联网企业对线下市场的不断蚕食，零售业向以一定居住区为载体的社区商业转型成为其未来应对互联网企业竞争的一个重要阵地。[②]

社区商业因其靠近消费终端、有能力通过实体店释放虚拟商业的不真实感、可自由组合“临近物流”资源等显著优势，将物流渠道、商流渠道及信息流渠道进行捆绑，融合、渗透到电子商务企业的各个环节，加紧与

① 范秀成，杜建刚. 服务质量五维度对服务满意及服务忠诚的影响——基于转型期间中国服务业的一项实证研究［J］. 管理世界，2006（6）：111-118+173.

② 何迎朝，王笑磊. 线上线下销售渠道选择研究：基于博弈论的视角［J］. 现代管理科学，2015（7）：106-108.

主流新兴商业模式的融合，为电子商业提供线下展示、物流配送与分发。[①] 如天虹百货推出了“百货到家”服务，消费者可以选择“天虹”小程序或App 的专柜发货服务，下单配送到家；苏宁旗下的苏宁广场分别建立了自己的营销社群，通过扫码进群、线上点单、物流配送的方式，让消费者足不出户即可享受广场内的产品和服务；同时，越来越多的商家通过直播电商的方式进行营销。

基于疫情期间的特殊要求和社区商业的自身特征，社区商业企业能够吸引大量的顾客，进而实现营业收入的持续上升。如物美生鲜的蔬菜供应量超出日常的 3 倍；盒马鲜生出货量达到平时的 5～10 倍；苏鲜生线上蔬菜水果日订单量增长超过 200%，线下门店增长 325%。总之，疫情背景下，社区商业企业通过新增销售线上渠道以及开发直播带货、社区团购等新的销售模式，实现了线上和线下销售的同步发展，能够在一定程度上快速提高销售收入，实现销售模式的改革和创新，为企业快速可持续发展奠定了基础。

（二）销售渠道的变化

在新冠肺炎疫情的催化下，我国消费市场正加速向线上转移。为应对消费者购物端的变化，社区商业企业必然要调整战略以应对现实环境的变化。对疫情前后社区商业企业销售渠道变化情况的问卷调查结果（见图 4－1）显示，“疫情之后新增了社群营销”的变化情况排名第一。这说明社区团购成为疫情下的新型社区商业模式。社区团购是以社区为单位，采用社群会员制，由借助社交电商等平台，通过拼团的方式，提供线上购物、上门配送服务的一种社区社交商业模式。问卷调研结果显示，在疫情期间，这种商业模式受到消费者的欢迎，成为社区商业企业拓宽销售渠道最多的选择。

“疫情之前有线上渠道，疫情之后线上渠道得到了进一步发展”的变化情况排名第二。在疫情之下，社区商业服务商的数字化和智能化能力短

① 社区商业的发展趋势，邻里中心 VS 社区商业，https://www.sohu.com/a/318028934_ 772595.

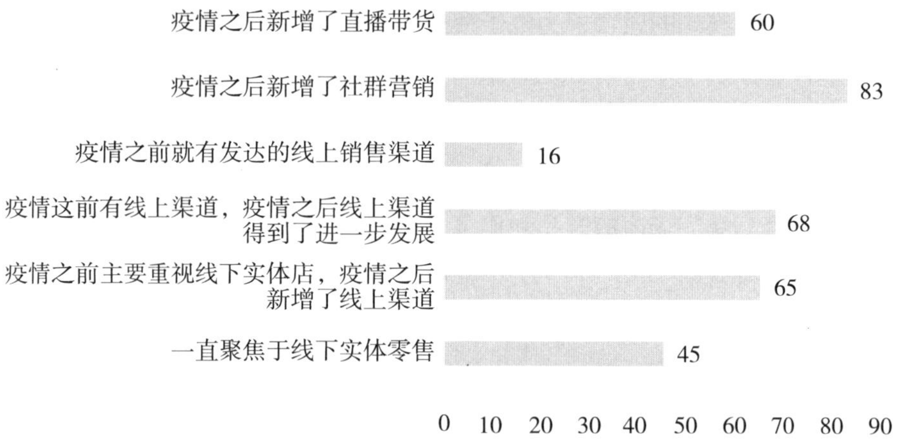

图 4-1　疫情前后社区商业企业销售渠道的变化情况（%）

资料来源：首都经济贸易大学中国消费大数据研究院。

期内迅速提升，很多社区连锁店都拉开了数字化布局的序幕，从前台向中后台，商品、人员、协同等方面全面实现数字化，这样对于降低店面成本，提供更符合需求的商品，提升盈利能力意义重大。[①]

“疫情之前主要重视线下实体店，疫情之后新增了线上渠道”排名第三；“疫情之后新增了直播带货”排名第四。通过疫情前后社区商业企业销售渠道变化情况的排名可以发现，基于疫情背景下，社区商业企业均在快速改变销售渠道。疫情之前就有发达的线上销售渠道的商家最少，另有少部分商家一直深耕于线下实体销售，而绝大部分商家在疫情发生后新增或进一步拓展了线上销售渠道，说明疫情加速了社区商业企业互联网渠道的转型。无论是通过新增线上销售模式，还是完善和发展线上销售，都体现了社区商业企业销售渠道目前处在深化拓宽和快速变革的阶段。社区 O2O 具有巨大的商业价值。它定位于社区场景，既充分满足区域消费者的个性化需求，又有利于商家通过网络传播信息，顺应区域性消费习惯，聚集强大的消费能力。同时，它能够整合社区周边传统的服务场景，带动金融、

① 谢卫红，林培望，李忠顺，郭海珍. 数字化创新：内涵特征、价值创造与展望［J］. 外国经济与理，2020：1-12.

餐饮、零售速配、房地产等领域快速配套，提升整个社区的商业价值。

（二）线上销售收入

2020年1—3月，物美生鲜、盒马鲜生、永辉生活等多个生鲜电商品牌平台业务较2019年同期增长两倍以上，营业收入也实现了增长。在拓宽和改变销售渠道的大背景下，通过问卷调查疫情前后企业线上渠道销售收入占比变化情况（见图4-2）发现，有超过半数的企业疫情前后通过线上渠道销售收入实现了不同规模的增长。其中，线上渠道销售收入占比增长10%以内的企业位居第一；然后是增长10%~30%的企业占比；最后是销售收入增长超过30%以上的企业占比。此外，约有四分之一的企业在疫情前后企业线上渠道销售收入基本无变化；约有20%的企业在疫情前后线上渠道销售收入占比出现了缩减。整体来说，疫情背景下，社区商业企业通过新增销售线上渠道以及开发直播带货、社区团购等新的销售模式，实现了线上和线下销售的同步发展，能够在一定程度上快速提高销售收入，实现销售模式的改革和创新，为企业快速可持续发展奠定了基础。通过疫情前后企业线上渠道销售收入占比变化情况的分析可知，不断地拓展和完善社区商业发展模式和销售渠道，不仅能够顺应社会需求的大潮流，也能够帮助社区商业企业实现销售收入的增长。

（三）竞争格局加速分化

疫情之下，社区行业竞争状况加剧，提前进行业务布局的企业能够趁机扩大企业市场份额，积累了客户、人才、门店、供应商等资源。部分线上平台开始向线下延伸，本身强大的互联网技术成为其将业务链向线下拓展的强大竞争优势。同时，资本方的介入也会形成更加激烈的竞争格局，例如，地产商、小区物业、供应链平台等都期望获得超额收益，在未来均会是社区商业企业发展的竞争对手。因此，为了应对疫情的冲击并实现社区商业企业的快速发展，小型连锁商超可通过收购和整合，构建战略联盟合作体系，合作共生。同时，实现上下游企业及相关产业体系能够合作共同抗击疫情，为消费者提供高质量的消费服务体验。

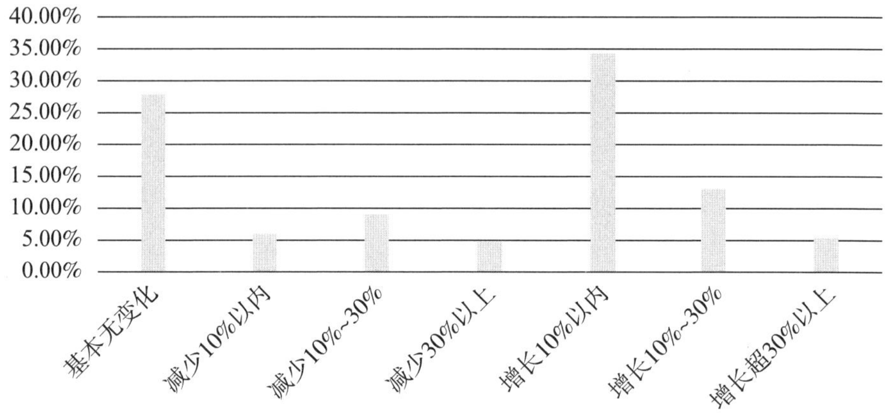

图 4-2　疫情前后企业线上渠道销售收入占比变化情况

资料来源：首都经济贸易大学中国消费大数据研究院。

（四）对备货与库存的影响

疫情时期，消费者对防疫商品的需求大规模地增长，使得相关商户对该品类商品进行了大规模的补货。然而随着疫情的逐渐好转，消费者对此类商品的需求逐渐趋于平稳。因为商家的信息与供货的滞后性，所以造成口罩和酒精等关联商品大规模积压，进而增加了运营的库存成本。此外，从政府的角度，如果地方政府对企业生产进行干预（如政府购买和政府补贴），虽然能够促使其产量增加，但也会出现投资过度的现象，从而导致非周期性的产能过剩。因此，需要政府合理调控口罩、酒精等特殊商品的投资和管理。

（五）业态及商业模式变化

“大小店”互补趋势。为加大用户覆盖、捕捉社区流量、填补大店布局空白地带，小业态成为零售布局新趋势。如华润万家将主推新品牌“万家 MART”，营业面积压缩近一半，2020 年华润万家整体计划开设 350 家店，小业态标超可能会达到 300 家左右；物美计划新开门店中，小型门店占比一半以上；2019 年永辉超市新开门店 573 家，闭店 44 家，2020 年一季度新增 7 家门店，闭店 74 家，进一步优化“大小店”互补的格局，以便开展到家服务。“大小店”互补的新零售业态正在逐渐替代只关注大店面的单一模式。

“前置仓”零售模式。疫情期间，与“前置仓”有关的商业模式飞速发展，其大致包括两种模式。第一种为“自营前置仓”模式，其在居民区周围建立门店，门店本身不迎客，充当仓配中心的作用，由中央大仓对门店供货。其优点是不需要考虑进店客户人流量的问题，缺点是前期投入大。代表企业有每日优鲜、叮咚买菜等。第二种模式为“仓店一体”，其采用线上即时到家与线下体验店相结合的方式，消费者既可以到店购买体验，又可以线上下单，以店作为仓，进行即时配送。其优点是购物体验优质，产品质量高，满足中高端需求，缺点是重资本、投入过高及难盈利。代表企业有盒马鲜生等。在用户的末端配送上，前置仓体系更是发挥了强大优势，将商品前置到距离消费者更近的场景，实现成本和效率平衡的即时配送。以上方式促进了物流配送、门店仓储及线上线下一体化，促进了社区商业的业务升级。

无接触服务模式。由于新冠病毒的易传染性，无接触服务模式成了消费者与零售企业在疫情期间的共同选择，同时也进一步推广了无接触服务的运营模式。2020 年 1 月，美团外卖率先推出无接触配送服务模式：将商品放置到公司前台、家门口等消费者指定的位置，减少面对面接触，保障用户和快递员在收货环节安全；部分商家在社区设立了无接触配送货架，为避免拼单带来交叉感染风险，每次只派送一单。

社区团购。社区团购是指在居住区内的居民通过互联网进行拼团下单完成线上付款，线下完成交付，由平台采购运输完成销售和售后的一种电商形态。社区团购主要依托微信群和平台 App 等方式，具有本地化、社区化、便捷化、低价格等特点。疫情期间，由于我国相关防疫措施，居民的活动范围被限制在家中，于是，社区团购成了社区居民购买生活用品和生鲜蔬菜的新方式。消费者只需要当天或者前一天在微信群或指定的 App 上确定自己需要购买的商品及数量，商品就会在指定时间内送到。

这种方式不仅极大地提高了用户的采购效率，也同样有效减少了人员流动，防止疫情蔓延。社区团购的采购和运输端有国家相关政策的支持，用户端有庞大的消费群体，因此在疫情期间得到了快速的发展，扩大了用户数量，增加了使用频率。

二、疫情下社区商业服务模式创新

（一）线上线下融合成为社区商业服务新趋势

疫情期间，社区居民日常消费转向社区超市、便利店、电商平台等平台，线上线下融合成为社区商业服务新趋势。

如苏宁创新推出“一小时场景生活圈”服务。苏宁小店、苏宁菜场、家乐福中国凭借实体门店和线上运营，提供线上下单、线下订货服务，保障社区居民所需生活物资。以苏宁菜场为例，依托苏宁小店，主打“线上订货、门店自提”模式，实现了菜品丰富度和取货便捷度的平衡。线下门店通过 14 万个线上社群进行产品传播，社群转化率超过 25%，其中推客销售额在春节期间同比增长迅猛，并且超过三分之一是新用户订单。苏宁易购、苏宁小店、家乐福中国等，为消费者提供新鲜的蔬菜、肉类食品 24 时送达服务。

（二）“前置仓+零售” 成为社区商业新业态

疫情下，“前置仓+零售”“前置仓+到家”“前置仓+服务”“电商平台+商店/前置仓+即时物流”等新业态快速成长，提升交易频次、降低成本，成为经受住高压检验的零售业态。

每日优鲜靠密集的前置仓网络、强大的运营和保障能力，销售指标大幅增长。每日优鲜构建“原产地供应商—城市中心仓—社区前置仓—消费者”链条，从原产地到前置仓的物流完全由冷链配送完成，本地配送员完成前置仓到终端用户的“最后一公里”履约交付。在疫情早期，每日优鲜第一时间利用供应链优势，迅速组织全国多个果蔬生产基地货源，以直达田间地头的买手队伍，加紧采购、及时安排配送，将蔬菜供应量从疫情之初每天约 500 吨，增加到 1500~2000 吨。在触达用户的末端配送上，其前置仓体系更是发挥了强大优势。美团买菜 App、苏宁小店用 1100 个前置仓入局社区团购、京东到家提供同城即时配送服务。有些商家通过“前置仓+零售”业态，打造“3 公里半径、30 分钟直送、仓店一体”的模式，将商品前置到距离消费者更近的场景，实现成本和效率平衡的即时配送。这些做法，促成了物流配送、门店仓储、线上线下一体化，促进了社区商业的标准化升级。

（三）社区团购成为新型社区商业模式

社区团购是以社区为单位，采用社群会员制，由借助社交电商等平台，通过拼团的方式，提供线上购物、上门配送服务的一种社区社交商业模式，在疫情期间，这种商业模式受到消费者的欢迎。

京东 7FRESH 旗下友家铺子、七鲜超市、七鲜生活等多业态针对社区居民需求，推出了线上线下一体化社区团购便利服务。七鲜超市、七鲜生活全国门店还推出“小七拼”服务，即依托于众多社群，在门店覆盖 3 公里配送范围内开辟社区团购集单配送模式。以“快递最后一公里”服务为主的快宝驿站，通过自身公众号寄递系统，建立社区团购系统，整合现有社区资源，反过来补给末端平台。云海肴以门店周围 3 公里为半径，建立100 多个居民社群服务站，利用现有物流供应链，帮助居民采购食材、半成品，并且送货上门。此外，本来鲜、家乐福中国、一淘心选等也开启了社区团购模式。社区团购可以帮助消费者选择优质供货商，使消费者购买到安全高品质商品，流程简单、快捷，先消费后付款，没有支付风险；电商与供货商依照月结账期结算，盈余有保证；而且社区团购重视售后服务，对供货商是一种良性催促，对消费者有质量保证。

（四）无接触服务模式成为社区商业安全保障

疫情中诞生的无接触服务模式，是零售企业和消费者的共同选择，是后新冠时代社区商业一种新的服务模式雏形。

肯德基、麦当劳、饿了么等餐饮企业和平台均提供了无接触配送服务；便利蜂在北京、上海等所有提供外卖服务的城市启动了无接触配送服务；京东物流自主研发了无人配送车。还有很多零售企业使用“小程序+

会员码+群”完成转化，无接触服务使渠道业务同比增长 5 倍。中国饭店协会与多家餐饮品牌联合落地首批无接触餐厅，商家实现扫码点餐、后台制作、手机快速买单、自助收银机结账、自助取餐等全流程无接触服务方式；农耕记的“净菜到家”，将做菜所需食材和配料切配好，无接触配送至消费者。

疫情下社区商业服务的创新，体现了科技引领、渠道下沉、服务延伸、商家协同、线上线下融合等鲜明特征，在提供民生应急保障的同时，弥补了社区商业的短板，直击消费痛点，推动了社区商业飞跃式发展。应对非常态市场的商业创新行为，经过后新冠时代市场的筛选、完善、进化、再创新，有些可固化下来，成为社区商业新业态、新模式。

（五）线上生鲜零售加速发展

1. 我国城市居民生鲜零售消费需求的变化

在传统生鲜零售中，门店或网店为商品服务的交换场所，连接供需双方的本质是商品交换媒介，即向上游生产商或经销商采购商品和服务，向下游消费者销售商品和服务。尽管部分零售商实现了触网开店，利用互联网渠道购销商品和服务，但并未改变传统零售的本质特征。

近年来，受城市化进程日益加深、人口老龄化和家庭小型化等因素的影响，传统的生鲜零售在场景和模式上已经不能完全满足我国城市居民的消费需求。消费需求根据不同群体细分，从到店延伸至到家，我国城市居民追求速度更快、质量更高的体验。这客观上要求供给侧的生产商和零售商要以消费者为核心，通过与消费者的互动和交易，积累自身消费数据，优化供应链，更有针对性地开展营销、研发、配送等活动。在此过程中，以生鲜电商、外卖平台、前置仓等为代表的生鲜新零售业态不断涌现并快速发展。

2. 生鲜新零售的主要发展模式

生鲜新零售的发展模式是以消费者在品质、消费场景和时效性等方面的实际需求为中心，对供应链上游进行数字化、标准化赋能，并通过应用物联网技术搭建产品溯源体系，使得生鲜产品标准化得到保障；在配送过程中，采用“冷链技术+城市分选中心+前置仓”的形式，大大降低了生鲜的损耗率，提升了生鲜企业运维效率，降低了企业成本，为消费者带来更好更贴身的生鲜商品服务体验。

如果以消费的时效性和场景来划分，现有的生鲜零售企业大体可分为传统模式和生鲜新零售模式两大类。

（1）传统模式。传统模式又分为“即时+自提”的传统门店模式和“预订+到家”的传统电商模式（见图 4-3）。“即时+自提”的传统门店模式目前以超市、菜市场、线下便利店等形式广泛分布在各线城市，商品品类丰富，价格实惠，消费者直接到店选购。这一模式的劣势在于消费的时间看似即时，但隐性时间成本比较高，国内一线城市高峰期间的路程及采购用时在一小时以上，对工作生活节奏较快的年轻人不够友好；同时，因缺少消费者的交易行为数据，无法进行数据分析进而改善门店的经营管理，导致门店的库存压力较大，损耗降低和效率提升方面的空间有限。“预订+到家”的传统电商模式以天猫生鲜、京东生鲜等为代表的电商平台生鲜频道已进入成熟期。传统电商模式采用消费者线上预订、线下配送到家

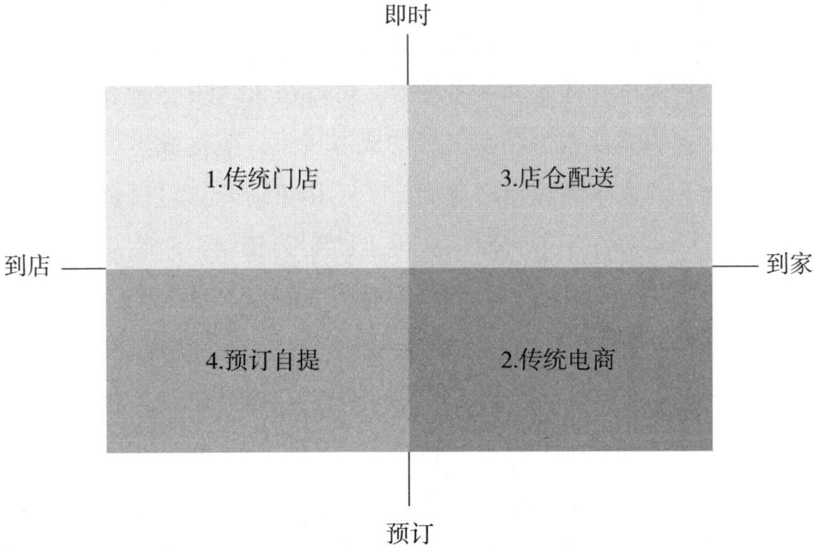

图 4-3　生鲜零售模式图

资料来源：根据美团研究院资料进行整理。

的方式。传统电商模式以销定采，仅有线下仓储成本，减轻了库存压力。与此同时，电商平台通过大数据分析消费者的行为偏好和交易情况，可以更有效地推进上游供应链的采购优化。传统电商模式的劣势在于，从城市中心仓甚至产地发货的配送模式决定了配送时间在大多数情况下需要1~3天，很难满足一、二线城市居民快节奏的即时性生鲜需求。

（2）生鲜新零售模式。生鲜新零售“即时+到家”的仓店配送模式。这一模式目前主要有自营模式和平台模式两种。自营模式以“城市中心仓+前置仓”贴身服务周围半径3公里范围内的消费者，30分钟左右配送到家，同时消费者也可以到店选购或下单自提。自营模式扎根社区贴身服务消费者，同时深入供应链上游不断提升标准化数字化水平，产品服务的质量保障较高。自营模式的劣势在于现有配送成本较高，更适用于一、二线城市人口集中度较高的社区和商圈。美团买菜采取前置仓形态，定位于社区居民的“手机菜篮子”，以200~300平方米的面积承载十余个生鲜大品类2000个左右精选SKU，以便利店的面积和低成本模型，覆盖大中型生活超市的品类广度和深度。平台模式如美团闪购、京东到家等。借助线下已有的第三方超市、便利店、菜市场等传统生鲜门店，结合外卖、电商等主营业务成熟的物流配送体系和交易平台，可以在30~60分钟满足消费者的即时需求。平台模式没有库存和门店的成本压力，配送成本可以借助主营业务补充分摊，对大多数城市适应面广，不用重新开店可以快速实现规模化。平台模式的劣势在于平台对供应链上游影响较弱，产品品类和质量取决于当地单店的经营品控水平。美团闪购正在试点“菜大全”项目，整合菜市场中各家摊贩的菜品，做好品控、打包工作，再以独立品牌的形象，入驻外卖平台。这样一方面能够为消费者把关，提升供给品质；另一方面能够帮助菜市场的摊贩提升线上经营水平。

生鲜新零售“预订+自提”模式。与一线城市相比，二、三线或更低线城市消费者的生活工作节奏相对较慢，对价格和配送的费用更加敏感，希望购物便捷、商品既新鲜又便宜，通过手机App今日下单，次日到社区附近服务站取货的方式更符合他们的消费需求。对企业来讲，预约购买机制可以实现先集单、后采买的采购方式，减少商品的运输、存储时间，最大限度保证商品的新鲜度；到站自提则省去了“最后一公里”的履约配送成本，可以让利给消费者。“预订+自提”模式的区域性较强，武汉的美团买菜、珠三角的钱大妈等都属于此类。

值得注意的是，生鲜新零售并不是以某种单一的经营模式存在，经营模式是多元化的，比如，美团买菜在北京、上海、深圳是前置仓配送模式，在武汉是“预订+自提”模式。不同偏好的消费群体既可以享受到店自提的优惠，又可以享受足不出户生鲜到家的方便快捷。以“人”为核心、履约方式自选、消费场景多元的贴身服务是生鲜新零售的鲜明特点。

（六）消费者购买生鲜食材的渠道由线下向线上转移

疫情期间，我国城乡居民减少外出，以降低与他人接触的概率。不过，人们一日三餐的需求并没有减少。美团研究院开展的问卷调查显示，疫情期间，人们的生活习惯发生了一些变化，购买生鲜食材的频率显著降低，购买的渠道由线下逐步向线上转移。

1. 疫情期间，家庭成员中由丈夫购买生鲜食材的占比上升，由妻子和老人购买生鲜食材的占比下降

2020 年 5 月，美团研究院开展了问卷调查，共回收有效调查问卷 3244 份（以下简称问卷调查）。问卷调查显示，家庭中由丈夫购买生鲜食材的占比从疫情前的 14.7%提升至疫情发生后的 18.7%，妻子购买生鲜食材的占比从疫情前的 28.9%下降至疫情发生后的 26.2%，老人购买生鲜食材的占比从疫情前的 12.2%下降至疫情发生后的 10.6%（见图 4-4）。

发生这一现象的原因是单次购买生鲜食材的重量相比疫情之前有所增加，而且，线上渠道购买的生鲜食材在配送时由于疫情管控只能送到住宅小区的门口，需要家庭中更强壮的男性来完成取货。老人更习惯于从超市或菜市场等传统的渠道购买生鲜食材。疫情期间，老人购买生鲜食材的比重下降，这也印证了传统线下生鲜食材零售渠道向线上转移的新趋势。

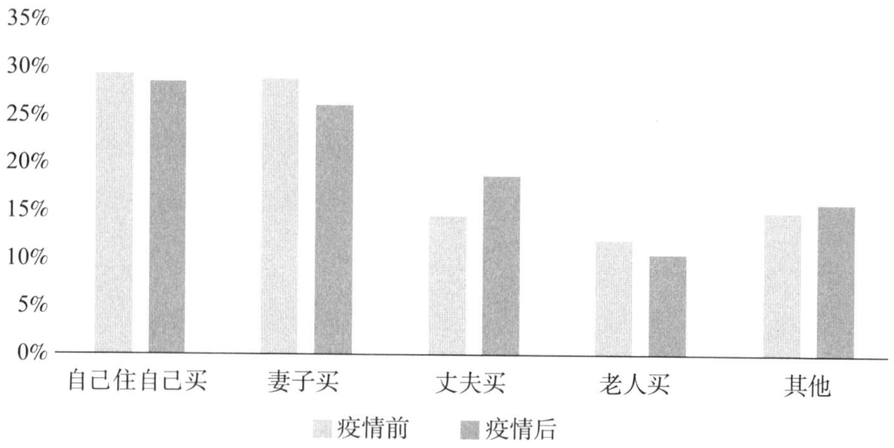

图 4-4　疫情发生后家庭成员购买生鲜食材的角色变化

资料来源：美团研究院调查，有效问卷 3244 份。

2. 疫情发生后，消费者购买生鲜食材的频率显著降低

疫情期间出于安全考虑，消费者在购买生鲜食材时尽可能。减少与外界的接触，这直接导致了购买频率的下降。问卷调查结果显示，疫情前，用户购买生鲜食材的频率为每周 2 次，更多的用户的占比为 50. 9%；疫情发生后，这一购买频率的用户的占比为 34. 8%，下降了 16. 1 个百分点。疫情前，用户购买生鲜食材的频率为每周 1 次，更少的用户的占比为 37. 4%；疫情发生后，这一购买频率的用户的占比为 51. 5%，提升了 14. 1 个百分点（见图 4-5）。

3. 疫情发生后，消费者购买生鲜食材的渠道从线下向线上转移

生鲜食材购买渠道的转移体现在两个方面：一是用户的转移，二是线上销售量的增长。在用户方面，疫情发生之后，通过超市、菜市场等传统线下渠道购买生鲜食材的用户占比显著下降，线上购买生鲜食材的用户占比有所增加。问卷调查显示，选择在超市购买生鲜食材的用户占比从疫情前的 78. 7%下降到疫情发生后的 69. 5%，下降了 9. 2 个百分点；选择在菜市场购买生鲜食材的用户占比从疫情前的 60. 7%下降到疫情发生后的 40. 2%，下降了 20. 5 个百分点。线上购买生鲜食材的用户占比从疫情前的 29. 5%上升到 34. 2%，提升了 4. 7 个百分点（见图 4-6）。在销量方面，疫

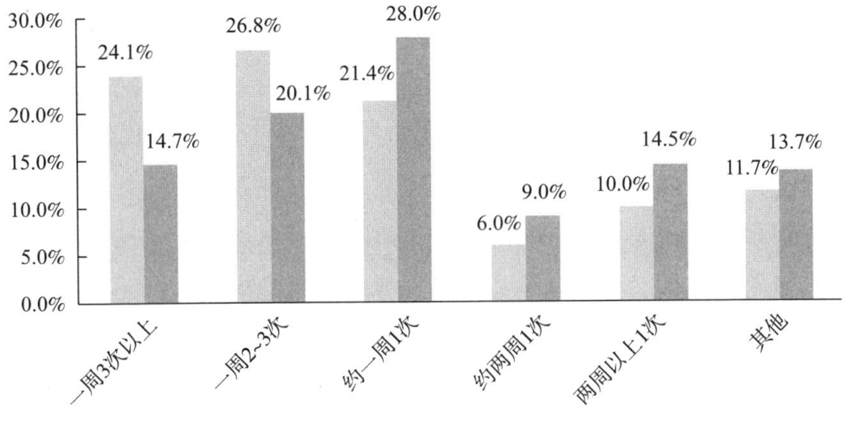

图 4-5　疫情发生后生鲜食材购买频率的变化

资料来源：美团研究院调查，有效问卷 3244 份。

情发生之后，线上生鲜食材的销量大幅增长。以美团平台上的生鲜食材销售为例（含美团外卖、美团买菜、小象生鲜等业务中的生鲜品类），疫情最严重的 2020 年 2 月份的总销量比 1 月份增长了 54. 8%。

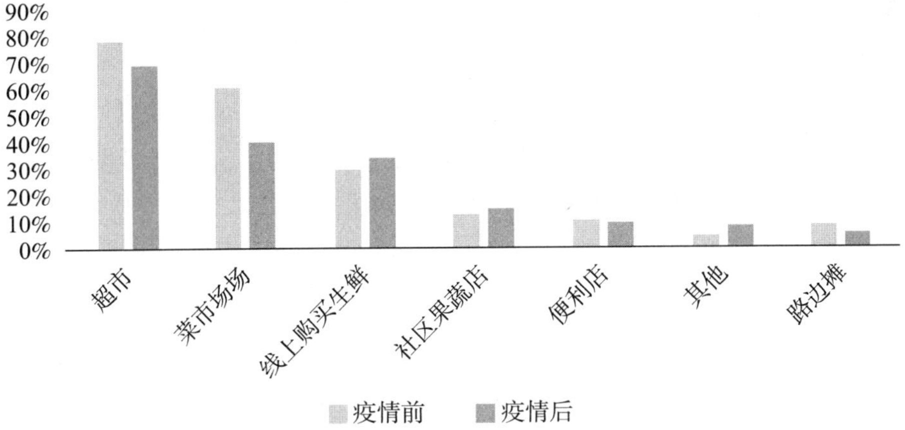

图 4-6　疫情发生后生鲜食材购买渠道的变化

资料来源：美团研究院调查，有效问卷 3244 份。

（七）线上生鲜食材零售发展新趋势

线上生鲜食材零售，通过平台服务大大减少了生鲜食材的中间环节，有效缩短了市场、农民和居民的距离，提升了生鲜食材市场的价格透明度，分布式库存和即时配送系统、不同温区合理规划储存等生鲜保存技术也为居民食品安全提供了保障，有“手机菜篮子”之称。疫情之下，线上生鲜食材零售具有“无接触”方面的优势，给居民提供了多元化的购买渠道和丰富的产品供给，1 小时内配送到家的速度大大方便了人们的生活，用户黏性不断增强，同时在保供给、保民生、促就业方面发挥了积极作用。

（1）无接触是疫情期间生鲜食材零售增长的重要推动力，外卖平台、生鲜电商、超市线上服务成为主要购买渠道。

疫情期间，安全成为消费的前提，送货到家的线上生鲜食材零售代替了传统线下商超、菜市场等传统人流密集的渠道，成为消费者在家抗疫、购买生鲜食材的新选择。问卷调查显示，用户选择线上购买生鲜的主要原因是无接触更安全（占比 60. 1%）和不方便出门（占比 49. 8%），还有一些用户选择线上购买生鲜是考虑到线上的品种齐全、货品新鲜、价格优惠等（见图 4-7）。美团等外卖配送平台，美团买菜、每日优鲜、叮咚买菜等生鲜电商平台，永辉生活、京客隆、物美等超市的线上服务平台，京东等综合电商平台是疫情期间用户购买线上生鲜食材的主要渠道。相比之下，外卖配送平台更受用户青睐。除此之外，社区生鲜店、便利店、社区团购的线上服务也成为线上生鲜食材购买渠道的重要补充。

（2）线上生鲜食材零售以蔬菜、水果、肉禽蛋类等刚需消费为主。

新鲜蔬菜、水果、肉禽蛋类依然是生鲜食材消费最刚需的品类。除此之外，还有牛奶饮品、零食干果、鲜活海鲜水产、冻肉冻水产等丰富的商品，新冠肺炎疫情在一定程度上加速了万物到家时代的来临。值得注意的是，疫情期间，8. 1%的消费者通过线上购买净菜、半成品菜、蔬菜肉组合套餐等加工食品，加工食品的增长潜力仍很大。

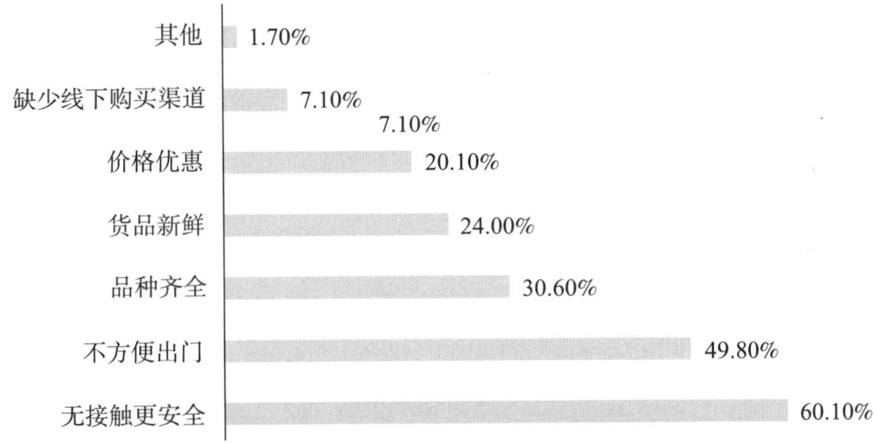

图 4-7 疫情期间用户选择线上购买生鲜食材的原因（可多选）

资料来源：美团研究院调查，有效问卷 3244 份。

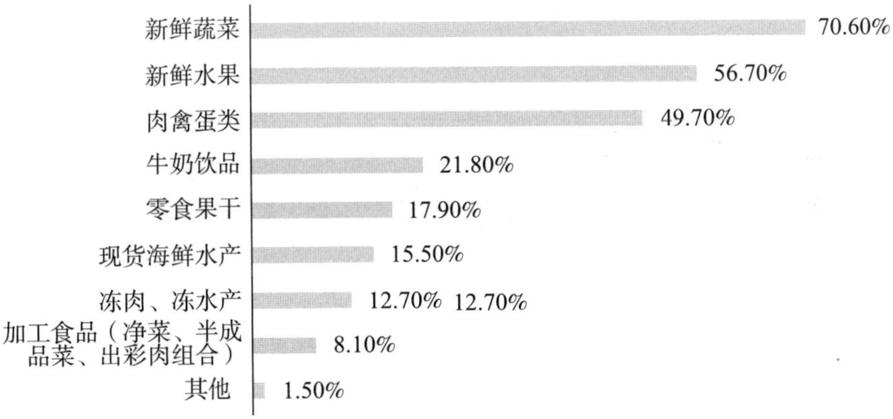

图 4-8 疫情期间用户线上购买的主要生鲜食材品类（可多选）

资料来源：美团研究院调查，有效问卷 3244 份。

（3）线上生鲜食材消费的即时性强，但不同线级城市对即时性的需求不一。

线上生鲜食材消费的即时性明显。在购买习惯方面，57.3%的用户表示无论工作日和周末，线上生鲜食材随用随买；13.2%的用户表示工作日随用随买，周末按计划购买；6.8%的用户表示工作日按计划购买，周末随用随买（见图 4-9）。

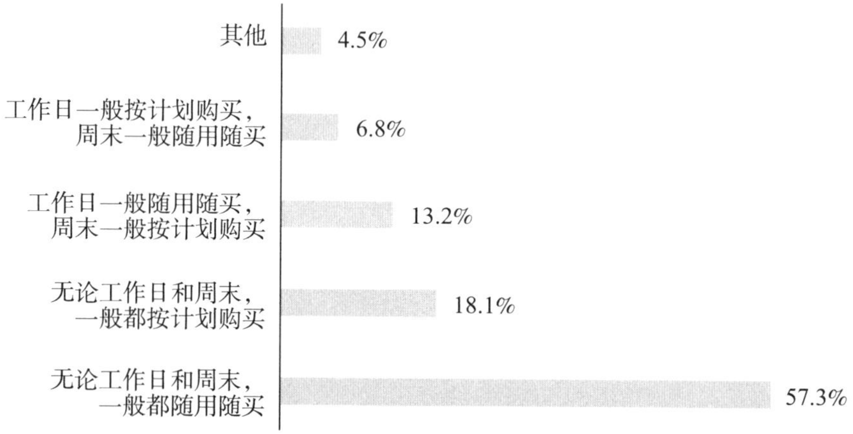

图 4-9　用户线上生鲜食材购买习惯

资料来源：美团研究院调查，有效问卷 3244 份。

时间成为配送的关键要素。68.2%的用户表示能接受的最长生鲜食材配送时间集中在一个小时以内，只有 11.0%的用户能接受一天以上的配送时间或对配送时长不敏感。

表 4-2 汇报了不同线级城市用户能接受的最大线上生鲜食材配送时长的分布情况。

表 4-2　不同线级城市用户能接受的最大线上生鲜食材配送时长的分布情况

	30 分钟以内	30 分钟~1 个小时	1~2 个小时	2~5 个小时	5~24 小时	1 天以上	无所谓	总计
一线	16.2%	55.8%	13.0%	3.5%	3.8%	2.9%	4.9%	100.0%
新一线	16.8%	51.7%	13.8%	4.2%	4.2%	4.8%	4.5%	100.0%
二线	17.8%	49.8%	11.6%	4.6%	4.2%	4.2%	7.7%	100.0%
三线	16.5%	45.6%	14.6%	2.4%	8.3%	4.9%	7.8%	100.0%
四线	17.8%	50.5%	7.5%	3.7%	4.7%	6.5%	9.3%	100.0%
五线	37.3%	31.4%	15.7%	0.0%	0.0%	5.9%	9.8%	100.0%
全国	17.7%	50.5%	12.8%	3.6%	4.6%	4.4%	6.4%	100.0%

资料来源：美团研究院调查，有效问卷 3244 份。

值得注意的是，尽管线上生鲜食材消费的即时性明显，但对不同线级城市进行交叉分析发现，各线级城市对即时性的需求不一。一线城市对配送时长的需求集中在30分钟到1小时，低线级城市对配送时长的接受倾向出现两极分化：要么控制在30分钟以内，要么可以延长到一天以上或无所谓，对配送时长较为不敏感。整体来看，随着城市线级的下降，居民对配送时长的敏感度有降低趋势。

（4）问卷调查显示，77.4%的用户对疫情期间线上生鲜食材服务表示满意，其中，22.9%的用户表示非常满意，54.5%的用户表示比较满意。20.4%的用户对疫情期间线上生鲜食材服务表示一般，只有1.7%的用户表示不太满意，0.5%的用户表示极不满意（见图4-10）。

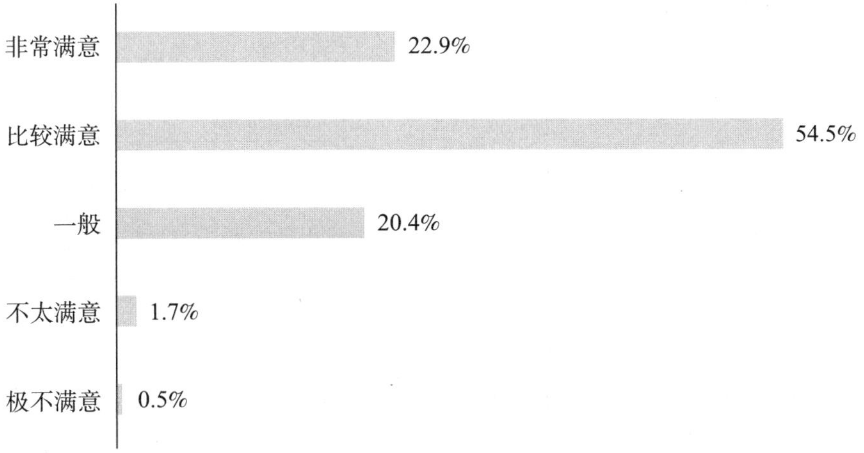

图4-10　疫情期间线上生鲜食材消费的用户满意度

资料来源：美团研究院调查，有效问卷3244份。

61.3%的用户看重线上生鲜食材可以配送到家。除此之外，用户还看重无接触服务、促销活动、新鲜、价格便宜、配送速度快、品种多样、安全放心等因素（见图4-11）。

（5）61.8%的用户表示线上生鲜食材消费习惯已经养成，疫情之后会延续线上购买习惯，其中40.9%的用户表示会继续维持线上购买生鲜食材消费习惯，20.9%的用户会因为线上选购便利性而增加需求。另有34.4%

的用户表示会减少需求，认为菜市场、大型超市更加方便，3.8%的用户属于其他（见图 4-12）。

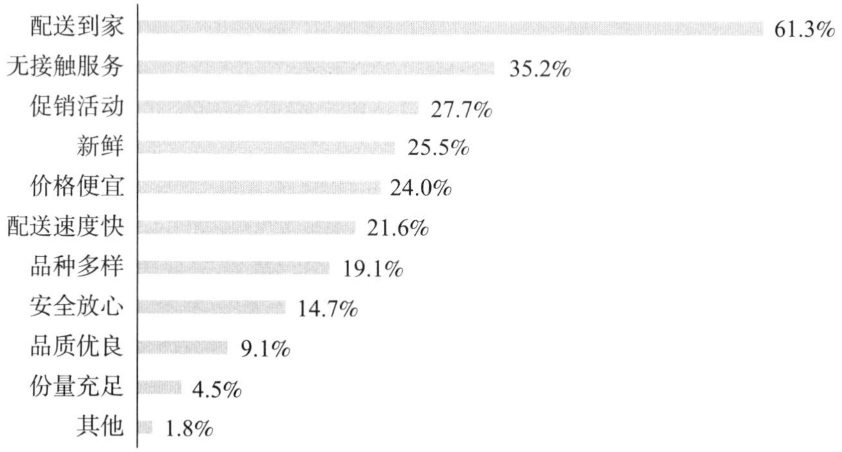

图 4-11　疫情期间线上生鲜食材的优势（可多选）

资料来源：美团研究院调查，有效问卷 3244 份。

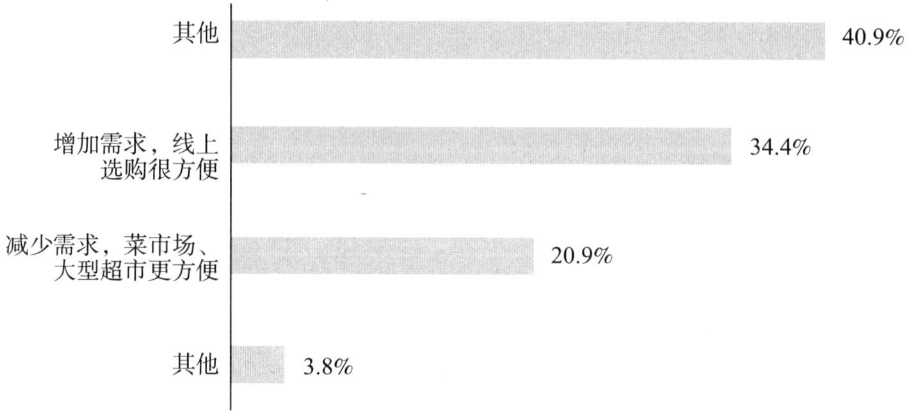

图 4-12　疫情过后是否还会继续通过线上购买生鲜食材

资料来源：美团研究院调查，有效问卷 3244 份。

三、疫情对智慧型社区商业服务模式的启示

（一）疫情中居民对社区商业服务的高度依赖

新冠肺炎疫情暴发期间，公共防控措施日益严厉，市场消费行为逐渐

下沉到了“最后一公里”，甚至“最后一百米”，消费者对社区商业服务的依赖性显著增加，社区超市、便利店、生鲜电商等成为人们购物的主渠道，这些彰显出社区商业“不可或缺”的基础地位。

品牌连锁超市主动作为，发挥着保障民需、平抑物价、稳定人心的示范作用。以北京为例，超市发连锁超市通过建立“三级应急响应补货机制”、创新“到家”“到点”业务、微信小程序无接触配送服务、开展社区团购、推出自主恒温冷柜、提供老字号餐饮现场制作等，在保民需、保品质的同时，创新服务，扩大民生供给；壹公里果蔬超市 24 小时驻守新发地市场，直接对接产地源头渠道，保货源、保运营、保配送，同时创新业务模式，配送到家，满足居民生活急需。这些品牌连锁超市，疫情中的 1—4 月份均实现 30%~60%的销售增长。

生鲜电商平台精准对接社区消费需求，实现了满足民需和企业效益增长的“双赢”。[①] 物美生鲜、盒马鲜生、永辉生活、苏鲜生、叮咚买菜、每日优鲜、京东生鲜、美团买菜、多点 Dmall 等生鲜电商平台，2020 年 1—3 月，品牌生鲜平台业务较 2019 年同期增长两倍以上。如物美生鲜蔬菜供应量超出日常的 3 倍；盒马鲜生出货量达到平时的 5~10 倍；永辉生活到家业务粮油蔬菜等都高出平时 2~3 倍的供应量，肉类供应量增加 5 成；苏鲜生线上蔬菜水果日订单量增长超过 200%，线下门店增长 325%。这些企业在疫情中均取得满足民需和企业效益增长的“双赢”。

（二）疫情中暴露出社区商业的短板

在疫情特定时期，社区超市和生鲜电商平台销售火爆，既反映了这些企业善抓商机和社会责任担当，也反映了消费者对社区商业的高度依赖。但社区商业在疫情中也暴露出诸多问题，与消费者的期待还有不小距离。中国社区商业工作委员会发布的《武汉战疫社区商业消费调研报告》显示，武汉“封城”期间，居民对社区周边商业的满意率，表示比较满意和

① 朱睿. 疫情危机下的商业创新趋势与竞争策略 [EB/OL]. http://m.jiemian.com/article/4057894.html.

很满意的只占 45.46%，还存在商业功能欠缺、商品品种不全、品牌连锁化率低等问题。[①] 尽管武汉是疫情重灾区，具有一定的特殊性，但作为中国二线城市中商业较为发达的城市，疫情期间所反映的社区商业服务薄弱问题，在全国具有一定的代表性。

（三）从社区商业应对疫情挑战中得到的启示

（1）社区商业地位凸显。此次疫情期间居民对社区商业的依赖以及对社区商业的不够满意，是社区商业发展中诸多问题的一次集中暴露，也是弥补社区商业不足、提升社区商业安全性、便利性和服务品质的一次良机。目前我国社区商业在城市商业中占比不到 40%，与发达国家社区商业在城市商业中占比 50%~60%相比，还有不小差距，全面发展社区商业面临着艰巨任务。[②]

（2）社区居民对社区商业服务充满更高期待。以往对社区商业的认识，局限于满足居民日常基本生活需要，认为社区商业就是“柴米油盐酱醋茶”。随着人们生活水平的提高，居民对社区商业也提出了更高的要求。在疫情期间，对健身养老、文化娱乐、教育培训等设施和服务的期待突出表现出来。因此，未来社区商业服务的发展不仅要保障民生必需，还要兼顾体验、情感及康养的新需求。

（3）社区商业资源急需整合。目前，多数城市社区商业主体多元，社会资源、服务功能、线上线下缺乏整合，发展无序，制约了社区商业的发展。近几年，各地政府采取了一些政策支持社区商业，保障民生需求。如北京市提出推进社区生活性服务业“规范化、连锁化、便利化、品牌化、特色化、智能化”。随着互联网、大数据和人工智能的广泛应用，特别是 5G 技术的推广，迫切需要聚焦高质量发展、技术赋能和模式创新，融合各种商业资源，构建智慧型社区商业服务体系，破解社区商业服务发展难题。

---

① 中国社区商业工作委员会，武汉肯创商业运营机构. 武汉战疫社区商业消费调研报告［R］. 2020.

② 王成荣，王春娟. 构建互联网时代社区商业新生态［J］. 北京财贸职业学院学报，2017，33（5）：21-26.

第三节　社区生鲜电商盈利模型比较分析

社区生鲜电商市场规模逐年增长，但受限于商品损耗率高、冷链物流成本高、用户线上购买习惯难养成、区域消费差异大等诸多因素，生鲜品类商品的线上渗透率较低。艾瑞咨询数据显示，2019 年生鲜电商渗透率仅为 6.3%，远低于服装类、美妆类、零食类、3C 类电子产品等其他行业。生鲜电商盈利艰难，多数生鲜电商企业长期亏损，处于资本不断补贴阶段。基于社区生鲜电商经营现状，笔者尝试从供应链运作、仓储配送、大数据、获取用户和商品损耗率共五个方面构建盈利模型，针对常态和疫情两种不同状态下的盈利构成要素进行比较，并提出在两种状态下皆行之有效的改善措施。

一、常态下社区生鲜电商盈利能力研究

（一）常态下社区生鲜电商的盈利模型解读

社区生鲜电商的盈利模型由五个要素构成，第一层级为大数据应用，具备精准预测和高效算法的能力；第二层级为获取用户，具备高频次、高留存、高单价和高社交的获取用户能力；第三层级为供应链运营，具备 SKU 品类和数量配置、优质商品的供应链运营能力；第四层级为仓储配送运营，具备前置仓合理配置、储存和配送运营的能力；第五层级为损耗率，具备将生鲜商品损耗率降到最低的能力。

常态运营状态下，五个要素重要度不分等级，环环相扣、互相支撑，构建了社区生鲜电商的盈利层级模型。但在企业的实际应用中，基于企业经营定位、服务人群、投入资金、区域特点等的不同，无法将五个要素都放在同样重要的地位，结合企业自身的特点和优势，选择一个到两个盈利点进行切入，尽量去兼顾其他的盈利点，构建与自身企业契合的盈利模型。现阶段，大数据应用已成为企业的核心竞争力，贯穿在盈利模型的各个层级中，消费者需求多样化，预测难度日趋加大，大数据分析不到位，

算法应用不精准，会影响后续的获取用户和供应链管理的盈利能力，导致盈利能力下降。社区生鲜电商企业普遍将供应链管理的重要性提高到前所未有的地位，将供应链管理提高到战略高度。企业都采用原地直采，派出买手直达产地，大大缩短了供应链的长度，提高了供应链的响应速度，供应链的端到端协同度也日益紧密。生鲜商品 SKU 品类非标准化、采购地分散，会有众多细分供应链需要管理，生鲜产品差异化明显，受区域、天气等外部环境影响大，供应链稳定性差，管理难度大，对企业的供应链管理水平考验很大，管理水平决定了盈利模型的产出。

（二）常态下社区生鲜电商的盈利层级研究

1. 大数据应用能力

社区生鲜电商将大数据应用在企业运营的各个环节，比如，在选择店址和仓址环节，大数据的准确度决定了选址的正确度，在这方面，盒马鲜生和盒马 MINI 店拥有天然的优势，背靠阿里海量有效大数据，依托于支付宝、淘宝和快递通达系共享用户数据的优势，对城市社区的居住密度、收入级别、消费水平等有基本的把握，选址的正确性大大提高。常态平稳运营状态下，有效大数据的分析，在订单预测、消费者的消费倾向、前置仓备货、末端配送规划等其他环节也发挥着高效的作用。社区生鲜电商获得的大数据是与行业场景高度结合的、真实的、高质量的大数据，基于强大的计算平台，结合不断优化的高效算法，结合有效的商业评估，就可产生巨大的化学效应，发挥数据的最大价值。① 比如，叮咚买菜不断升级数据算法，在订单预测、末端配送调度、用户画像识别和供应链透明化等方面，努力实现大数据的高效应用，进一步提升了企业盈利的概率。

2. 获取用户的能力

若一家社区生鲜电商企业在获取用户的能力方面，实现了高频次、高留存、高单价、高社交的“四高”特点，在企业盈利方面，已经占据了主

① 邢惠淳.“新零售”背景下生鲜电商商业模式比较分析——以盒马鲜生和每日优鲜为例［J］.商业经济研究，2019（4）：85-87.

动权。但事实并非如此，这“四高”很难同时发生在同一家企业上。以每日优鲜为例，依靠微信的社交入口，充分利用微信的快速社交传播优势。公司成立之初，推出大幅度满减优惠券，通过微信的不断分享，短时间内聚集了巨大流量①，虽实现了高社交和高频次，但受限于 SKU 数量，很难实现高单价，100 元以上订单占比低，没有高单价的维持，生鲜商品损耗率高，单均成本居高不下，实现常态化盈利艰难。在常见的社区生鲜电商中，盒马鲜生获取用户的能力最为突出，背靠阿里，天生吸睛，丰富的 SKU 数量和大量优质产品积累了大量高留存、高单价的忠实消费者，但盒马的线下店面成本居高不下，30 分钟配送到家也提高了运营成本，这也是大多盒马鲜生门店无法盈利的主要原因。

3. 供应链运营能力

供应链运营是指社区生鲜电商对 SKU 品类的把控、提供优质商品的能力和保持一贯平稳的采购能力等，将社区生鲜电商的供应链运营分为垂直一体化供应链和横向整合式供应链两类。② 第一类的典型代表如盒马鲜生、每日优鲜、叮咚买菜等；第二类的典型代表如京东到家。京东到家运用数字化平台整合各类线下商家资源，包括家乐福、京客隆、山姆会员店、永辉等零售巨头的精选优质商品库存资源，在 SKU 数量、商品力和采购力方面，均拥有第一类社区生鲜电商企业无法比拟的优势，提供给消费者丰富的商品选择权，但京东到家属于平台整合资源类型，与第一类企业的盈利模式完全不同。以每日优鲜、叮咚买菜为例，由于前置仓容量有限，在 SKU 品类和商品力的选择上就需要煞费苦心，需要通过专业买手团队去寻找二者之间的均衡点，通过有限的资源为消费者提供尽可能满意的选择。

4. 仓储配送运营能力

即时配送是社区生鲜电商必备的运营能力，消费者已经习惯下单后在 1~2 小时内配送到家，这就需要企业根据城市的人口密度、消费水平、社

① 王艳. 社区新零售企业比较研究——基于四家典型企业的对比分析［J］. 时代经贸，2019（28）：6-11.

② 王艳. 供应链视角下的前置仓研究［J］. 物流技术与应用，2019，24（10）：188-190.

区构成来进行前置仓的设置和规划，并完成配套的配送规划，根据企业运营需求，选择自营配送、众包配送或者自营和众包相结合的配送模式。前置仓不仅是供应链中触达消费者的最后链接点，也是离消费者最近的分布式经营中心和数据中心。每日优鲜是最早经营前置仓的生鲜电商，将前置仓规划为“千仓千面”，依托足够的大数据预测每个前置仓的库存配置，城市总仓每天向每个前置仓补货的商品种类和商品数量都会不同，前置仓小仓的主要功能从仓储转变为分拣、打包和配送，不断优化消费者的购物体验，在盈利能力上创造新价值。

5. 降低损耗率的能力

降低损耗率的能力是社区生鲜电商盈利的第五层级，生鲜商品损耗率高，尤其蔬菜类，能否将损耗率降到合理范围，也是企业最终能否盈利的关键。作为近两年在南方城市异军突起的生鲜电商，叮咚买菜以蔬菜高频品类为主打商品，与200多家农村合作社开展源头直采合作，蔬菜品类占比超过15%。叮咚买菜依靠源头直采，通过高周转和零库存，结合精准预测，尽量降低损耗。如果预测有误差，某种单品库存量大，通过算法推荐，即时推出价格优惠，及时促销此类单品，实现蔬菜类商品在当天销售完毕的目标，多管齐下，叮咚买菜已经将蔬菜损耗率降到1%以下。企业要尽量减少直采源头到前置仓的转运次数，减少不必要的衔接环节，在搬运、分装、分拣、配送等环节，引进自动化技术，提高效率和减少损耗。

二、新冠肺炎疫情状态下社区生鲜电商盈利模型分析

（一）新冠肺炎疫情状态下社区生鲜电商的盈利模型解读

2020年春节前夕，一场新冠肺炎疫情猝不及防打乱了大家的生活，居民自觉自愿待在家里抗击疫情，在新的形势和环境下，大家的消费意愿和消费习惯都发生了改变，生鲜商品作为生活必需品，社区生鲜电商企业的销量激增，盈利模型也出现了相应的变化。在此状态下，层级的重要性并不等同，有了层次区分度。第一层级为供应链运营的能力，排在此要素第一位的是采购力，而不是商品力；第二层级是仓储配送运营能力，此要素

中配送力的重要度高于仓储力；第三层级为大数据应变能力，疫情状态下，新用户和订单激增，供应链不畅出现了货物短缺状况，此阶段的大数据会出现失真状况，无法反映消费者的真实意愿，数据预测更为困难，在大数据分析基础上得出决策的准确度也有待进一步评估；第四层级为获取用户的能力，疫情状态下大量新用户会主动安装 App，无须通过常态下经常使用的优惠券、互相砍价等促销手段吸引流量；第五层级依旧为降低损耗率，顺序虽然没变，内涵却完全不同，与常态相比，疫情状态下实现高周转和零库存的难度降低，但是疫情阶段不可控的情况较多，消费状况不稳定，无法通过前期的大数据来预测订单，会有新的损耗状况出现。

（二）新冠肺炎疫情状态下社区生鲜电商的盈利层级比较

1. 供应链运营能力

新冠肺炎疫情严重时期，消费者更倾向于满足生活基本需求的购买，购买囤货意愿强烈。此阶段考验生鲜电商提供基本商品的能力，即不断货的能力，保证基本商品不断货是供应链运营的首要盈利能力，高品质商品的保障供应退居次位。春节期间，多家社区生鲜电商企业库存不足，很多品类在 App 上显示为缺货状态。此次新冠肺炎疫情突发在春节前夕，虽进行了常规备货，但依旧远远不能满足市场的需求。与正常状态相比，疫情初期，每日优鲜、叮咚买菜、多点等社区生鲜电商的销售额平均上涨 300%以上，广大电商平台措手不及，短时间内缺货率急剧上升，如何采购到基本的货物品类是企业焦虑的主要困难。春节前夕，已开始正常休假的企业采购人员被公司紧急召回到直采产地源头，要求采购人员想方设法保障商品供应。此阶段，出现了共享采购链条的创新商业模式，疫情导致餐饮行业跌入低谷，餐饮企业为春节储备的大量货源无用武之地，生鲜电商尝试与餐饮行业共享采购链条和现有库存，缓解急剧上涨的线上订单。另外，当国内疫情逐渐缓解，其他国家陆续暴发疫情，某些生鲜电商的海外直采商品面临前所未有的困难，大多航线停飞，国际物流受阻，利润率高的海外优质商品会出现断货情况，会在商品力的盈利要素上出现下滑态势。

2. 仓储配送能力

新冠肺炎疫情期间，相比仓储的分拣、配货岗位，配送到家岗位是最影响此阶段社区生鲜电商的盈利能力要素，排在仓储配送运营能力的第一位。正值春节之际，社区生鲜电商遇到了前所未有的配送难度，仓储配送工作人员严重缺乏，无法将大量涌入的订单配送到家。配送一贯准时的盒马鲜生，也受制于配送力严重不足，App 下订单通道临时关闭成为常态，只在每天 0 点和 8 点开放购买，消费者手速稍慢就无法抢到订单。销量激增的生鲜电商企业和暂时歇业的知名餐饮连锁企业进行共享员工的模式创新，盒马鲜生联合云海肴、西贝等餐饮品牌达成“共享员工”合作，部分员工分别入驻盒马各地门店，主要参与卸货、打包、分拣、上架、配货等工作。但短期内接受配送到家岗位较为困难，配送员需要对门店周边的路线、社区位置了如指掌，也需要更长的培训时间和更高的人员成本，各部门也需要磨合，盲目加入反而会降低配送效率。因此，疫情期间，配送能力大大下降，也影响了多数社区生鲜电商企业的盈利能力。

3. 大数据应用能力

疫情状态下，大数据应用能力设置在盈利要素的第三层级，精准预测变得艰难。新冠肺炎疫情初期，大量新用户涌入线上购买生鲜商品，出于恐惧，囤货意愿加强，订单的数量和金额的增加都不在企业可控范围内。疫情状态时刻处于变化中，居民的消费意愿也在随时调整中，大数据在此状况下难以发挥准确的预测作用。社区生鲜电商如何在无序混乱的订单大数据中挖掘有效信息，是考验企业大数据应用能力的特殊阶段。比如，通过有效的算法，从大量的新用户中，发现潜在的高留存客户，如何为这些客户推送精准的意向商品，以实现在疫情平稳后较高的留存率。另外，研究老客户在疫情状态下的消费倾向和变化，画出消费者更清晰的画像，研究更适合的促销手段，实现老客户的高频率和高单价，保证企业的盈利基础。

4. 获取用户能力

疫情突如其来，社区生鲜电商企业实现获取用户高频次、高单价的盈利目标变得容易和简单，但实现用户高留存依旧困难。众多社区实施封闭管理，习惯于超市、菜市场购买生鲜商品的居民，开始改变消费模式，求助于盒马鲜生、每日优鲜、叮咚买菜、美团买菜等社区生鲜电商 App 购买生鲜商品，此阶段电商企业无须主动出击，新用户数量大幅增加，获客成本大大降低。2020 年春节期间，京东生鲜配送到家、叮咚买菜、每日优鲜的交易额都比正常状态增长 300%以上。疫情严重时期，夜里定闹钟抢菜成为一线城市很多居民的宅家常态，居民手机里至少增加 2 个以上生鲜 App，互相传授抢菜经验成为社交日常。疫情状态下，流量会主动上门，囤货意愿强导致订单单价普遍高于日常常态，宅在家里生鲜商品消耗快，下订单频次也高于平时。随着疫情逐渐平稳，周边农贸市场逐渐恢复营业，生鲜电商 App 能否实现这波新流量的高留存率，就进入考验商品丰富度和优质度的新阶段。

5. 降低损耗率的能力

降低损耗率依旧在第五层级，但内涵大相径庭。疫情状态下，企业除了担心在搬运、运输、装卸、分拣、配送等环节中的正常损耗，更需要担心疫情状态下的订单不稳定状况。疫情初期，正逢春节假期，众多农贸市场暂停营业，居民宅家尽量减少出门，消费者非理智性订单增多，订单数量和金额都激增，但随着疫情逐渐平复，前期购买的囤货需要逐渐消化，农贸市场逐渐开门营业，众多消费者的消费意愿会随时调整变化。社区生鲜电商企业很难跟上消费者的节奏，此阶段大数据预测也容易失真。疫情初期，为了满足需求，企业竭尽所能地拓宽采购渠道，想方设法地满足突然增加的需求，此阶段需求不稳定，可能会出现大涨大落的情况，真实需求一旦下滑，就会出现大量积压的库存，生鲜商品保质期短，易腐烂，损耗率也随之提升，会极大影响此层级的盈利要素。社区生鲜电商需加强危机下的预判能力，将损耗率控制在正常范围内。

三、社区生鲜电商提升盈利途径研究

目前来看，疫情短时间内不会结束，并极有可能与人类长期共存。疫情未来的发展很难预测，疫情期间，社区生鲜电商出现了一些零售和配送的创新模式，这些模式哪些可以在常态下保留下来？拥有常态化基因的创新模式定会在疫情后获得巨大发展，哪些是疫情期间的权宜之计？需要斟酌鉴别，积极转变发展思路，迎接新的挑战，赢来新的机会。

（一）技术驱动打造动态供应链

生鲜商品具备种类多、易腐烂、非标准化等特点，相比其他行业，供应链的稳定度不高。此次疫情期间，深耕生鲜供应链多年的生鲜企业，拥有更为完善的直接采购和强大话语权，比如永辉超市、物美超市等，此特殊阶段展示出更强大的适应力，保证了基本 SKU 品类的不缺货状态，疫情期间的配送到家服务销售额上涨 200%以上，相比单纯的线上电商，有线下实体店的支撑，更容易实现消费者的高留存率。疫情期间，C 端订单激增，社区生鲜电商企业要充分应用大数据，通过技术驱动带来运营的在线化、数字化，为消费者带来更好的消费服务体验。企业不缺乏资源，缺乏的是整合资源的能力，生鲜电商企业需要进一步整合供应链下游需求，扩大采购量级，跳过中间商从上游直采，蔬菜类商品应扩大本地采购需求，减少供应链长度，降低损耗率。企业可尝试将产品型供应链向服务型供应链过渡，注重终端消费者的消费体验，通过数据和算法优化流程和效率，构建一条快速、灵敏、灵活的供应链，以适应多变的市场环境。

（二）运用区块链技术发展全程冷链

全程冷链是指从前端产地，中端流通生产、仓储、包装、运输，再到终端入库、小包装入库、直到末端的签收始终保持生鲜商品储存的最佳温度，其中长链组合模式的转运与联运是冷链物流的关键。生鲜商品损耗率高，实现全程冷链可有效降低损耗，但生鲜产品标准化困难，种类多，储存温度不统一，缺少一站式服务商，缺少全程冷链溯源，经常性断链，产地预冷占比低，冷链运输资源配置不足，很难实现快速的规模化、体系化，因此实现全程冷链困难重重。① 生鲜产品物流中转环节多，涉及多家

① 胡健猷，陈喜文. 新零售背景下生鲜业态发展的阻碍及突破——以盒马鲜生与超级物种为例[J]. 商业经济研究，2020（5）：108-111.

物流公司，可以应用可信度高的区块链技术实现数据的整合，实现数据追溯，真实反映全程冷链的温湿度条件。各方数据上链，构建食品安全溯源体系，信息完全透明化，大大降低合作伙伴之间的协同成本，极大地提升整个供应链的效率。另外，加强供应链源头产地预冷技术的应用，扩充冷链运力网，提高冷库储备资源，整合末端配送运力，都是实现全程冷链需要具备的重要因素。

（三）发展末端配送共享模式

末端配送共享模式提出多年，依旧没有实质性进展。疫情期间，末端配送量持续上升，物流企业应重新思考共享的价值，通过此模式提升派送效率和降低成本，实现共享模式困难重重。当不同企业形成一个利益共同体时，需要解决以下核心问题：第一，利润分配难题。按件量分配利润，不利于资源整合和统筹安排；均分利润，不利于长期决策，两种模式下，企业都无法长期可持续发展。① 第二，突破管理障碍。合作企业管理水平不一，由谁来主导管理，通过共配模式为大家带来整体利益，责任和权利很难均衡。第三，突破技术障碍。在共配合作中，需要面对数据共享、系统对接之类的问题，随着技术进步，只要各方合作意愿强烈，此问题较容易得到解决。② 第四，运营操作困难。不同合作方在业务量、配送时间等方面存在差异，如果统筹不到位，就难以实现集约共配的根本目的。建议合作方通过建立清晰的股权结构、采用职业经理人承包模式等，实现经营权与所有权分离，解决管理授权、财务、各方互信等问题，推进共配模式更好地落地，帮助末端配送降本提效。

疫情终会结束，生活会回归常态，疫情状态下采取的很多创新模式，大多为应急状态下的权宜之计，但这些创新之举无形中培养了社区居民线上购买生鲜商品的消费习惯，在疫情逐渐平复后，能实现一定比例的留存率。经受住疫情的考验，社区生鲜电商应反思自身的优势和不足，充分利

---

① 魏国辰．电商企业生鲜产品物流模式创新［J］．中国流通经济，2015，29（1）：43-50.

② 刘建鑫，王可山，张春林．生鲜农产品电子商务发展面临的主要问题及对策［J］．中国流通经济，2016，30（12）：57-64.

用大数据优势，洞察消费者不断变化的需求，打磨自身供应链的灵活应变能力，构建一个反应迅速、高效协同、网络完善的供应链体系，成为社区商业生态系统的有效补充，实现社区商业的高质量发展。

第四节　国内外快递物流业发展比较分析

我国2019年快递量达635.2亿件，快递总量超过美日欧经济体总和，对世界包裹增长贡献率超过50%。我国经济进入高质量发展阶段，快递业进入提质增效的内涵式发展阶段，需借鉴发达国家快递企业的发展经验，做大做强，并带动其他产业高质量协同发展。

一、顺丰和UPS的比较分析

（一）两家公司基本情况介绍

顺丰速运有限公司（以下简称顺丰）1993年成立于广东顺德，目前已发展为中国民营快递的“领头羊”，为客户提供一体化综合物流解决方案，代表我国快递企业的较高发展水平，顺丰于2017年2月在深圳证券交易所上市，业绩在中国上市快递企业排名第一，2019年被评为交通、运输和物流行业最受赞赏的中国公司。

美国联合包裹运送服务公司（以下简称UPS）1907年成立于美国，是全球领先的包裹递送、专业运输和物流服务供应商，公司发展目标为打造全球智慧物流网络。UPS于1999年11月在美国纽约证券交易所上市，在美国快递市场占有率第一，为世界500强公司之一。

顺丰和UPS作为本国快递业业绩最好的上市公司，同为综合物流提供商，主营快递业务均采用直营模式经营，这是美国三大快递企业都使用的经营模式，我国通达系快递企业均为加盟式经营。2019年顺丰和UPS净利润率分别为5.16%和5.99%，两者相差不大，主要利润来源皆为主营的包裹快递业务，2019年UPS快递派送量55亿件，快递业务占总收入的比例为82%；顺丰快递派送量48.31亿件，快递业务占总收入的比例为77%。

（二）两家公司比较分析

（1）UPS 比顺丰拥有更为完善的全球快递服务网络。截至 2019 年末，顺丰共有 17832 家快递网点，其中国内 17622 家、国外 210 家。UPS 拥有 1000 家自营网点，约 7900 家合作网点，提供 38000 个寄件服务信箱，超 41000 个无人服务网点，其中国内 21000 个、国外 20000 个。UPS 在全球设立 5200 多家独立商店，为客户提供国内外航运、包装、印刷等服务。两家公司陆运投入车辆相当，顺丰在干支线、末端投入运输货车 13.3 万台，UPS 投入 12.5 万台，两者都致力于清洁能源车辆的投入使用，UPS 投入超 10000 辆清洁能源车辆。UPS 航空服务网络完善，全货机达 572 架，除设在肯塔基州路易斯维尔的专业航空世界港外，还在美国其他州设立 8 个航空枢纽中心，在欧洲、亚洲、拉丁美洲、加拿大等区域共设立 7 个航空枢纽中心。截至 2019 年末，顺丰拥有全货机 71 架。顺丰全球航空服务网络与 UPS 相比，有较大差距。UPS 拥有超 1800 套全自动分拣系统，分拣中心面积共计 1.04 亿平方英尺①，分布在全球各区域，远超顺丰的 60 套全自动分拣系统。

（2）顺丰多元新业务持续发力，UPS 核心业务长期表现强劲。顺丰 2019 年实现营业总收入 1121.93 亿元，同比增长 23.4%，净利润 57.97 亿元，净利润率 5.16%。其主要构成为国内快递业务 834.40 亿元、快运业务 126.59 亿元、冷链业务 51 亿元、国际快递业务 28 亿元、同城急送业务 20 亿元和供应链业务 49.18 亿元。与 2018 年相比，供应链、同城配送、快运分别实现 1128.09%、96.1%、57.2%的年增长率。UPS 营业总收入多年稳健增长，2019 年实现 740.94 亿美元，同比增长 3.1%，净利润 44.40 亿美元，净利润率为 5.99%。其主要由美国国内包裹业务 463.93 亿美元、国际包裹业务 142.20 亿美元、供应链和货运业务 133.81 亿美元三部分构成。其中占比最高的美国国内包裹业务收入多年来增速保持在 5%左右，营业利润也常年保持稳定。

---

① 1.04 亿平方英尺≈9661916 平方米。

（3）UPS 空运服务能力持续增强，顺丰借用高铁优势提质增效。UPS 发展 100 多年，随着美国全球化地位的不断提高，UPS 为保证跨国运输的时效性和安全性，持续多年打造全球航空服务网络。2019 年 UPS 拥有全货机 572 架（261 架自有和 311 架租赁），2019 年新购入 11 架全货机，为年度之最，服务机场 807 个，全货机日发航班 2285 次，航空运力占总运力之比的 50%以上。截至 2019 年末，顺丰拥有全货机数量 71 架（58 架自有和 13 架租赁），全货机日发航班 103 次，2019 年投入 15. 59 亿元购入飞机。2019 年顺丰完成散航运输 77. 45 万吨，全货机运输 57. 87 万吨，航空运力占总运力之比的 18%。UPS 还投入巨资打造世界航空港，美国肯塔基州路易斯维尔航空中转中心，于 2002 年正式运营，是全世界最大的航空物流中转中心，营运面积 40 万平方米，拥有 44 个航站近机位。顺丰投资建设的湖北鄂州机场，将成为我国首个专业国际航空货运枢纽机场，预计 2022 年 6 月投入运营。我国高铁已达 3. 5 万公里，居世界第一，顺丰利用我国高铁优势，充实陆运网络，截至 2019 年末，使用高铁运力 161 条，普列运力 122 条，特快班列 6 条，高铁极速达产品已覆盖 63 个城市，开通 313 个流向，开通 69 个高铁车站和 9 个站外收寄点。顺丰开通北京至莫斯科的国际铁路快运业务，完成中俄跨境电商的铁路运输试点工作。

（4）UPS 快递产品差异化更明显，每票快递单价远高于顺丰。UPS 快递产品根据时效和价格细分级别，产品细分度大于顺丰。UPS 将国内包裹业务分为空运和陆运两种运输方式，依照速度又细分为空运快件、空运慢件、陆运件等 7 种不同时效的快递产品，其中“次日晨达”和“陆运达”价格分别为 17. 74 美元和 8. 55 美元。顺丰将国内不同城市的快递业务分为顺丰次晨、顺丰标快和顺丰标快（陆运）三种产品，次晨和标快（陆运）价格分别为 25 元和 17 元，差距不大。另外，再比较两公司的国际快递服务产品，以北京寄送 20 千克图书至纽约为例，顺丰提供国际标快和国际特惠两种产品，价格分别为 1755 元和 1075 元；UPS 提供全球特快加急服务、全球特快服务、全球速快服务和全球快捷服务四种产品，价格分别为 5921 元、5601 元、5284 元和 4332 元，远高于顺丰。

（5）UPS 快递网络的自动化技术应用能力领先于顺丰。UPS 持续不断推进自动化技术应用，提高产品服务效率。UPS 为员工配备智能穿戴设备，推进 3.0 版本路线优化技术，进行导航动态调整，不断提高运营效率。顺丰也开始为派送员配备智能穿戴设备，比如智能耳机、手持终端、移动快测等设备。UPS 拥有超过 1800 条全自动分拣系统，分布在全球各级别的中转点，2018—2019 年，新购置和翻新 41 套全自动分拣系统，分拣中心面积增加 1000 万平方英尺①，每小时增加约 80 万件的自动分拣能力。截至 2019 年末，顺丰在国内拥有 9 个枢纽级中转中心，36 个航空、铁路中转中心和 129 个片区中转中心，其中 60 个中转中心使用自动化分拣系统，数量远低于 UPS。这也大大增加了顺丰的整体用工数量，顺丰员工共计 114813 人，UPS 员工共计 495000 人，如果只算正式员工数量，两公司的用工规模和营业总收入比例大抵相当。但顺丰年报显示，公司还拥有各种用工模式收派员约 32.03 万人，这些员工基本在分拣和收派环节工作。UPS 的无人机派送已开始商用，顺丰的无人机仍处于研发和试运行阶段，新冠肺炎疫情期间，顺丰在武汉使用无人机派送医用紧急物资效果良好。

（6）供应链业务方面，顺丰表现强劲，UPS 陷入瓶颈期。供应链业务为顺丰 2019 年的业绩亮点，收入 49.18 亿元，同比增长 1128.09%。顺丰多年坚定多元化布局，从后端配送向供应链前端延伸，从供应链策略、解决方案设计、落地实施及运营管理等全流程，提供端到端的一体化供应链解决方案和服务，协助客户供应链优化和转型升级。顺丰与美国夏晖、德国 DHL 合作，对两公司中国地区的供应链业务进行收购，依托顺丰的物流网络和科技优势，强强联合，2019 年为 3C、服装、快消品、农产品、汽配等诸多行业提供了高效快捷的供应链整体服务。UPS 早在 20 年前就开始为客户提供供应链服务，但 2019 年供应链业务收入略低于 2018 年，实现利润仅占公司总利润的 3%，在公司三大板块中利润贡献度最低，与顺丰相比，无优势可言。原因如下：第一，美国产业集中度高，行业头部企业

① 1000 万平方英尺≈929030 平方米。

自身供应链管理水平高；第二，美国服务业细分度高、服务专业化，客户可选择空间大；第三，供应链服务个性化需求明显，形成规模效应困难，成本控制空间小、难度大；第四，中国各产业供应链管理水平低，诸多产业急需专业公司的协助，供应链服务产品可推广度高于美国。

二、中美快递业比较研究

（一）增长速度比较

中国快递业处于高增速发展阶段，美国快递业持续稳健增长。

UPS 为世界 500 强，有 100 多年的历史，与美国产业共成长，业绩持续稳定增长，2019 年公司收入为顺丰的 4.62 倍、韵达的 15 倍、中通的 23.5 倍。近十年，中国快递业超高速增长运行，美国快递业稳健增长（见图4-13）。自 2013 年至 2019 年 7 年间，顺丰业绩增长 314.51%，UPS 业绩增长 33.65%，顺丰增长率为 UPS 的近 10 倍。这主要源于我国快递业起步水平低和电商迅猛发展红利两大主要因素。另外，商业模式迭代、居民消费升级也极大提升了同城配送、冷链配送的业务空间。两国快递业的不同发展速度，与两国经济发展特点相契合。

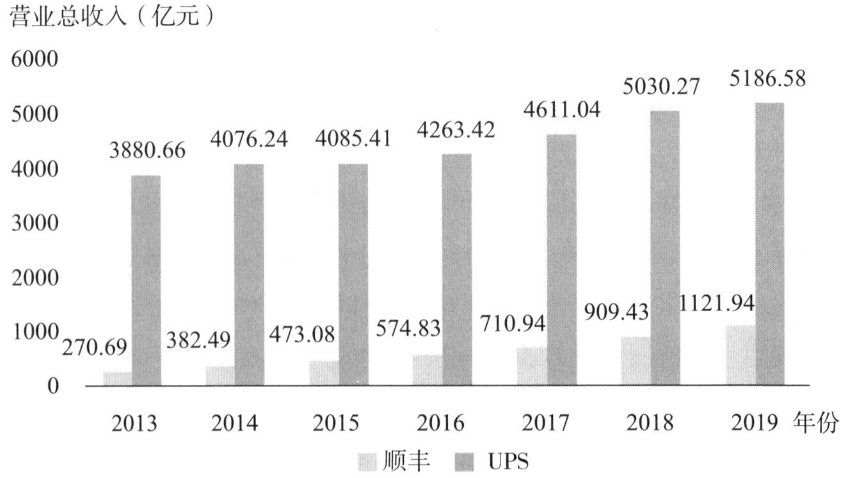

图 4-13　2013—2019 年顺丰与 UPS 营业总收入比较

注：UPS 的数据以 1 美元 = 7 元人民币为基准核算。

（二）集中度比较

中国快递业集中度偏低，但集中度在不断提升。

美国 UPS、FedEx、USPS 三大快递公司占据 90%以上的快递市场。与美国相比，中国快递业发展时间短，市场集中度偏低，无一家企业的市场份额超过 20%，2019 年中通市场份额最大，占 19.1%。我国电商包裹占据总量的 85%以上。除顺丰以外，中通、申通、圆通、韵达和百世五家企业皆依托电商企业快速成长，价格竞争成为快递扩大市场份额的主要手段。顺丰曾于几年前主动放弃低价电商快递市场，专注商务高端件，但商务领域快件增长出现瓶颈，顺丰市场份额逐年下滑。2019 年顺丰采取满载填坑策略，推出适合电商的特惠产品，效果立竿见影，2019 年下半年市场份额提升明显。电商件占比日益提升，导致快递行业平均单价逐年降低，自 2007 年的 28.5 元降至 2019 年的 11.8 元，远低于 UPS 多年保持稳定的平均单价区间 10~11 美元。国家邮政局发布的《2019 年邮政行业运行情况》显示，2019 年快递与包裹服务品牌集中度指数 CR8 为 82.5%，同比提升 1.3%，主要六家快递企业件量增速均超过行业平均增速，表明快递行业集中度在不断提升。

（三）服务水平比较

对比美国快递业，中国快递业全球化服务差距明显。

美国三大快递企业皆具备较为完备的海外服务网络，均已在中国开展快递业务。UPS 国际快递业务服务 220 多个国家和地区，覆盖北美和欧洲所有区域，在亚洲、拉丁美洲等区域均有航空枢纽中心。2019 年国际业务占总收入的 20.8%，日平均海外包裹达 320 万件，2019 年完成国际包裹派送超 11 亿件。FedEx 公司 2019 年年报显示，国际业务收入占比高达 40%。中国快递业发展时间短，近年通达系快递企业纷纷推出国际快递产品，但业务发展较为缓慢，效果不佳。相比通达系，顺丰首先开拓国际市场，经过多年布局，顺丰国际快递业务覆盖全球 62 个国家和地区，在港澳及海外设置自营网点 210 个，2019 年国际快递业务收入 28 亿元，仅占总收入构成的 2.5%，与美国快递企业差距明显。

（四）服务对象比较

美国快递主要为产业服务，中国快递主要为消费服务。中美两国经济发展阶段、产业结构不同，伴随美国国内经济和进出口的发展，美国快递业历经百年以上的发展历程，快递业与产业共成长。长期以来，美国快递业面对的是企业客户。2019 年，UPS 为 1150 万企业客户提供快递服务，商业信函、文件占比高，为满足客户不同需求推出差异化产品，提供精准的时效服务。中国电商渗透率高，快递单价低，电商销售品类远比美国丰富，我国快递 85%以上为电商件，快递业与电商业相互依存、共同发展。近年，拼多多崛起，客单价进一步降低，激发大量小城市和农村消费者的消费热情，在新一轮电商竞争中，再次推动了快递数量的大幅增长，2019 年中国日均快递数量已达 1.74 亿件。

（五）业务结构比较

中国快递业多元化发展趋势明显，美国快递业更专注自身核心业务。中国快递业利用渠道网络优势，协同农业、制造业、跨境电商等产业共同发展，推进供应链、快运、冷链物流、海外仓等服务项目，快递业业务结构更加多元化。2019 年，顺丰的核心快递业务占比 77%，同比下降 6.7%，快运、供应链、冷链和同城配送等其他业务同比上涨 6.7%，其中供应链和快运业务表现最为强劲，综合物流能力进一步增强。2019 年，顺丰共投资 129.15 亿元，其中用于冷链、快运、医药、仓储等多元业务扩展的股权投资 64.93 亿元，占比 50%。2019 年顺丰运用先进冷链技术，成功打造烟台樱桃、岭南荔枝、云南鲜花、内蒙古牛羊肉等供应链一体化项目，助力更多农产品从“从田间到舌尖”。与中国快递业多元发展不同，2019 年美国快递业持续专注于核心业务的发展，三大快递企业的快递业务占比都超 80%，业务排在第二位的为货运业务，其他业务占比很少。美国快递业在不断完善全球服务网络，2019 年 UPS 投资了 11 架飞机、20 套全自动化分拣设备，在欧洲、亚洲打造枢纽转运中心，加大云基础设施的建设，提高公司的管理水平，全面提升快递服务效率和灵活度，以保持全球服务的领先优势。

三、中国快递企业发展策略

中国快递业开始进入技术密集竞争阶段，快递企业应注重内涵式发展，契合我国经济发展趋势，拥有强大技术研发和应用能力的企业将获得持续领先的强大动力。

（一）全球化服务战略

我国快递业可依托跨境电商和“一带一路”倡议，不断推进全球化服务战略。我国快递业全球化服务水平不及美国快递业，可选择东南亚国家进行业务扩展，这些国家正处于电商高速发展期，与我国有类似的人口结构、文化背景和制造业发展路径，推进快递服务网络建设，将我国电商快递发展经验推广应用。我国跨境电商处于高速发展期。商务部统计显示，2019 年，我国跨境电商零售进出口额达到了 1862.1 亿元，是 2015 年的 5 倍，年均增速 49.5%。我国快递业要积极参与跨境电商和“一带一路”倡议，谋划“走出去”的战略规划，拓展跨境物流业务，推进海外仓建设，致力于供应链各环节为客户提供增值服务，提供多元化物流服务，可借助铁路推进陆铁联运快运航线，提升我国快递业全球化服务水平。

（二）差异化战略

可结合中国地理结构与人口分布，推出“最后一公里”差异化服务。中国国土面积与美国类似，但地理结构与人口分布不同。美国两大城市纽约和洛杉矶商务往来密集，距离约 4400 公里，电商消费者居住分散，为满足企业和消费者的不同需求，美国三大快递企业提供五种以上空运或陆运的时效服务产品，UPS 提供 1~3 天到达的空运时效服务，近几年空运产品占比稳步提升，美国客户对于空运的时效性认可度较高。中国北上广深一线城市之间最远距离约 2100 公里，江浙电商聚集地在 3000 公里内覆盖我国 95%以上的消费人群。我国快递速度已居世界前列，国家邮政局统计显示，80%的快递可在 72 小时内完成。中通 2019 年年报显示，单票干线运输成本已下降至 0.62 元，可见空运在我国快递业中优势不明显，性价比不高。我国快递业的难点在“最后一公里”，城市存在单位大院、写字楼、高校和社区等不同的接收地点，有“到家”“到柜”“到驿站”“物业代收”等不同的接收模式。农村消费者数量增长较快，居住分散，基础设施差，派送效率低下。结合我国人口分布的特点，快递业可根据“最后一公里”的不同需求，推出差异化细分产品，甚至在合适区域推出无人车、无人机配送，将“最后一公里”的差异化服务显示在电商平台中，下单时提供给消费者选择，并体现在附加运费中，随着消费水平的不断升级，消费者会有意愿为差异化服务支付费用。

（三）综合服务战略

契合中国经济发展和产业结构调整，可为客户提供综合物流服务。相比美国快递业更专注于自身快递核心业务发展，我国有实力的快递企业可植根中国经济发展的土壤和背景，结合自身网络优势，主动向其他产业靠拢，推出其他物流服务。我国产业集中度低，众多企业物流和供应链管理水平不高。以农业为例，我国农产品产地分散，无规模优势，标准化程度低，产销信息不对称，产品质量不稳定，各类产品储存温度不一，冷链物流水平低、难度大、成本高，高水平专业冷链物流企业不足，难以支撑农业高质量发展。这也为快递企业的多元化发展提供了契机，以顺丰为例，多元化发展势头明显，在不断完善快递服务网络的基础上，还拥有覆盖全国的仓储网络，截至 2019 年末，顺丰在全国拥有 192 万平方米的 113 座电商仓库、33 万平方米的 57 座食品冷库和 3 万平方米的 5 座医药冷库。另外，顺丰还成功布局 45 个城市的产业园项目，布局物流场地土地面积约 7098 亩[①]，总规划建筑面积约 418 万平方米，已建成建筑面积约 151 万平方米，长远规划与产业协同发展。

① 7098 亩=4732000 平方米。

（四）技术赋能战略

即通过大数据、区块链、人工智能等综合应用，推动快递业升级。我国已进入老龄化社会，人口红利将逐渐消失，随着我国快递网络日趋完善，科技应用将是快递业前进的主要推动力。近几年，顺丰不断加大研发投入。2019 年，顺丰研发人员 5058 人，占比 4.41%；科研投入 36.68 亿元，占比 3.27%，同比增加 34.65%。我国快递企业可选择避开与美国快递业比拼硬实力，多管齐下，提升科技应用软实力。比如，提高快递业自动化应用水平，运用全自动分拣技术提高运营效率，降低人工成本；加强大数据技术应用，融合收、转、运、派各环节数据，优化链条体系，实现降本增效；加强包装技术研发，提升智慧包装、绿色循环包装的使用率；推动 AI 智慧技术应用，解决业务预测、选址规划、线路规划等实践问题；推动 AI 识别技术应用，使物流环节更为安全和透明；推进区块链技术在冷链、跨境电商等多场景的应用落地；研发冷链保鲜技术，助力更多农特产品走向全国。

第五节　北京智慧型社区商业现状分析

近年来，我国社区商业呈现智慧化发展趋势。以北京为例，已经具备发展智慧型社区商业基础，科技驱动北京智慧型社区商业服务模式创新，政策支撑北京智慧型社区商业发展，智慧型社区商业发展迅速。

一、北京具备发展智慧型社区商业的基础

智慧型社区商业的快速发展需要依赖地区的经济实力、零售基础等基础条件，北京已具备发展智慧型社区商业的良好基础。

（一）北京具备发展智慧型社区商业的经济实力

2020 年，北京市地区生产总值达到 36102.6 亿元，人均 GDP 达到 16.8 万元，位居全国第一，达到发达经济体标准。北京共有 55 家总部企

业上榜2020年《财富》世界500强榜单，占中国上榜企业的41.3%，营收47762.09亿美元，成为连续8年位居全球榜首的城市。北京共计116家企业上榜2020年《财富》中国500强榜单，营业收入共计23.3万亿元，企业利润1.95万亿元。2020年北京常住人口超2154万人，人均可支配收入超过6万元。

（二）北京具备发展智慧型社区商业的零售基础

近年来，北京市社会消费品零售总额稳步有序增长，总额由2010年的6340亿元，到2015年首次突破1万亿元，至2015年增长超过1.5万亿元，达到15064亿元。2020年，受新冠肺炎疫情影响，北京市社会消费品零售总额达到13716亿元，比上年同期下降8.9%。从全年来看，北京市社会消费品零售总额一、二、三季度同比增长率分别为-15.8%、-16.3%、-13.1%。2020年上半年下降幅度比较大，2020年四季度下滑幅度年度首次低于10个百分点。

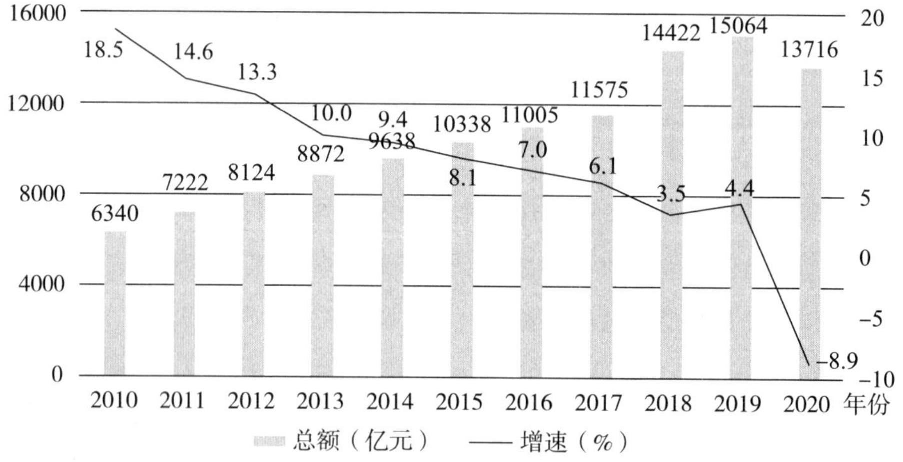

图4-14　2010—2020年北京市社会消费品零售总额与增速情况

北京市网上零售额由2010年的120亿元增至2020年的4423.3亿元，增长超过36倍，零售额占社会消费品零售总额的比重从2%增至32.2%。网络零售已成为拉动北京市消费增长、促进消费升级的新动力和新生力。

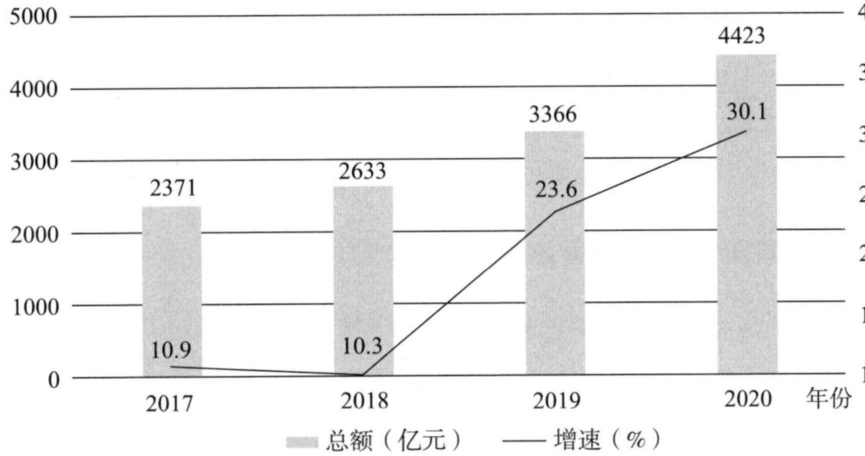

图 4-15　2010—2020 年北京限上批发零售业、住宿餐饮业网上零售额增速情况

二、科技驱动北京智慧型社区商业服务模式创新

2020 年，北京共有 93 家独角兽上榜《2020 胡润全球独角兽榜》，成为全球独角兽之都。其中，电子商务行业 16 家，总价值 2530 亿元人民币；人工智能行业有 13 家独角兽企业上榜，总价值 1930 亿元人民币。北京京东集团（第 102 位）和小米集团（第 422 位）2 家互联网总部企业上榜 2020 年《财富》世界 500 强榜单，营业收入和利润分别为 83504.8 百万美元、1763.7 百万美元和 29795.2 百万美元和 1453.9 百万美元。

截至 2020 年底，北京现代服务业总部企业共计 2308 家，现代服务业总部企业收入占第三产业总部企业收入的比重为 80.7%。北京 45 家人工智能、大数据、5G、工业互联网等产业新基建领域企业入选“新基建独角兽 TOP100”榜单，居全国首位。北京共有 34 家企业入选《互联网周刊》发布的“2020 中国新科技 100 强”榜单，占全国上榜企业的三成以上，居全国首位。iiMedia Research（艾媒咨询）数据显示，北京共有 66 家企业上榜 2020 中国新经济独角兽 200 强榜单，占上榜企业总数的 33%。北京有 4 家互联网服务行业总部企业上榜 2020 年《财富》中国 500 强榜单，其中小米营业收入为2058.387亿元，位居互联网服务行业企业第三；百度股份有限公司（1074.13亿元排名第五位）、美团点评（975.285亿元排名第六位）、爱奇艺（289.937亿元排名第十位）也都进入前十。北京民营上市“互联网服务与零售”企业京东排名第十三位。

三、政策支撑北京智慧型社区商业发展

北京社区商业政策从完善基本功能向智慧化、品质化提升转变。北京市人民政府在贯彻国务院、商务部各项政策的基础上，从多层面陆续出台系列社区商业配置相关的政策，推进社区商业配置从完善基本功能向智慧化、品质化提升转变。

北京社区商业配置初期以社区商业基本功能完善为重点。2012年，国务院就对新建住宅商业和综合服务设施提出不低于社区总建筑面积10%的指标要求。2015年，北京市人民政府提出居住区商业服务配置高低限，并对便利店和菜市场规模进行界定。① 2017年，北京市商务局等部门联合提出每个行政社区配置不少于2个蔬菜零售网点的配置要求。2018年，北京市商务局进一步明确了社区商业综合体、蔬菜零售、便利店、早餐、社区超市、美容美发、末端配送、维修、洗染、家政服务等社区商业配置的数量指标。

在城市规划、人口政策、商业生态等因素的综合作用下，北京市已出台多项扶持政策促进智慧型社区商业发展。2015年,《国务院关于推进国内贸易流通现代化建设法治化营商环境的意见》提出,“支持流通企业利用电子商务平台创新服务模式，提供网订店取、网订店送、上门服务、社区配送等各类便民服务”;《国务院办公厅关于推进线上线下互动加快商贸流通创新发展转型升级的意见》提出,“增加快餐、缴费、网订店取、社区配送等附加便民服务功能。鼓励互联网企业加强与实体店合作。大力推动吃住行及旅游、娱乐等生活服务业在线化，促进线上交易和线下服务相结

① 北京市人民政府. 北京市居住公共服务设施配置指标［R］. 2015.2.

合。鼓励餐饮企业发展在线订餐、团购、外卖配送等服务……支持家政、洗染、维修、美发等行业开展网上预约、上门服务等业务。鼓励互联网平台企业汇聚线下实体的闲置资源，发展民宿、代购、合乘出行等合作消费服务”。2015 年，北京市人民政府对社区蔬菜零售网点连锁化比例提出 2020 年底前达到 40%以上的要求。同年，提出生活性服务业规范化、连锁化、便利化、品牌化、特色化“五化”的发展要求。2016 年，商务部、民政部等五部门《关于推进电子商务进社区促进居民便利消费的意见》提出，“着力提升社区商业信息化、标准化、规范化、集约化水平，推动社区商业创新发展模式”。2018 年，北京市人民政府首次对北京市生活性服务业提出“智能化”发展要求，明确了北京生活性服务业“六化”发展方向，并提出生活性服务业实体经营创新思路，包括支持发展无人便利店等零售新模式；引导和支持品牌连锁企业在社区打造一批便民商业服务综合体和社区商业“E 中心”；鼓励在商业服务设施及社区、高等学校、写字楼内提供末端配送服务等。同年 10 月，北京市商务委、北京市规划国土委联合印发的《北京市街区商业生态配置标准指导意见》指出，要借助电商及“互联网+”服务，提升商业服务可达性，补齐社区商业服务短板，尤其要提升“上门服务”“共享服务”的效率。① 2019 年 4 月，北京市商务局鼓励发展“互联网+生活性服务业”新模式，创新便民商业服务模式，用三年左右时间，建设符合国际惯例、具有首都特色、与城市功能定位相适应的商业服务业服务质量体系。生鲜零售兼顾“互联网+科技+便民+品质+上门”属性，是便民商业服务模式的典型代表，具有广阔的发展空间。② 2020 年 6 月 10 日，北京市发布了《北京市促进新消费引领品质新生活行动方案》，提出了 22 条具体措施，重点围绕培育新模式、提升新品质、优化新供给、布局新基建、营造新环境五个方面展开。《北京市促进新消费引

① 北京市商务委、北京市规划国土委联合. 北京市街区商业生态配置标准指导意见［R］. 2018. 10.

② 北京市商务局. 北京市提高商业服务业服务质量提升“北京服务”品质三年行动计划［R］. 2019. 4.

领品质新生活行动方案》围绕线上消费、便民消费、社区消费、服务消费等不同维度，更好满足群众的美好生活需要，方案明确了丰富商品服务供给、引导模式业态创新的工作措施，对更好满足群众多元化、品质化、个性化消费需求具有重要价值。①

四、北京智慧型社区商业发展迅速

近年来，随着数字经济的发展，北京市网络消费增长迅速。特别是常态化疫情防控下，社区居民出于安全性考虑，买菜购物逐渐向线上转移，传统菜市场面临改造升级的压力，智慧型社区商业快速发展。国家统计局资料显示，2020 年北京市网上零售额增长 30.1%，占北京市社会消费品零售总额的 32.3%，同比提高 7 个百分点。以笔者对北京新城区的 B 街道和位于科技创新产业园区的 C 街道的问卷调查数据显示，两个街道超过 60%的受访者线上消费的频率在每周 2 次以上，超过 25%的受访者几乎每天都有线上消费。受访者线上的内容涉及生活用品、生鲜食品、餐饮外卖、生活服务等社区商业的各个领域，其中生活用品、生鲜食品以及餐饮外卖是受访者线上消费支出最多的内容。线上消费已经成为社区居民社区商业消费中必不可少的重要内容。

电商自营的“前置仓”即配模式实现社区多点布局。前置仓集仓储、分拣、配送于一体，占地面积小、承载日常生鲜品类多，配送时间与日常家庭做饭需求相契合，用户可以足不出户解决买菜问题。每日优鲜 2014 年植根于北京地区，是主打“前置仓”模式的社区零售创新平台，辐射周边 1~3 公里区域，确保用户下单 1 小时内送货上门。2020 年，每日优鲜在北京地区布局的前置仓已超 300 个。2020 年 4 月，前置仓+29 分钟配送到家模式的叮咚买菜正式北上入驻北京，首批开设 18 家前置仓，2020 年中，叮咚买菜在北京市场每月的订单量增速超过 200%。美团买菜 2019 年 3 月进入北京，2020 年底其北京地区服务站已超过 100 家，基本覆盖各城区核

① 北京市商务局. 北京市促进新消费引领品质新生活行动方案［R］. 2020.6.

心区域，每天新鲜蔬菜供应量超百吨。

实体店自营线下门店+线上平台模式创新社区服务体验。自2017年第一家盒马鲜生入驻北京，截至2021年5月，共计布局34家门店，但地域分布仍集中于中心城区，中心城区门店占比达73%。永辉超级物种于2017年首次落地，“零售+餐饮+App”的体验式消费特色使之在全国迅速扩张。

以美团买菜为代表的前置仓集仓储、分拣、配送于一体，通过大数据精选2000个左右的SKU，包含满足居民一日三餐所需的新鲜蔬菜水果、肉禽蛋奶、水产海鲜、米面粮油等高频、刚需商品。美团买菜的配送时间从早上7点至晚上10点，与日常家庭做饭需求相契合，用户可以足不出户解决买菜问题，在采购的时间成本和商品的性价比之间找到了最佳的结合点，满足了随着生活水平的提高以及大城市生活节奏的加快，人们希望生活“既快又好”的美好生活希望。同时，前置仓占地面积小、用户覆盖面积广、承载日常生鲜品类多，对场地、水电、仓储、道路等商业和公共资源占用小、消耗低，是大店规模化和小店便利性的良好结合。从美团买菜在北京回天地区开设的3个服务站（回龙观1个，天通苑2个）来看，每个服务站日订单峰值超过1000单，据测算，单个服务站每年可服务社区居民近40万人次，经营指标和用户满意度均领跑北京市。

多种配送模式为居民提供了多样性的选择。京东到家和美团外卖是依靠电商平台和末端配送实现到家服务。目前美团外卖在北京地区基本已实现美食、甜点饮品、水果生鲜和超市便利全品类覆盖，一站式满足社区居民的到家消费需求。紫光园等北京老牌餐饮企业主动放低身段，大力推行“外带+外卖+轻堂食”的经营模式，为社区居民提供多种就餐服务方式。同时，作为外卖平台翘楚的饿了么和美团外卖在末端配送上提供了到店自取、平台专送（含无接触配送）、跑腿代购多种方式，能够更为灵活地兼顾社区居民的特殊需求。

第五章　国内外智慧型社区商业典型案例研究

本章分别选取国外和国内若干智慧型社区商业的典型案例进行了分析研究，以期从中在发展机制、运营方式和发展模式等方面得到有益的启示与借鉴。

第一节　国外智慧型社区商业典型案例

一、国外智慧型社区商业中心案例分析

（一）泰国 Samyan Mitrtown：24 小时智慧生活

泰国 Samyan Mitrtown 于 2019 年 9 月开业，与曼谷地铁山燕站接驳，包括办公楼、住宅和商业等部分，其中商业区租赁面积超过 3.6 万平方米，旨在打造一个共享友好型社区，为周边上班族、学生提供娱乐休闲场所。24 小时经营为项目一大特色，为商场贡献近 20%客流，比如，Big C 超市与美食广场、星巴克、肯德基、双圣冰激凌、亚马逊咖啡；大城银行、开泰银行、汇商银行以及健身房等，均提供 24 小时服务。24 小时免费开放共享办公学习空间 Samyan CO-OP Co-Learning Space 面积 1400 平方米，通过提供 500 个座位的阅读和工作空间、会议室、活动室等功能来回馈当地社区，每天 24 小时免费开放。以创建充满动感和社交互动的生动空间为目标，采用玻璃、廊道、阶梯、高层交织空间，开放或隔绝、讨论或自习、面壁或远眺，都能找到适合自己的位子及姿势。24 小时营业超市 Big C Foodplace 针对的客户群体主要是生活和居住在该区域的大中小学生、公司

职员、游客和自由职业者等。拥有多项黑科技的肯德基除24小时经营外，首次引进“1 OF A KIND”概念，提供自助点餐机、AR系统、开放式厨房和在线购物线下提货服务，提升经营效率，创新用餐体验。康复诊所FRE-HAB为办公室综合征、急慢性疼痛、运动伤害、老年人疼痛等提供评估及治疗服务，以方便快捷的服务著称。文创体验店MEDIUM and MORE既是一家文具店，也收集了世界各地著名的工艺品品牌进行展示和销售，同时还开设了体验工作室。

（二）新加坡福南数码生活广场：智慧化体验

新加坡福南数码生活广场2019年6月28日开业，综合体总商业面积82500平方米，包括六层商业零售中心、两幢六层办公楼和一幢九层楼的共同生活服务公寓的三个主要部分（6层，零售面积约3万平方米）。购物中心之上是两栋办公物业。购物中心重新定位为社交零售空间，供人们探索、学习和购物，并在数字化的客户体验层基础上提高满意度。“生命之树”重构店铺角色，引导人“向上看”，树的分支机构被称为“激情集群”，为健身、就餐、手工艺、购物和娱乐提供了创意场所。树下是一个室内圆形剧场，可容纳约150人。剧场由天然木材制成，内衬人造草皮，由视频墙作为支柱和座椅上的照明设备，可进行编程以显示特定的信息。通过capitastar应用程序进行在线和离线体验，体验新加坡首个无人五人制足球设施的可用性。智能目录通过浏览和搜索趋势项目，提供最短路线并根据购物者的个人资料获得推荐路线。数字化乐器可以针对所有年龄段和年龄的学习者提供钢琴课程。Golden Village设有四个虚拟现实（VR）舱，可提供各种游戏和电影体验，借助最新的多重功能，首次推出了两个新的座椅概念，为观影者提供了更多欣赏电影的方式。

（三）日本东京市神奈川县格林木商场：智慧化服务

日本东京市神奈川县格林木商场面积只有3.7万平方米，从内容组合、服务以及消费空间的体验设计非常贴近社区消费。服务创新方面，利用互联网技术整合集团资源，创新百货销售模式，顾客通过电视视频能够看到其他分店陈列的所有该品牌的商品，顾客对该品牌商品的选择范围大大扩大，并且节省了时间和路程。

如购买高级女包的顾客可以在装修奢华的 VIP 房中观看来自西武百货其他分店的影像。

二、国外智慧型社区商业终端案例分析

（一）澳洲 Woolworths：智慧型服务

Woolworths 有限公司建立于 1924 年，首间 Woolworths 超级市场于悉尼开业。其在澳大利亚全国范围内拥有 1114 家分店，员工超过 125000 人，既是澳大利亚最大的零售商，也是澳大利亚第一家提供新型支付方式的零售商。Woolworths 推出了一种新型支付手段 Scan&Go：在手机下载该 App，绑定会员账号和银行卡，将商品加入购物车后支付，每件商品的价格都将清晰陈列在 App 上，如果信用卡余额不足将会提示，在出口将手机贴近感应终端支付完成。如果是散装的蔬菜或水果，还有专门的计量称可供使用。

Woolworths 结合一款手机应用程序推出了“虚拟”超市，把产品通过图片和条形码的方式印刷在展示板上摆放在人流密集的区域，比如车站附近。消费者在路过或者等车的时候，就可以拿出手机，通过扫描相应的条形码购买需要的产品，同时结账过程也都可以在自己的手机上完成，购买的产品最快会在第二天送到家里。目前，Woolworths 虚拟超市所提供的产品只有 120 种，大多都是封装好的，有保质期，并且个体之间基本没有差异，比如罐装饮料、面包、洗浴产品等。

Woolworth 无人超市内引用超市机器人来对自主付款区域进行监督，防止偷窃行为发生。这个超市机器人可以不断地检查超市里的情况，对于超市里潜在的安全隐患，机器人在发现之后会第一时间通知店里的工作人员。除了可以全面监视超市里的情况，该机器人内部安装了内置摄像头的 iPad 触摸屏，用来记录顾客的消费行为，它会在自助付款柜台旁边监督消费者，直至消费者付款结束之后才会让消费者离开。另外，这家超市里还安装了 iPad 屏幕，它内部安装了摄像头，这样双重监控可以提高超市的安

全系数。

Woolworths 在墨尔本的 Carrum Downs 开设了首个自动化配送中心，以适应疫情期间在线购物的需求增长。新的站点比标准的配送中心规模较小，占地 2400 平方米，坐落于超市的旁边或后面，最多可以包装 1 万种产品。具体的操作就是，机器人自动取下货架上的物品并交给员工，然后超市员工会将商品分类到客户的订单中，以进行在线交付。配送中心启用机器人将大幅度提升工作效率，而消费者们在网上下单后，也可以更快地收到超市快递。为了应对越来越多的网络订单，澳洲超市巨头 Woolworths 开始启用机器人，实现配送中心自动化，以提高工作效率。

（二）美国沃尔玛：机器人智能服务

沃尔玛将商品从仓库到进入消费者手中不同的环节引入了不同的机器人服务，包括 Nuro 的自动驾驶无人小车配送、Flytrex 的无人机配送、AlertInnovation 研发的 Alphabot 自动存取机器人、Brain Corp 公司研发的清洁机器人等，可以扫描商店货架以检查商品状态、位置和价格等信息，根据优先级和分类从卡车上卸下的物品，力图实现全链条自动化，提升成本效益。机器人投入使用后，超市购物将变得更简单、更快捷，购物者可以选择自动结账，或者找销售员人工处理。此外，机器人将能提升超市的销售额和提高商店效率，因为自动结账可以减少排队等候的时间。员工将与机器人一起工作，机器人帮助工人节省时间，例如，帮助客户找到并选择产品，进行快速结账等。

沃尔玛通过 DNA 检测技术 NGS（新一代基因测序技术）、门店 SPARK 系统（可持续无纸化自动记录保存系统）、区块链技术试点等“黑科技”不断提高食品供应链的透明度，全方位保障顾客“舌尖上的安全”。顾客来沃尔玛购买可溯源蔬菜时，通过手机扫描蔬菜包装上的二维码就可以从源头全面掌握播种、施肥、灌溉、采摘等各项农事记录、农药残留检测结果，以及加工环节中各种农产品的检测报告，让顾客真正感受到商品信息可查询、责任可追溯、质量有保证的承诺。沃尔玛还申请了一种以区块链为动力的送货管理系统的技术专利，该系统可以保证送货物品的安全，直到购买者能够签署并完成验收为止。

（三）7-11 便利店：智慧化运营

7-11 是日本最大的便利店品牌，旗下本土的每家便利店平均每天要接待 1044 名顾客。20 世纪 80 年代，7-11 就提出用平板电脑管理所有信息。到 20 世纪 90 年代，7-11 已经实现了全面二维码化，不管进货还是结账都不再需要人工打小票。7-11 无财会结算业务，完全由 IT 系统自动结算，不仅每年节省的开支多达 200 多亿日元，还可以清晰地收集到客户信息，并将其运用到商品开发和商品采购中。高效便捷的物流系统每年可以为 7-11 节省将近 280 亿日元。7-11 精准的订货系统能够将每家店的订货量汇总到总部，将上万家店的庞大订购量统一起来，然后下订单，降低了采购、物流成本。为了确保计划式订货的精准度，7-11 采取三种订货模式：一是采用 POS 机订货。即根据以往销售系统的数据下单，这种方式占订货总量的 70%。二是经验订货。指店长或店员根据天气等外部环境变化随时订货。三是验证性订货。指针对刚刚开始的新品，试验性地下单。多种手段合一的终端订货体系，确保了 7-11 的商品过期食品少、废弃率低以及损耗率低的效果。一般向订单中心汇总配送计划的时间，全部集中在半天时间内，由于整个系统严格按照订货时间进行，因而保证了高效率。同时，所有商品采用混合配装，日本的便利店分布得比较集中，一个地方能配送五六家店，提高了配送效率。

（四）美国 Postmates：同城速递，一小时送达

Postmates 是美国一家互联网快递公司，创立于 2011 年。Postmates 主营业务针对未在网上提供产品以及本身为客户提供送货或短距离送货的商户，定位为按需定制的快递服务，推出了一小时同城送达快递服务。Postmates 基本上可以快递任何东西，包括礼物、鲜花、食品、干洗店衣物，甚至是一张电影票。Postmates 现在已与美国旧金山、西雅图和纽约的商家、餐厅、酒店签有合作协议，共同推出以这种快递为形式的外卖服务。Postmates 针对市内短途快递，向商户统一收费 10 美元；对于市郊远程快

递，最高收取 45 美元费用。Postmates 的商业模式利用了巨大的快递员网络，使得其运作极具效率，物流重点回归到执行力及如何为消费者增值之上，对于消费者来说让消费时更便利；对商户来说不用增加成本就能够提高销量、外包快递物流；对于快递员来说每天收入都能够因获得上千个快递订单而增加。

（五）美国 Washio：上门洗衣 O2O，更便捷

Washio 是美国一家洗衣 O2O 公司，Washio 的主页和 App 设计都赏心悦目，用户注册后便可预约 Washio 的洗衣“忍者”们来取脏衣服以及衣服洗好后送还的时间地点。所有衣服都会在一天内被洗干净，用户可以随时通过 App 追踪自己的衣物清洗进行到了哪个步骤。在用户拿到了“忍者”们送回的干净衣服后，Washio 会自动扣费。Washio 的洗衣价格和美国大多数洗衣店差异不大，水洗衬衫并熨烫是 2.75 美元每件，干洗一套正装是 15 美元。被单、床套甚至睡袋都可以送到 Washio 洗，如果清洗物在 35 美元以上则免运费，否则运费是 4 美元。Washio 除了将传统的洗衣店带到用户身边外，有着环保至上和热情活泼的理念，拒绝使用塑料，运送衣物都用可重复使用的袋子。

（六）美国 Instacart：杂食购买按需服务公司

Instacart 成立于 2012 年 6 月，是一家提供杂食百货购买的按需服务 O2O 公司，由前亚马逊物流工程师 Apoorva Mehta 创建，总部在美国旧金山。Instacart 的商业模式具有典型的共享经济特征：利用社会化的人力资源，与独立的采购员签约和大型超市合作。顾客在手机上下单后，Instacart 将订单派给顾客附近的签约采购员，后者前往超市采购商品，然后送货上门，Instacart 向顾客收取配送费用。Instacart 的收入来源，一是向顾客收取运费，二是提高商品定价（Instacart 有些商品的定价高于商超，涨价幅度可达 15%甚至更高）。Instacart 对于亚马逊、1 号店这样的纯电商企业构成最大的挑战，当顾客的需求是送货上门，它不会在意商品来源是电商还是实体店。但亚马逊由于其自营的商业模式、自建仓储和物流的体系，决定

了它的供应链效率难以支持将送货时间缩短到几小时的量级，Instacart 基于对社会资源的共享和对实体店现成商品和供应链的利用，得以实现效率的提升和优化。

（七）美国 BloomThat：鲜花配送定制服务

BloomThat 成立于 2013 年 2 月，是一家鲜花投递服务企业，每一天他们都会从当地鲜花种植商那里购买 8 个左右的花篮，用户只需选择自己喜欢的花篮，并且输入接收人的地址以及预订送达时间。随后 BloomThat 就会开始它们的服务。这家企业还推出了鲜花当日达配送服务，并且承诺在客户下单 90 分钟内将鲜花送到。BloomThat 最大的吸引力在于，虽然它们可供选择的花种不算多，但是鲜花质量较高，而且价格合理。它们的花篮价格在 35~65 美元，配送则是免费的。

（八）英国 Festicket：从门票、交通到食宿的一站式服务

Festicket 是一家英国的在线音乐节票务订购网站，创立于 2012 年；用户只需浏览与选择自己想要参加的音乐节，就可以一键购买包括门票、住宿和交通费等在内的乐享套餐。通过与欧洲地区逾 40 家音乐节主办方签订协议，Festicket 不仅能够帮助更多乐迷购买到通票，还可以为自己赚得分成。参加音乐节并非买一张门票那么简单，旅途安排、餐饮、住宿或者趁机游玩一下都需要做好计划。相比常见的门票预订、车票预订、餐饮、住宿等分离的服务，Festicket 则开发了与众不同的经营模式，覆盖了门票、交通和食宿等各个环节。它的特别之处还在于，它并不是简单的捆绑销售，而是以多样化套餐的形式供用户选择，用户可以结合自身需求进行灵活选择。

第二节　国内智慧型社区商业典型案例

一、国内智慧型社区商业中心案例分析

（一）阿里巴巴“亲橙里”模式，打造全新概念社区商业

阿里巴巴旗下的杭州新零售亲橙里购物中心，位于杭州阿里巴巴西溪

园区，总面积约 4 万平方米。亲橙里并非传统的购物中心，而是依托阿里新零售新科技创新优势、汇集了来自全球的黑科技产品的体验式新零售购物中心。亲橙里引入了天猫国际的线下店、盒马鲜生的三公里理想生活区、天猫精灵未来馆、峨眉影院等科技体验区，是一个集吃、喝、玩、乐于一体的一站式体验型智慧商业。其内部包含了如无人洗车、魔幻试衣、千人千面、刷脸消费等“黑科技”。亲橙里通过部署阿里云数智化方案，全面打通了线上与线下零售场景，并能够深刻感知和洞察消费者的行为及需求。

1. 运营理念

亲橙里当下定位是为阿里员工提供更加便捷的服务和休闲的场所。亲橙里从线上探索线下的新零售品牌、大数据+智能 mall 的运营构思以及自家员工的福利配套。目前，中心内许多店铺都打通了线上线下的购物场景，相较于传统的购物中心，亲橙里更像是一块新零售试验田，商家可以在这里试验新的零售方式和场景，而消费者可以在这里第一时间体验科技带来的消费方式的改变。

2. 基本业态

项目整体结构为地下二层，地上五层。地下二层是停车场，会显示剩余车位数和占用车位数；地下一层是盒马鲜生，与之前盒马鲜生的开店布局模式相似；一层、二层有许多新的业态，包括淘宝心选开的第一家实体店、谜秀的虚拟试衣；三层、四层餐饮类业态居多，更多分布在吃喝玩乐相结合上面；五层是电影院——峨影 1958，共 7 个影厅。此外，商场内部散布着小型互动场地与机器等，如人脸识别抓娃娃、打印照片，提供给消费者更多互动。

项目共引进 70 多个商铺，其中餐饮约占 37%，大致可以分为阿里品牌、网红品牌两类。其中，阿里旗下的品牌包括盒马鲜生、天猫国际线下店、淘宝心选、天猫精灵生活馆、淘宝二次元、阿里小厨、次 V 殿、MI SHOW 等。网红品牌包括宏图 Brookstone、华为、联想 ThinkPad、一代宗师、MINI HOUSE、乐友孕婴童、艾维口腔、THE IDEAL FIT、娇莉芙、发域养发馆、小氧、英孚教育、浙大启辰教育、峨影 1958 影城、江南布衣、星巴克、麦当劳、外婆家、丰和日丽、锦绣大唐、中街 1046、福奈特、皇茶、愿茶、书房养心面、和府捞面、阿香米线、西旺茶餐厅、新石器、鱼呆、黄记煌、青转、thank u mom、大渔铁板烧、京云华、乔治、炉鱼等。

3. 特色店铺

天猫精灵店内主要包括以下三项体验：第一，X-SPACE，进入空间特定区域，根据空间语音提示完成体验。X-SPACE 通过投影技术对空间进行布控，由多个简单交互构成一个丰富的全景视觉体验场景，利用线与光的交汇、音律与视觉综合，结合体感互动，营造一个沉浸式体验空间。第二，克拉德尼空间——声音邮局。这个空间，可以把自己想说的话转换成克拉尼图形，然后打印在一份专属明信片上，收到明信片的人，支付宝搜索“天猫精灵”，打开应用扫一扫声纹码就可以收听到语音。第三，蓝牙 Mesh 奇趣灯泡墙。进入声控游戏墙，对天猫精灵说“精灵变”就可以开始游戏。然后发出“左拐右拐”“左转右转”的指令，控制贪吃蛇前进方向，吃掉所有豆子。

谜秀是科技创新试衣方式，简单便捷；收银台附近还布置了一台显示屏，将线上消费方式带到了线下，实现了线上线下场景的打通。

聚划算是在楼层的中间位置开辟出来一块开放性区域，目前在里面做展示的品牌是女装品牌 LILY，除了同样可以进行虚拟试衣之外，还有现场小游戏互动。

宏图是创造集合最新零售科技、人工智能和物联网产品的体验店，店内除了许多新款的电子设备外，也汇集了诸多高科技产品，如无人机、机器人等。

次 V 店内主要商品均为偏二次元风格，属文创类商品的产物，由于本身卖的是一种创意，因而价格与普通商品相比会有一定的溢价。次 V 店内员工的服饰均为二次元装扮，还有特地搭建二次元场景等，给人一种“身临其境”的感觉，更容易激起人们的购物欲。此外，还有网红在线直播，不仅能吸引线下顾客围观，也能打破空间界限，吸引线上用户，一举两得。

The Ideal Fit 是该品牌第一家健身馆。该馆与阿里系并无渊源，但是目前顾客主要为阿里员工。该健身房最大的一个特点是只做女性健身，专为女性打造。从场馆内部的设计来看，各种配套设计如化妆间、淋浴室、实时空气质量监测等，还有配备的化妆棉签、瑜伽房、方便拍照的灯光效果等都十分契合女性消费者的消费习惯；此外，开设的课程内容也是为女性消费者量身打造的。

4. 亲子互动服务

亲橙里内虽然目前还没有专门的亲子业态店铺开业，但是各个店铺内并不缺少亲子互动场所。比如，宏图店内一角就设置了游戏角供亲子互动。此外，乐友等店铺也提供了类似服务。

5. 自助结算方式

亲橙里许多店铺已经放弃了传统收银方式，不再是传统的收银员站在收银台后这种刻板的收银方式，而是以顾客自助为主，扫描条形码，自己使用支付宝付款，有需要时旁边的工作人员会从旁协助。

6. “千人千面”广告屏

通过视频系统判断不同人的基本特征，再根据消费习惯，在亲橙里室内多个广告屏幕上播放对应的广告页面，也就是说，会根据不同的消费者展示不同的广告。

7. “AR 导购”

与普通商场的导购屏不同的是，亲橙里导购屏会显示二维码，顾客只要通过手淘扫码，就可以把导购屏上的路线切换到手机上，利用 AR 技术把顾客导航到相应位置，实现在亲橙里用最快的速度找到想要去的店。未来，导购系统还会和天猫精灵交互，进行语音导购。

（二）“社帮帮”：智慧型社区第三空间

1. 基本情况

“社帮帮”智慧社区第三空间于 2020 年 8 月开业，是在中国社区商业工作委员会指导实施下的社区商业创新工程，项目荣获“全国 15 分钟便民商圈示范工程”，在2020年北京十大商业品牌评选中荣获“数字创新奖”。“社帮帮”北京通州样板店是由地铁八通线梨园站旁一处腾退空间改造而成，是国内领先的“线上线下”为一体的社区综合服务中心。

“社帮帮”有两大功能：一是智慧社区第三空间，由社区工坊、生活市集、C-life三大板块组成，涵盖社区便民、党群活动、共享中心、公益活动、社区维修等一站式多功能社区新型的智能空间；二是智能仓储，包括家庭储物、企业储物、个人智能仓柜、个性化仓储定制及社区电商前置仓五大产品体系。以解决社区消费者真正的需求为核心，通过整合社区方圆一公里优质服务资源，打造社区生活化场景，运用线上线下结合的平台，将社区需求与商业资源完美对接，形成了社区服务的新模型。“社帮帮”采取半盈利模式运营，服务中心不收取商户租金，只按每月营业额收取小幅比例的管理费，商户的服务价格也比同地段便宜三四成。

“社帮帮”通过将原本分散在九棵树各条街区的家政、理发、修鞋、配钥匙、验光配镜、按摩、洗车等20多种便民业态集中整合在一起，给周边人群提供了一站式获取便民服务的好去处。周边居民只要以家庭为单位办理一张299元的年卡，全家人都可以享受到便民空间里的各种优惠服务，日常生活中遇到的小事都能来这里解决。

目前，“社帮帮”九棵树店已经有超过1000多个家庭加入会员，以家庭为单位服务周边社区3万多名居民，通过自身的会员体系，利用到店及到家服务模式为方圆一公里的家庭提供服务，实现餐饮、购物、社区服务全消费场景的打通，并通过消费积分形成黏性。

与常规社区便民服务中心只提供洗衣、修鞋、理发等社区服务不同，这里还集纳了网红直播间、社区课堂等多种业态。在设备齐全的网红直播间，每天都有不少楼上商场里的服装商户开直播推销产品。免费向会员开放的活动室，也成了附近居民家庭集体请家教给孩子上课的好去处。在服务中心的公共活动空间里，平台方会每个月主办各种主题活动。从六一儿童游园会、老年合唱团的歌唱比赛，到土特产品展卖团购、新民法典小课堂，涵盖了全年龄段的多种活动。小活动一般有二三十人参与，大活动最多的时候有200多人参加。

同时，“社帮帮”还对传统社区服务模式做了一些提升，启用大数据包括线上小程序，真正实现社区服务半径一公里的线上和线下的接驳，像洗车服务可以提供专时预约，缓解了居民排队洗车浪费时间的痛点。

2. 典型做法和经验

“共享厨房”和“深夜食堂”作为“社帮帮”社区第三空间的主要组成部分，最初如何选择适合社区发展所需的项目成了一大难题。“社帮帮”试运营一段时间后，通过走访了解发现，云景东里社区30%的居民都因为独居、上下班、不会做饭等各类原因存在没有地方吃饭、不知道吃什么的情况。为此，“社帮帮”决定施行“共享厨房”项目，希望在解决大家吃饭问题的同时，通过社区厨房建立起社区模式，把居民和社区联系起来，加强大家的沟通交流，让厨房变成社区居民情感交流、相互认识的地方，建立一座真正意义上的社区“开放式厨房”。

这一项目由“社帮帮”出资将原有的淘宝美食城改造成为“梨园深夜食堂”和“共享厨房怪店”。深夜食堂面积超过300平方米，由13家美食档口组成，为附近的上班族及社区居民提供了极大的美食体验。共享厨房是通州区的第一家共享厨房，面积100平方米，不仅可以大秀厨艺、尽享美食，还可以作为聚餐、30人以下公司团建、小型会议等活动的场地。共享厨房承载着“用美食传递爱”的意义。在这里，大家可以一起动手做饭、分享食物，也可以把家里的食物拿来让工作人员帮忙加工。

“社帮帮”从场景打造到人文服务，给予了全龄关怀，让生活更有深度。“社帮帮”在前期设置了一些可供低龄儿童使用的娱乐成长空间，根据社区需求还将开设8~15岁中小学生的课外兴趣学习中心，例如，共享课堂、共享钢琴室等，满足不同年龄段儿童及青少年群体的学习需求。“社帮帮”的共享共创空间则满足了年轻人会客、办公、会议的需求。老年中心不但有老年餐桌、养生健康等，还有乒乓球、象棋、围棋等活动设施。

“社帮帮”九棵树店是团队在北京建设的第四家社区便民服务中心，也是最大的一家。其余三家都分布在西城区的单个社区内，服务本社区居民;“社帮帮”则建在地铁站，辐射周边3公里26个社区，重点服务周边1公里范围内的一万户家庭。在仅有2500平方米的运营空间中，“社帮帮”着眼于最细微的日常需求，专门留出公共空间设置“社区+”服务站，为社区居民打造兼具儿童游玩、办公阅读、会客功能的城市客厅，融合缝纫、干洗等便民服务的一站式生活管家。细究“社帮帮”的场景组合逻辑，相较已有的新零售品牌，“社帮帮”表现出更明显的社区属性。其通过社区共享厨房、社区参与课堂、“社区+”服务站等场景和社区居民建立更深层的联系。团队已经开始建立市集社群，更直接了解消费者需求，迅速调整，快速提供匹配场景，培育更强的社区居民黏性。

3. 案例创新点

以“党建示范”为引领，做出社区生活场景新品质。“社帮帮”社区场景营造坚持以党建为引领、以邻里中心打造为重点，达到了党群活动有序开展、居民议事交流功能全面实现、文化娱乐活动基本覆盖的目标，并在此过程中逐步增设党员活动功能区，进一步完善邻里中心功能，满足居民需求，进一步发挥党建引领社区发展治理的组织力、感染力、号召力和凝聚力。同时，结合附近社区的特点，营造出功能更完善、辐射范围更广泛的生活场景，进一步加强党建引领，强化双线融合。

以“品牌打造”为引领，做出社区生活场景新亮点。城市让生活更美好，社区生活场景的营造当展现城市精神，强化城市品牌。“社帮帮”已逐步构建更完善的消费场景、商业场景、文化场景，满足社区市民美好生活的向往，促进生产生活平衡，打造出“有颜值、有文化、有温度”的社区发展品牌。在实现多元社区场景的体验过程中，彰显城市人文底蕴和现代风尚，吸引更多的人前来旅行、工作和生活，进一步达到融地域、生活、情感、价值等于一体的场景延伸。

以“学习创新”为依托，做出社区智慧场景新气象。“社帮帮”着力营造以智慧智能为基础的社区场景地图，智能生活场景的营造能进一步提升居民的幸福感和获得感。共享共创的空间、老年餐桌及学生校外延时服务给居民带来了极大的便利。

空间链接情感。比起散乱的传统社区商业,“社帮帮”更愿意成为城市居民新的“社交体验中心”。走差异化路线的“社帮帮”,通过内部空间的互动装置营造出独特的“情感性”和“城市感”,带来充满新意的独特,引起人与空间的情感共鸣,将“社帮帮”与其他商业空间区分开来。

创造多点体验,深度强化情感体验。消费能力高、认知升级快、情感需求多的新一代年轻消费群体,正是“社帮帮”所面对的核心客群。为此,“社帮帮”从年轻消费者的真实情感需求出发,构思出内容丰富、互动性强的节庆活动,从而用更多独特的互动体验为消费者营造出难忘的情感记忆。“社区市集”“旧物交换”“法律讲堂”“厨艺大赛”等活动也是主要内容。

着眼于引领人文精神的“社帮帮”自开业以来即突围而出,依靠的正是在建筑空间、消费体验、场所社交方面的场景化运营,用更丰富的人文场景内容为消费者创造生活价值。“社帮帮”兼具设计力、话题度与潮流性,成为梨园地区消费者心中独具亮点的艺术新地标。其通过艺术与空间的创造性结合营造出更符合人们审美升级的体验氛围,吸引着消费者愿意主动沉浸在此。

在商业模式上,“社帮帮”打造“亲近式全渠道会员店”,实际上是和社区周边一公里优质服务上联合的一种商业模式。其核心之处就在于“区域性”联合。“社帮帮”的功能核心在于“社区生活场景打造”及“家庭数字化改造”,通俗地讲就是提供“到店”和“到家”服务,通过平台的引力将需求和服务连接在一起。新零售成功的关键在于“人”,在于如何服务好顾客。“社帮帮”通过将一切与社区场景有关的活动引入到店以及通过小程序下单提供高效的上门服务,给顾客带来真正的便捷。

在过去数月的疫情严防中,“社帮帮”感受到了数字化服务的魅力,社区配送、O2O 新零售、消费金融等行业,以其强大的便利性和流畅性,在这场疫情防控的硬仗中脱颖而出。而在后疫情时代,数字化服务将继续赋能各个行业,让普通人的生活更高效便捷。“社帮帮”通过自身的会员体系,利用到店及到家服务模式为方圆一公里的家庭提供服务。每个社区店的目标是一万个家庭会员，利用大数据在进行服务资源匹配，挖掘最深的需求，从而实现精准服务。

4. 应用效果

“社帮帮”凭借自身技术优势打造智慧平台，拥有强大的社区便民服务功能和会员体系，通过社区流量转化让仓柜更具智能化及人性化，是有生命的人工智能交互平台，实现了空间信息化、智能化、标准化和专业化。

“社帮帮”九棵树店在试运营期间，共接待83000多人次到店体验，线上线下服务订单超过12000余单，会员绑定超过4000余人，形成黏性VIP会员1000多人，并以家庭为单位服务周边社区三万多名居民。以家庭为单位的消费模型逐步在社区中心实现。一方面，“社帮帮”利用地下空间，补充商业服务设施和提升管理使用品质的同时，减小了地下空间的安全隐患，为提升便民消费品质，加快便民商业网点建设做出贡献。另一方面，共享厨房和深夜食堂的建立，促进了夜间经济繁荣，推进了消费便利服务，商业的核心逐渐回归社区。

作为引领社区服务网点改革的社区便民综合服务中心，“社帮帮”打造的是智慧型社区便民项目服务民生，也是每个街道社区的家园中心。未来，其还会在全北京市选取场地合适、居民有需求的点位，逐步开10家类似这样的一站式社区综合服务中心，为更多市民提供生活便利。

（三）荆门种子广场：“新型城市社交空间”

种子广场（Seedplaza）定位为智能社区型购物中心，总建筑面积约5000平方米，共3层。它和日常所见的商超完全不同的是，种子广场打破了传统商场的概念，是全国首家运用科技赋能的“新型城市社交空间”，人们在这里可随处体验众多智能设备。

1. 运营理念

种子广场是实地集团自建自营的社区型购物中心，定位为全国首家运用科技赋能的“新型城市社交空间”，重点服务实地小区内及周边辐射小区的居民，以家庭生活的核心诉求为中心为顾客提供完善的服务配套，让城市社区生活更加便捷、有趣。

2. 基本业态

种子广场以时尚家庭消费和区域商务消费为基础，兼顾社区商业性与体验性业态，包括逗号超市、海绵世界、家有健康、湖美橙光教育等品牌，集时尚购物、潮流美食、文化娱乐、医疗健康、亲子游乐于一体，满足居民多样化的城市生活诉求。种子广场通过复合空间的打造与合理的业态组合，强化商场的体验感，让商场真正成为家的延伸、自发的社区聚会场所。

逗号超市作为为用户提供优质体验的智慧零售行业引领者，现已先后覆盖上海、广州、深圳、无锡等全国各地主要城市的核心商圈，其倡导新消费文化理念，以“一站式”购物方式为顾客带来生活的便利体验。逗号超市，涵盖超市、生鲜、水产、蔬菜、水果、干货、烘焙、调味料及熟食等摊位，有最天然新鲜的食材，简约整洁的环境、智能化的购物体验、多种支付方式、下单急速配送等购物新体验。

家有健康是国内早期致力于为社区居民提供全方位健康管理的连锁医疗机构，也是国内率先提出“地产医疗”跨界经营新概念的企业。家有健康社区医疗门诊基于地产社区提供医疗服务，引入美国成熟的管理式医疗模式，倡导“预防医学，医养结合”，从居民日常生活习惯、饮食结构、运动方式等多维度提供全方位优质医疗服务保障，为社区居民创建利于健康的智能居住环境。

海绵世界以生活中的科学、自然中的科学、K12 中的科学三个维度为蓝本，专研 3~18 岁青少儿科学实验体系，秉持着开创中国科学素质教育的美好愿景，打造培育中国科学家的实验基地范本。

湖美橙光国际艺术创意美校是湖北美术学院合作单位，拥有业界专家认可的专业艺术教育课程体系和强大的师资力量，是专业的少儿美术培训学校。

3. 项目亮点

当前一体化创新模式为大势所趋，在商业商场领域，种子广场可做生活类社区商业的行业“领头羊”，引领新的生活方式，带来科技智能的体验。这也是种子广场区别于其他购物中心的最独特之处——“以科技赋能”。“以科技赋能”可体现在种子广场内的各个场景。广场内设置有互动地屏，可根据活动和游戏内容自由变换；通过智能玻璃“魔镜”展示推荐品牌商品、更多广场活动信息，无内容时即为透明玻璃；体验盒内配有LED屏幕和魔镜，连接线上线下体验，客户可以通过魔镜浏览线上商品，了解更多广场活动信息；无人客服中心，方便快捷浏览商场信息。

二、国内智慧型社区商业终端案例分析

（一）美团：美团买菜+美团闪购+美团优选

美团关注本地零售业务，尤其是生鲜业务领域。美团买菜采用“前置仓”模式，以“生鲜电商”和“社区化服务”为切入口，为用户提供足不出户的买菜体验和配送服务。其经营品类主要为新鲜蔬菜、水果、肉禽蛋、米面粮油、水产海鲜等一日三餐所需食材。原为小象生鲜，后美团关闭三、四线城市的小象生鲜，聚焦社区小商店零售业务。2019—2020年7月，已经开拓北京、上海、深圳等城市，其中，北京服务站数量已超过60家。

美团闪购，2019年下半年再次低调试点买菜新业务“菜大全”，实现蔬菜上门配送。此前，菜大全已经在武汉、佛山、广州、南通、成都、深圳等多个城市开出了近220家门店。

美团优选成立于2020年7月，是美团集团旗下的社区团购平台，它采用了社区团购模式中常见的“预售自提”模式，赋能社区便利店，为社区家庭用户提供蔬果、肉禽蛋、乳制品、酒水饮料、家居厨卫等品类商品。用户当天线上下单，次日门店自提。

1. 经营理念

美团买菜聚焦于北上广深等超一线城市，纯自营，重资产模式，注重品质和方便，当前日均单量达10万单。

美团闪购主要是即时配送网络的衍生业务，类似快递的填仓，更充分利用运力来满足消费者对食品或者非食品的即时需求，当前日均高峰单量

可达 450 万单。其旗下的菜大全则专注武汉、成都、南京等准一线或者二三线城市。

美团优选则针对下沉市场。通过三步抢占市场。第一步，地理覆盖（先起量）。运用自己的线下 BD 铁军优势去扫街开城，用单量带起规模，从而带动上游供应商供货的意愿和团长合作的意愿（有一定的双边网络效应）。第二步，仓储和履约基础设施建设。提供长期一致的用户体验，扩大 SKU，使得用户留存率和复购率更高。第三步，提高供应链能力，优化 SKU，优化在线运营。在用户单量达到一定规模后，自然而然拥有上游议价能力，也能通过大量的数据来优化选品，这些将进一步提升用户的留存和体验。

为支持三个社区生鲜零售业务的发展，美团已经形成两大事业群（到店与到家）、三大事业部（优选事业部、买菜事业部、快驴事业部）以及六大平台的组织架构。

2. 经营业态

通过“自营+平台”的组合拳，美团形成了前置仓、菜市场代运营、社区团购等相对完善的多业态布局。

3. 模式创新

“春风行动”百万小店计划。美团先后发布“春风行动”百万小店计划及升级版等帮扶举措，通过返还佣金、流量扶持、供应链保障、优惠利率贷款等举措，用数字化手段助力小店活下去、活得更好；通过数字化手段助力小店经济实现强力复苏；率先推出无接触式配送，加大美团买菜落地，多措并举保障居民生活。在就业方面，美团积极发挥数字经济平台优势，提供大量灵活就业和长期就业岗位，向全国提供逾 50 万个工作岗位。2020 年上半年，近 300 万骑手获得收入。

无接触配送保障基本民生。疫情以来，美团创新举措保障民生。为保障春节期间居民基本生活，美团外卖率先在武汉推出无接触配送服务，并迅速实现全国覆盖。随后，美团外卖加码安全保障措施，在无接触配送基础上升级推出无接触安心送，通过“电子卡+实体卡”形式，展现厨师、打包员、骑手的健康情况及餐箱消毒情况等安全防护信息，确保无接触的同时，实现全过程食品安全信息可视化可追溯。美团外卖发布的《无接触配送报告》显示，无接触配送订单占到疫情期间整体单量的80%以上，每一单外卖都使用无接触配送服务的用户占到66%。

（二）滴滴：社区电商平台橙心优选

滴滴作为涵盖了出租车、专车、滴滴快车、顺风车、代驾等多项业务在内的国内领先的一站式出行平台，为了突破核心的网约车业务增速逐步放缓这个天花板，必须拓展业务边界。2020年以来，滴滴先后试水跑腿、货运、导航等多个新业务，推出低价网约车花小猪，甚至拿出快的品牌升级出租车业务。而这些业务的发展程度不一，但均未脱离大出行的范畴。滴滴希望继续突破边界，就依靠多管齐下且“投入不设上限”的打法在社区电商战场上抢占鳌头。

橙心优选就是滴滴旗下社区电商平台，采用“当日下单+次日送达+门店自提”的模式，围绕社区居民日常生活所需，满足不同用户的差异化需求，通过完善的仓储配送体系，以便捷的方式和舒心的服务提升每一个普通家庭的消费体验。目前，涵盖了以水果蔬菜、米面粮油、肉禽蛋奶、日用百货为主的全品类精选商品。

2020年6月15日，橙心优选官方微信小程序“橙心优选社区电商”正式上线，并在成都开始运营，日订单量已突破280万单。2020年9月，微信小程序试运营了4个多月后，滴滴“橙心优选”独立App正式上线。橙心优选再次加速拓展业务版图，进入河南、福建、浙江、江西、河北、南京、广东等14个省市。2020年10月30日，橙心优选江西省上线首日订单量破40万单；11月6日，广州、佛山上线首日的订单量破45万单。

1. 经营理念

滴滴采用不设上限的投入，即整合滴滴大量资源，不仅有人才的投入，还有资金和资源的投入，推动橙心优选上线和快速扩展。

猛砸现金，直接通过花样繁多的补贴活动，抢夺与培育优质团长。面向用户端也推出了大额补贴。调度旗下滴滴司机“上位”补缺，兼职给团长送货。先后与中粮福临门、皇氏集团、旺旺集团、欧德宝、中顺洁柔、三只松鼠等企业达成战略合作，涵盖粮油、乳制品、零食、纸巾等多个日用品类，以填充上游供应链、进一步丰富 SKU。

2. 服务模式

橙心优选，旨在服务社区居民的日常生活，提供更加快捷便利的购物方式。目前，其涵盖了水果蔬菜、肉禽蛋奶、米面粮油、日用百货等全品类精选商品。橙心优选采用“今日下单+明日自提”的服务模式，所有商品今日下单，次日即可到自提点提货。橙心优选主要靠低价补贴吸引大量用户。

用户可通过下载橙心优选 App 或微信搜索“橙心优选社区电商”小程序进入购物商城，根据用户所在地区及消费习惯，橙心优选为用户精选高性价比的商品，用户登录后可自由选择距离自己最近或最方便的自提点进行下单购物。

用户每日 0 点到 23 点下单，次日即可在选定自提点提货。用户在商品选择、购买、提货的过程中遇到任何问题，均可通过联系“团长”（自提点负责人）或平台客服解决。

为了保障商品质量与用户权益，持续优化服务体验，橙心优选上线了售后服务品牌——橙心无忧，每日精选上百种优质商品，满足日常购物的所有需要。每日多个时段，多款爆品限时秒杀，价格低至 0. 99 元！不定期优惠券发放福利，尽享购物乐趣！新鲜蔬果高效配送，商品批次质检，严格把控质量安全，凡是在橙心优选购买的商品，若发现质量问题，48 小时无理由退款，让每位用户尽享安心购物体验。

3. 项目创新/亮点

与合作伙伴共建共赢生态。橙心优选社区电商聚焦运用先进技术升级商品流通与销售过程，打造“新零售”平台，与合作伙伴共建促进居民消费升级的共赢生态。橙心优选通过一系列线上线下方式，赋能社区小店，帮助小店店主提高收入，也为消费者提供全方位的购物体验。2020 年 9 月，橙心优选率先在成都试点“橙心优选超市”的小店业态，随后三个月内在川渝各市场陆续试点；同年12月，滴滴宣布启动“橙心小店战略”，计划未来三年内至少帮扶100万个团长，开设100万个橙心优选小店。与此同时，橙心优选也在不断加固上游供应链和下游仓配能力，先后与中粮、旺旺、三只松鼠、康师傅等多个企业达成战略合作。

“年货省心节。”2021年1月，橙心优选推出“年货省心节”，并积极响应落实商务部对“2021年全国网上年货节”的指导意见，全力保障春节期间各地居民的米、面、油、肉、蛋、菜、奶、方便食品等基本生活必需品和口罩、消毒液、一次性手套等防疫物资供应充足，让各地居民在家就可以囤年货，就地过大年。

（三）多多买菜：智慧型社区团购平台

多多买菜无独立App，是拼多多推出的买菜服务，用户可通过下载拼多多App在多多买菜频道或登录微信多多买菜小程序进行下单。多多买菜定位于拼多多旗下社区团购平台，采取预订+自提模式，赋能社区门店，创造线上收益，服务社区消费者。

多多买菜是拼多多顺应广大消费者家庭生活方式的变化，推出的一项实惠、安心、便民的买菜服务。通过拼多多App或微信多多买菜小程序，消费者足不出户就可以挎起菜篮子选购全国农产品产区的精选好货。自2020年8月31日，多多买菜正式在武汉和南昌两座城市上线，目前已经进入中国超300个城市。

1. 经营理念

多多买菜采取“线上下单+线下自提”的半预购模式，消费者每天23点前下单，次日便可到最近的自提点取回商品。目前，多多买菜平均可为消费者节省买菜时间40分钟以上。多多买菜主要采用高补贴拉新、高频率拜访、高效率入驻的方式来快速积累用户。

2. 延续“田间直达餐桌”模式

多多买菜同样延续了拼多多“田间直达餐桌”模式，以确保商品的性价比。借助拼多多的农产品上行物流体系，多多买菜将通过全程冷链等多种方式将农产品由原产地直接发往消费地。消费者在当天通过App下单，次日便可以取回来自云南昆明鲜花基地的鲜花、山东寿光的蔬菜等，相当于以产地批发价享受到了半预购服务。

截至 2020 年 9 月底，多多买菜已经累计上线了来自全国 1000 个优质产区和全球 150 个优质产区的 3500 款原产地农产品，更多商品还在继续上线中。

3. 成熟的供应商管理

多多买菜胜在流量端。作为最大的社交电商平台以及农产品上行计划的践行者，拼多多管理供应商的经验也更为成熟，多多买菜能确保供应商有 17 个点的保底利润，每单还有千分之七的佣金。

4. 逆向物流退货机制和回仓管理制度

多多买菜建立起了一套逆向物流退货机制和回仓管理制度，在出仓、分拣、配送的各个环节中都记录货品状况，货品出现损坏后追责到具体责任人，避免影响供应商的积极性。

（四）叮咚买菜：智慧化运营+前置仓模式

叮咚买菜的运营主体为上海壹佰米网络科技有限公司，该公司创立于 2014 年，注册资本 35 亿元。叮咚买菜于 2017 年 5 月上线，从创立初期月营收仅有几十万元，到 2020 年 2 月份月营收已超过 12 亿元。2019 年 7 月 24 日，叮咚买菜完成 B+轮融资。2019 年，叮咚买菜已经建立超过 345 个线下服务站，单月营收 7 亿元，全年成交总额达到 50 亿元。截至 2020 年 9 月末，叮咚买菜已在全国布局十二个城市，700 余家前置仓，单日订单超 70 万单。目前，其生鲜商品数量已超 1700 个，涵盖了全球 20 多个国家和地区，商品大类包括优质蔬菜、水果、水产、肉禽等，80%以上源自产地直采，直供产地 350 个，产地直供供应商达到 500 多家；服务超过 500 万个家庭。受益于强大的运营体系和战略打法，叮咚买菜在疫情中快速崛起，新增用户突破 4 万人。

1. 数字化运营

叮咚买菜有着一套自己的运营体系。在降本增效、保持产品新鲜及提升用户体验方面，叮咚买菜下足了功夫。传统菜场的损耗率在 30%以上，管理水平高的商超，商品损耗率也超过10%。而叮咚买菜的滞销损耗只有1%，这一方面基于人工智能的预测系统，另一方面也可以根据用户喜好和仓储数据做智能推荐。通过销量预测智能算法系统，叮咚买菜订单的整体预测准确率达到90%以上，高效单品的整体预测准确率达到95%，极大地提高了运营效率，减少了流程损耗。

叮咚买菜通过连接前端的市场、后端的消费者，通过数据打通、数字化管理后台的数据链接，对全程进行数据化管理，在这个过程中，通过数字化实现对流程环节的简化、信息透明、产品质量的提升。

订单预测的准确率离不开生鲜数字化。数字化是生鲜电商的基础设施，供应链数字化也是叮咚买菜一直聚焦的重点课题。公司开发的智慧供应链系统，使得供应链更透明及可控。

在配送层面，叮咚买菜目前已实现全流程的数字化。通过科学的算法对配送小哥进行自动调度以及骑行路径的合理规划，保证配送效率的最大化。

在采购方面，在营收规模稳定的情况下，叮咚买菜生鲜坚持发展产地直采模式，减少中间环节，提升对上游品质的把控。

2. 前置仓模式

叮咚买菜采用前置仓模式。公司前置仓建立在离消费者最近的地方，辐射周边1~3公里区域，根据消费者的需求，由总仓配货至前置仓，用户手机下单后最快29分钟即时送货到家。公司的前置仓业态是“自来水模式”，就好比拧开水龙头，自来水就到家了。“自来水模式”有哪些优势？一是极致便利，不需要花时间等待；二是不依赖选址，传统零售商业非常依赖线下选址，但叮咚买菜的前置仓模式破解了这个难题；三是可以全城覆盖。

（五）多点Dmall：数字化服务

多点Dmall成立于2015年，是一家数字零售解决方案服务商，帮助零售企业实现全面数字化转型，为零售企业提供基于Dmall OS（商超）、Mini OS（小店）系统的零售联合云服务。零售联合云优化到店到家一体化的全渠道服务，助力企业提高效率，改善消费者体验。

1. 经营理念

物美集团创始人、多点 Dmall 董事长张文中先生在此行业有着较高的运营水准。4 年时间里，多点 Dmall 团队也在不断创新和努力。最初其商业模式是 LBS，即线上下单线下配送的服务模式。2015 年底全国正处于 O2O 浪潮，多点 Dmall 顺势扩展服务范围，在全国 13 个省市，创建了 500 家商超门店。

但是不清晰的盈利模式和烧钱战略使得多点 Dmall 的经营难以维持，2016 年多点 Dmall 开始尝试转型——以到家服务为核心建立技术平台，志在帮助社区和商超数字化转型。同时，2019 年，多点 Dmall 还收购了麦德龙中国，成为该公司的技术合作伙伴。截至 2020 年底，多点 Dmall 已与 120 多家连锁商超达成合作，覆盖全国 13000 多家门店，模式受到广泛验证。截至 2021 年 2 月，多点会员总数已突破 1.8 亿户，月度活跃用户数近 1900 万户，近三年来蝉联易观、QuestMobile、极光大数据等排行榜的生鲜零售 O2O 行业首位。

2. 首家战略合作伙伴——物美的数字化应用

物美是多点 Dmall 首家战略合作伙伴，其数字化程度在国内首屈一指。其主要体现在以下几个方面：

第一，全渠道 App，完成物美全场景覆盖。全场景覆盖实际上是做到用户运营一体化，要实现智能供应链，在最底层会有一个数字化零售的操作系统。换个说法就是把每一个客户存储在 App 上，每一个客户需要什么样的服务，都可以通过 App 直接实现，这是很精准的对接。通过 App 实现全场景覆盖，相比传统的批发来说，提升了效率，实现了优化。

第二，数字化采销平台，实现全链条连通。如何实现全链条？物美为实现智能供应商，开发了数字化采销平台，根本的目的是实现数据共享。这是一个联合的平台，以商品为核心，全覆盖、模块化、平台化、高度协同。从选商品开始，到最后的销售，所有行为都在监控之下，让供应商真正掌握数字，提供了一个最佳的机会。

第三，线上线下一体化，准确洞察用户行为。在数字化的时代，对用户要进行更深入的研究，洞察用户、商圈、场景、偏好、路径、动作等。物美70%的用户通过多点进行操作，会员到了店里，使用扫码购进行购物，也可以通过摇一摇付款，展示会员信息就能获得积分等方式。物美70%的销售都已经数据化，可以准确知道，谁在哪儿买了东西，手机号是多少，甚至是家庭住址。会员信息真正进行数据一体化，为全面、深入、彻底的运营打下了一个良好的基础。

第四，全面数字化平台：多点 App+电商+X。这是物美要做的全面数字化平台。多点在收银环节实现了“银线革命”，在物美实体店采用了云 POS 机、自由购、自助购、智能购物车等智能结账设备，大大提高了效率，提升了体验，多点会员自然增长，交易占比达到70%以上。多点充分利用现有店铺资源和供应链资源，助力实体零售店铺群经营得更好、更有效率，获得更多的销售和利润，从而更好地为消费者服务。

无人配送车在智能硬件上已与物美超市系统实现了快速对接，智能化“即插即用”。借助多点 Dmall OS 系统的数字化基建能力，让智能硬件的智慧化大脑与超市的数字化大脑高度协同，实现商超数字化的快速更迭。“多点×毫末智行”无人配送车已投入物美超市马坡店运营，以智能化配送、线上管理的方式，提升物美超市马坡店的配送运力及运营效率。当前该无人配送车最大可装载重约100千克，长约1.3米的商品，两个鸥翼门独立货箱，满足家庭采买商品多、类型杂的需求。“多点×毫末智行”无人配送车的配送覆盖范围为距离门店3公里内的金宝花园南区和北区，该区域用户可从多点 App 的全球精选频道下单，随后订单将由无人配送车进行配送。无人配送车将沿非机动车道行驶，可自主通过路口及人行道、分析交通信号灯。

此外，物美已经全面应用了零售联合云。单从拣货这一环节来说，不同平台对时效的要求不同，要满足消费者对配送时间的心理预期，分单、拣货作业的复杂程度就难以想象。比如，接入多平台时，在小时达订单前可能需要插入半小时达的订单需求，优先安排拣货。除了时效之外，多点的拣货系统还会根据配送地点、订单品类相似度，合并多个订单一起下发任务，做到8000~10000品商品丰富度基础上8分钟完成拣货出仓，才能保障多平台拣货任务的高效完成，而不是一味地增加人力。

3. 多点联盟

多点联盟是为推进传统零售数字化转型与创新而组建的综合性联盟合作机构。联盟围绕技术、会员、商品、供应链、标准等方面组织开展行业交流、资源共享、深化合作等工作，搭建科技+线上线下零售+供应链的一体化新生态，实现与联盟成员“共生、共进、共赢”的目标。

4. 零售联合云

多点Dmall将几年来研发的数字零售操作系统升级为零售联合云。零售联合云以数字零售操作系统Dmall OS和Mini OS等为基础，叠加O2O到家服务、广告营销等增值服务，帮助实体零售实现全面数字化。

零售联合云服务体系中的十大亮点包括：会员营销、大数据选品、商品陈列、自动补货、智能排班、电子预付卡、品牌联盟、履约中台、WMS仓储以及智能风控。多点Dmall通过零售全链条联通，帮助企业真正实现线上线下一体化及全面数字化。

多点Dmall作为提供整套数字化解决方案的平台，联合商超、品牌、智能硬件、金融等合作伙伴，共同搭建、完善零售联合云体系。

在“智能硬件联盟”展区，客流摄像机、智能购物车、电子价签、智能手持终端，以及自助购设备、智能防损、派样机等智能硬件产品集体亮相，融入场景提供体验。

智能读心，满足B端+C端。互动“AI读心术”，通过人脸互动，多点Dmall就能一秒推荐心仪商品。这一互动形式，是基于人脸智能识别，根据多点Dmall的大数据，将现场体验者的外貌信息转化成性别、年龄等特征，与多点的会员等数据标签相匹配，得出该类人群的推荐商品，从而体现了多点系统的用户画像模块，从不同细分维度可以满足各类零售从业人员的数据洞察需求。

多点Dmall以“手机工作台”App的形式，对系统功能进行了集成。

在商家的日常使用中，其能针对每一个店员、管理层开放不同权限，通过手机就能下发任务、查看数据、提交反馈，移动化办公。

通过多点再接入其他平台，商家就能用一套统一的供应链、库存、运营等，把所有平台整体管理，不只是外卖平台，还有小程序、直播、短视频、拼团等各个渠道，实现 1+1 大于 2。多点沉淀的商品详情数据库，可以对接给商家以供快速上线。通过多点的数字化基础，多点就能根据平台用户属性，由系统制定出适合的精准营销策略，实现“千人百面、千店百面”，平衡个性化营销与运营效率。

（六）盒马鲜生：大数据驱动的新零售平台

盒马鲜生创立于 2015 年 3 月，是阿里巴巴旗下以 O2O 为经营模式、以大数据和技术为驱动的新零售平台，2016 年 1 月由侯毅创立首家门店（上海金桥店），截至 2019 年 8 月，盒马鲜生已在全国 22 个城市发展出 171 家门店。它是超市+餐饮+物流+App 的复合功能体，被称为一店二仓五中心，即一个门店，前端为消费区，后端为仓储配送区，囊括超市、餐饮、物流、体验和粉丝运营五大中心。阿里在零售业交易、物流、信息、支付四大板块的布局，使得盒马鲜生拥有极强的先发基础优势。在支付方面，盒马鲜生依托支付宝交易平台，在保证交易便捷性和安全性的同时，还能依托用户数据进行个性化商品推荐。在平台和物流系统方面，盒马鲜生借助阿里云的强大算力，在保证系统稳定性的同时，能够最大化地提升运营效率，降低开发成本。在物流配送方面，盒马鲜生依托菜鸟快递联盟平台，能够协同整合不同的快递服务商进行配送服务。在商品来源方面，盒马鲜生能够直接对接天猫最优质的供应商，并不断向上游和下游拓展，进一步从源头上保证了商品的品质。

1. 商品种类结构

传统卖场、便利店大多提供食品制成品，却不知道食品食材的质量、新鲜度如何，同时传统超市提供的商品类别繁多，主张商品齐全化。盒马的商品包装采用小份制，保证一顿的用量，既节约了食材，又保证了食品的新鲜度，同时抛弃传统的以量促销，追求精致的生活方式。

2. 门店的选址定位

传统的超市、便利店等店面的选址大多选在居民区之类人群密集的地方，或是离人群不远的地址，以人流量作为选址依据，所列商品品类齐全，应有尽有。而盒马鲜生的选址，摒弃了之前的依据，更重要的是以吃为场景定位，目标性强，更加关注吃这个环节，围绕此环节给予消费者想要的服务。

3. 注重餐饮与超市的融合

盒马的餐饮除了拥有体验中心的功能，同时也具备一定的人流量。盒马的加工中心可以和餐饮企业合作，为其提供半成品食材，或者自身的加工中心出品的成品也可以在网上销售，不仅节约了成本，还可以避免浪费。

4. 注重消费者的体验与感受

盒马非常注重消费者的口碑，加强与客户的线上线下互动，可以增进消费者的忠诚度，提升门店的服务质量。

5. 强大的物流体系

盒马鲜生的亮点之一就是附近 5 公里内 30 分钟送达，这完全要依靠盒马强大的智能物流支撑。

（七）每日优鲜：社区零售数字化平台

每日优鲜成立于 2014 年 11 月，是一家专注于优质生鲜的移动电商，致力于让每个家庭买得省心，吃得放心。每日优鲜运用创新技术和业务模式，旨在成为中国有代表性的社区零售数字化平台，推动中国社区零售行业数字化转型。在一、二线城市，每日优鲜首创“前置仓”模式，为 16 个城市的数千万家庭提供了“超 4000 款商品，最快 30 分钟达”服务。为了进一步推动社区零售行业全链路数字化，每日优鲜在 2020 年下半年推出智慧菜场业务，并于 2021 年启动了零售云业务，利用在垂直零售领域积累的核心技术能力以及自主开发的智能系统——AI 零售网络，进一步赋能社区零售行业参与者实现数字化转型。

1. 经营理念

每日优鲜的价值主张是要“以人为中心”“让每个人随时随地享受食物的美好”。

2. 会员管理模式

每日优鲜采取会员管理模式并赋予会员以较高的特权来维持自家平台用户的稳定性。每日优鲜针对会员用户提供更优惠的产品价格和更优质的配送体验。每日优鲜承诺会员专享品毛利率上限为13.9%，并且会员时常享有正常商品价格折扣优惠。而非会员不能购买会员专享产品，不能享受商品折扣。在产品配送上，非会员享受2小时送达，而会员则承诺1小时送达服务。目前，每日优鲜营收的60%来自存量会员，复购率达80%。

3. 人工智能算法应用

每日优鲜自成立以来始终重视和投资大数据信息系统的建设和应用，现在每日优鲜总部员工中有近35%是技术人员，数百名工程师持续投身于生鲜产品供应链供需两端的研究中。每日优鲜AI智能化库存管理算法系统会根据每天产品的订单情况，算出公司1500个前置仓近300万补货订单数据，并推送给分区大仓，分区大仓根据算法推送的订单数字及时向各个前置仓发货，同时将发货数据推送到供应链上游的生鲜产品的供应商，会让整个链路更加敏感。目前，每日优鲜AI智能化库存管理算法系统已经非常完善，人工智能算法能够依据销售订单数据、区域位置等数十个系数完成对每个前置仓生鲜产品补货量的计算，确保每个前置仓生鲜产品的损耗率在1%以下，极大地降低了传统生鲜电商模式下的损耗成本。每日优鲜的各个前置仓开设有生鲜货品的存储单元，存储有数千个生鲜单品，每个单品的库存深度会根据前置仓所服务的1.5公里范围内的订单数据进行精准设计，每天凌晨由数百辆冷链运输车从分区大仓运输并及时补货，完成该数百万级别的补货决策。

4. 独特的“城市分拣中心+前置仓模式”

每日优鲜创立之初定位于服务和满足一、二线城市消费者的生鲜产品即时需求，采取的是“城市分拣中心+前置仓模式”，属于垂直生鲜电商平台。公司没有自己独立的生鲜产品的配送体系，产品配送上主要依赖于快递、外卖配送体系从而保证消费者对生鲜产品的即时需求。公司目前在全国范围内已招聘和培养大量富有经验的买手，从而达到从源头上把控生鲜产品质量的要求。在2020年春节七天长假期间，每日优鲜实现了同比销量翻三倍的销售业绩，每日平均用户超过4万户，同时客单价也实现了近50%的提升。每日优鲜延续“分布式仓储+短半径配送”的运营思路，采用“产地—城市分选大仓—社区前置仓”的配送路径，较好地满足了消费者的优质和即时性需求。“前置仓+1小时配送”的方式，即通过城市中心位置选择分选中心的位置，并根据订单密度渗透至距离社区约半径三公里覆盖面积的网络的商业模式，极大地降低了物流配送成本。同时，每日优鲜还提出了“让冷源离消费者足够近”的宣传口号，以产品的“鲜”为核心，打造“冷源+时间冷链”的概念，实现生鲜产品极短时间内的配送，在保证产品温度变化较小的情况下同时实现节约耗材包装的目的。每日优鲜的前置仓模式实现了生鲜产品“最后一公里”配送的“去冷媒化”，类似于在用户家门口修建了一个集约化配送的冷库，节约了冷媒成本的支出。前置仓模式下公司的冷链物流支出成本更多是冷藏车、冷库、冰箱等固定成本，这些成本均具有规模递减效应，随着公司订单规模的提升这部分固定成本支出都被摊薄了。

5. 与腾讯集团达成“智鲜千亿计划”，实现合作赋能

2019年6月，每日优鲜牵手腾讯集团达成“智鲜千亿计划”的战略合作，计划借助腾讯智慧零售的互联网流量资源实现到2021年达成千亿元规模生鲜平台的目标。通过与腾讯智慧零售的合作，每日优鲜未来可以从腾讯系产品提供的精准投放、社交裂变中实现3000万新客的获取。目前每日优鲜与腾讯智慧零售合作深度正在加深，由“需求侧”逐步延伸至“供给侧”，不断加深在“智慧供应链”“智慧物流”以及“智慧营销”等领域的合作，以求给用户更好的生鲜购物体验。腾讯智慧零售通过互联网流量资源和大数据算法精准地向每日优鲜输送“合适”的潜在用户，并优化潜在客户同每日优鲜之间的连接，提高了公司的拉新、转化、留存及唤醒等方面的营销效率，帮助每日优鲜更好地做好客户的生命周期管理，这也是腾讯智慧零售为每日优鲜打造“智慧营销”的体现。通过腾讯智慧零售的合作赋能，每日优鲜在新客转化率上提高了112%，同时新客获取成本降低了30%。

（八）生鲜传奇：打造数字化护城河

生鲜传奇是安徽一家社区生鲜连锁品牌企业，定位为“小区门口的菜市场”。与以往的社区超市和生鲜专卖店不同，生鲜传奇立足生鲜及厨房周边商品，采购供货聚焦消费者家庭的一日三餐所需，并以水果、蔬菜、肉类水产三大区块进行划分，打造标准化门店、标准化生鲜产品、标准化运营基础管理模式。在合肥本土市场，生鲜传奇累计门店数量已经达到上百家，堪称零售业界的传奇。

1. 以标准化实现快速复制扩张

生鲜传奇的团队通过技术和管理手段解决“标准化”体系的复杂难题。从门店店型，店内的货架、设计、商品等，生鲜传奇的标准化已逐步深入管控、后台、物流中心，甚至是供应链。

一是“五定”标准（定位、定架、定数、定品、定价）的建立。这是生鲜传奇的管理基础。

二是生鲜传奇新配送中心在2019年也已投入使用。其引进了日本和德国的自动流水线，把大量的前台工作转向后台生产出半成品菜和包装菜，完成了生鲜商品的标准化和成品化。

配送中心的建成，使生鲜传奇成为真正意义上生产型的生鲜连锁企业。“配送中心的信息化和自动化提升，优化了供应链效率。”

三是将标准信息化、智能化。生鲜传奇开发了可视化的货架管理软件、电子巡店系统、门店库存实时管控等，利用技术大幅提升运营效率；门店设计也都实现模块化和3D化。

2. 数图可视化解决方案助力生鲜传奇标准化

生鲜传奇能够取得今天的成绩，与其对标准化连锁管理的死磕密不可分。“简单到愚蠢”的标准化逻辑是生鲜传奇能够不断提高标准化程度、不断复制自己的成功基石。

在生鲜传奇有个说法，叫作“让管理简单到愚蠢的地步”。如何才能让业务人员更简单、快速地理解业务内容？如何让员工准确、高效地把任务执行彻底？生鲜传奇的方案是“看图作业”。描述再清楚的文字也不如一张图片直观明了。数图可视化解决方案代替了传统的棚割图台账，可视化的货架陈列图加上清晰的调整对象清单，即便对商品不熟悉，看着图总能轻松完成陈列任务，大大降低了对门店业务人员能力的要求，逐步贴近“傻瓜式”作业方式。

生鲜传奇可以说把对业务流程的支持，用到了极致。支持任务一键下发到门店，门店人员就可以看图作业。完成任务以后，要求门店人员对业务结果的现场拍照上传。通过系统的总部管理平台，可以监控总部下发的所有任务及每一项任务发送到了哪几家门店、每一家门店的执行进度如何，同时可以通过查看现场照片监督门店执行是否到位。生鲜传奇门店作业的这一切，都是在手机上完成的。

3. 物流系统全框化

通过折叠物流框的推广和使用，让生鲜传奇对供应链进行了“再造”。辣椒采购价 2.9 元/斤，纸箱可以装 24 斤，纸箱钱包装费要 5 元，摊到每一斤的包材费用大约是 0.21 元，纸箱费用率达到 7.2%；改用物流框后，只能装 14 斤，包括塑料袋，包括筐子的运送费，合到每斤只要 3 分，占的费用率只有 1%。更关键的是，物流筐直发到基地采购，按标准装箱，回来后可以直接放到门店去，将大量减少上货人员，最少要节省三分之一的人工。目前，生鲜传奇正在推行物流系统全框化，物流筐全程无缝使用。用一个物流框，打通从基地到门店，并实现了无缝对接。

（九）七鲜生活：全渠道下的社区生鲜

1. 全渠道业务发展

七鲜生活与社区深度融合，门店 24 小时营业，提供优质的新鲜蔬菜、肉禽蛋奶，以及品种丰富的便当、即热食品等，店内烹饪的美味热菜方便快捷，满足周边社区家庭从早餐、中餐到晚餐的厨房及餐食需求。此外，店内还提供酒水、饮料、休闲零食及家用百货等日常生活用品。作为深入社区的“邻居”，七鲜生活提供全渠道、全方位、全时段的温馨常伴，满足社区居民每天24小时的生活所需。

京东生鲜采用“自营+POP（第三方入驻）”模式，原产地直采甄选优质食材及供应商，缩短中间流通环节，让优质生鲜产品快速直达消费者餐桌。目前，京东生鲜的业务范围覆盖水果蔬菜、海鲜水产、肉禽蛋、冷藏冷冻、乳饮（低温短保）等品类。截至2020年1月，京东生鲜已在全国建成20个冷链中心、支持生鲜的配送站超过3000个，覆盖国内300多个城市。

2. 社区生鲜的探索与实践

用户核心诉求：以家庭消费为主，追求有性价比的健康餐食解决方案。

以家庭餐桌、厨房消费需求为主；注重鲜度、健康和品质的商品选择，强调性价比的健康需求；省时、省力地获取、容易操作的餐食解决需求；喜欢在家吃饭，也有外出就餐，全渠道的即时需求；渴望获得值得信赖的、温暖和定制化的品质生活解决方案。

用户定位：26~55岁，以女性为主，社区家庭的宝妈和厨主。

业态定位：致力于为社区家庭提供厨房和餐桌鲜美便捷的生活解决方案。

全渠道——全渠道技术支持：IT技术、大数据和潜客数据；全渠道运营支持：线上App运营和线下SOP运营。全时段——24H线下营业，7：30—22：00线上送货，满足消费者六个时段的餐食需求。全餐厨——全餐厨的服务提供内食（生鲜和杂品，面对家庭厨房）、中食（主食、副食和烘焙，面对家庭餐桌）和外食（即食和社区餐饮）。

3. 核心优势及OFC协作

沉淀核心能力和优势。通过OFC全渠道协作模式实现增量收益，构建英雄联盟。协助区域零售商完成业态升级和数字化转型，优势互补，协同发展。

优势 1：多业态规划能力。业态创新——顺应消费升级和年轻用户等趋势，打造全场景、全渠道创新业态行业样板。具备七鲜超市、七鲜生活、友家铺子、京东区区购、七鲜市集等多业态规划能力；打造较为完整的多业态、全渠道运营 SOP 标准和培训体系。

优势 2：依托京东商品资源池，打造完整的供应链体系。供应链——依托京东全球供应链体系，打造 B2B 供应链的成本优势及高效仓配能力。成本领先的生鲜垂直供应链；差异化的研发供应链；支持多业态的生鲜本地化供应链；支持多业态的 B 仓建设。

优势 3：积理系统，全渠道一体化技术解决方案。积理系统——沉淀京东和七鲜多业态业务实践，打造全渠道零售系统开放平台。构建全渠道一体化解决方案，实现全渠道人、货、场的系统支持；实现积理系统模块化输出。

优势 4：线上运营，以用户为核心的全渠道多触点解决方案。线上运营——利用京东线上运营经验，搭建全渠道、多场景、多触点运营解决方案。针对目标人群的精细化运营，实现获取、留存和传播；通过线上多场景满足全时段和全餐厨的需求；提高传统零售线上销售占比。

（十）便利蜂：数字化驱动发展

便利蜂创立于 2016 年 12 月，创始团队创造性地将互联网技术研发应用于便利店行业，打造新时代的“互联网+”便民服务新模式。

1. 全业务链的互联网信息化平台

一是大数据平台。便利蜂针对便利店业态开发了大数据平台，并基于大数据平台开发了若干业务应用系统，实现全业务链的信息化覆盖，一个大数据平台统筹，各项业务系统协调运行的信息化管理。二是便利蜂 App。其作为唯一的用户出口，具有店铺查询、自助购物、单车查询、单车使用、会员管理、订单管理、无人货架购物、充电宝使用、手机支付等功能。三是基于人工智能的仓管平台，具有自动排班、销量预测、活动预测、自动订货、库存管理、店铺财务管理等各项功能。另外，基于统一的大数据平台，公司还研发了财务系统、物流管理系统、单车管理系统等各项信息化系统。

2. 中央大脑——数据驱动的便利店操作系统

这套数据驱动、基于算法的自动化决策系统取代了店长的思考和决策，运用便利店选址、设计装修、店长培训、选品、订货、定价、员工排班，以及自由商品生产、物流、销售等多个模板，计算决策后发出指令，店长只需要遵从“中央大脑”的指令，做好服务工作即可。便利店行业培训店长需要培训2~3年，便利蜂只需要45天~6个月，对于经验丰富的店长依赖性较弱。但是在前期数据过少时，很难产生正循环效益。

3. 大数据综合选址

第一步，开店前，便利蜂会部署上百人团队，分析收集该城市各项数据，形成一个当地专业的、为选点定制的“人口常住图”，在地图中圈出所有可以开店的点位。第二步，结合所在位置的路线、距离和人口池等因素，利用公式推算出该点位的销售额，初步判断是否可以落地。第三步，专业人士到实地做多次核实，将数据上传到云端，再通过计算最终确定这个店是否可以做。第四步，店铺设计自动化。

4. 系统智能选品订货

选品时，过去很多店长都是通过自身已有的商品库去选择。但是在便利蜂，订货的指令是由系统根据数据、算法以及综合相关因素后发出的。便利蜂的数据来源非常广泛。各大电商平台商品数据的搜集和分析、天气预报如天气气温等指标、相关的交通、关键日程事件、新闻和本地化社交热点、当地消费特色等，都是反映和影响消费行为的数据。此外，数据还来自调研。便利蜂的线上调研，平均每周触达1.5万~2万名消费者，收集来自消费者的反馈用于帮助改进商品。实际运营中，当用户的个性化需求通过数据反馈至云端，自动订货系统会迅速响应，向不同门店输出不同的SKU，最终实现门店商品结构个性化。在供应侧，基于数据的打通，从消费端到生产端实现了连接和处理，C2M的模型成为现实。

5. 食品安全智能监控

便利蜂首家引入自动化的鲜度管理和智能冷链的国内便利店连锁企

业。便利蜂甚至还自主研发了一套 TMS 运输监控系统，给前端货车安装了蓝牙温度计和 GPS 定位设备，货车冷柜的温度会每隔五分钟左右被传到后台，形成温控曲线，如果超出 0~5 摄氏度范围会触发系统报警，提醒司机调整冷柜温度；车辆同时装配测振仪，以避免暴力装卸。

6. 动态变价自动促销，加速商品销售

根据便利蜂长期积累的商品分时段销售数据，便利蜂采取灵活的动态变价和自动促销策略。便利蜂的智能促销系统会根据每一家门店的实时销售情况，结合商品的价格销量曲线、未来销售预期、商品库存情况等，自动给出每一家门店的商品促销安排，决定当前时刻是否需要打折，以及具体打几折能够促成消费者购买。

便利蜂在每天之内能够实现多次变价。每一次智能系统做出促销决策，门店的电子价签就会相应做出改变，并通过店内语音提前向消费者进行提示。目前，便利蜂的动态变价和自动促销策略不仅减少了因过保质期产生的食品浪费，还吸引了较为固定的消费客群，能够带来 30%的商品销售收益。

在基于自动促销策略加速商品销售的同时，便利蜂并没有放松对食品有效期的管理。目前，在食品加工工厂、分拣中心和门店等环节，便利蜂针对保质期在 30 天以内的短保质期商品全部应用了自主研发“AI 安心码”，在自助结账机上能够实现过期食品的 100%拦截。

7. 智能订货精细制作，精准把控需求

便利蜂能实现在商品到保质期前尽量卖完，除了自动促销策略，还得益于便利蜂对门店商品订货和食品制作环节的精准把控。

在订货环节，便利蜂通过长期的数据积累和算法优化，所有门店的商品订货都能根据时间、天气、地域、门店类型等外部因素自动计算出订货量，每天能为店长节省出约 3 个小时的订货时间。目前，便利蜂系统订货的准确度已经比人工订货至少高 40%。

在制作环节，便利蜂在每个门店都配备了鲜度管理系统，每天按时生成各个时段的制作计划，指导店员完成相应数量的鲜食食品制作。在一批食品制作完成后，系统会根据售卖情况和销量预测，精确给出后续制作计划，避免店员凭人工经验制作过多食品而造成浪费。

8. 研发小包装商品，引领“一人份”消费风尚

为了进一步减少食品浪费，便利蜂还从生产源头入手，在商品设计和研发环节就引入小包装的商品理念。对于便当、甜品、水果、麻辣小龙虾、自热火锅等食品，便利蜂普遍设计成 200~300 克的小包装商品。对于牛板筋、鸭爪等零食，便利蜂提供独立分装设计，避免一次吃不完导致浪费的情况。

以 2020 年秋季售卖的月饼为例，便利蜂主推小规格月饼，最小的月饼只有 60 克，迎合了消费者对小包装食品的需求。从销售情况来看，便利蜂 80 克以下月饼的销量占比高达 67%，56%的消费者每次只购买 1 个月饼，引领了“一人份”的消费风尚。

长期来看，为了更好地制止食品浪费，一方面，应鼓励和支持食品经营企业通过技术手段对短保质期食品实现销量智能预测，加强食品保质期的精准管理，通过智能促销、设立专柜、提供奖励等手段加速商品消费。另一方面，还应从法规入手，科学界定短保质期食品的保质期范围，加强对消费者的引导，正确认识食品保质期与食品安全的关系。

（十一）超市发海淀社区商业 e 中心

超市发 2020 年首家社区商业 e 中心亮相，超市发魏公村店重装开业。全新的魏公村店经营面积达 1800 平方米，主营蔬菜、水果、肉类、水产、熟食、主食、日配等，以社区一日三餐和便民服务为基础，华丽升级为海淀社区商业 e 中心。

经过改造的超市发魏公村店，以“超市+24 小时便利店+社区商业 e 中心”的全新模式吸引了众多社区居民前来“捧场”。其虽然面积不大，但浓缩了所有的热销商品，为社区居民提供他们真正所需的商品，给顾客升级的品质和丰富的选择。

超市发 85%以上的蔬菜和 70%以上的水果均来自产地直采，其中还有优选的“超之鲜”系列产品，质优、价廉、放心、安全。

休闲食品、面包、生活用品等按照分类整齐地摆在售货架上，让您在家门口买齐南北好货。一眼望去，这种对生活中物品的需求都一点点被店中的幸福感填满。

此次调整特地增设了熟食区，各种面点、关东煮、自制熟食等。对于在周边工作或者没时间做饭的人，这里的熟食区让你不用担心吃饭问题。

值得一提的是，这里还搭配了24小时超市发罗森便利店，最大化满足多元顾客的需求。

这家24小时不打烊的便利店，经营面积80余平方米，摆放着2500多种商品供顾客选择，包括便当、简餐、文具日用品、零食百货等。

除此之外，这里还有丰盛的糕点、饭团、三明治、沙拉、现磨咖啡、豆浆等多种快餐，满足消费者快节奏的生活需求。

作为一家社区商业e中心，除经营果蔬食品、日用百货、鲜肉副食、便利店等以外，这里还配套了很多生活服务，如增加了鲜花、快剪、书吧、裁缝铺等便民服务项目，满足社区居民低频刚需的生活需求，打造有温度的卖场，可以满足周边居民的日常生活需求，进一步为顾客生活的便利护航。

早在2011年，超市发就提出了“邻里中心”业态的构想，社区超市搭配服务功能区，联合银行、洗衣店、药店、擦鞋、缝补衣服等服务机构，让老百姓所有的便利、服务都能在家门口解决。经过多年的推敲与磨合，在海淀区商务委牵头、超市发的全力配合实施下，海淀社区商业e中心以玲珑路、半壁店两店为初期试点，于2017年打造出社区综合服务中心项目，之后结合百姓需求持续打磨，力争在海淀区树立并拓展便民综合服务中心的样板店。

社区商业e中心依托“8+N”项服务功能，“8”即菜篮子、早餐、超市便利店、家政、洗染、美容美发、代收代缴、末端物流8项基础性服务功能，“N”是商超自身的特色选择性业态服务，“e”是发挥海淀科技大区优势，利用“互联网+”技术，开展线上线下相结合的服务，并引入自助服务等形式。社区商业e中心不仅是一个商业活动场所，更是一个综合便民服务中心，进而满足社区居民的不同需求。

超市发作为国有企业，多年来一直致力于社区商业的发展，根据社区顾客的构成不断调整业态定位、商品结构。超市发通过在社区周边开设新店、大力发展社区加盟店、与罗森合作开设便利店等途径拓展社区网点，使其成为百姓离不开的生活服务业品牌。

（十二）京客隆：数字赋能传统门店

1. 稳步推进 App，行业领先

2015 年 11 月，京客隆 App 正式上线，覆盖北京主城区的 72 家京客隆大中型门店将可实现线上购买、线下送货服务。未来该服务还将逐步延伸至旗下的直营便利店。当时，京客隆 App 首批上线商品包括生鲜、食品、副食、酒饮、日用百货等 1700 余种。用户下单后由大卖场、综超店员直接进行备货、配送。京客隆超市到家服务实行线上线下同价，因采用就近门店配送的方式，用户下单可享受最快 3 小时送货上门或 2 小时内预约店铺自提服务。在生鲜到家服务方面，京客隆采用预售模式，即用户购买生鲜将于次日在京客隆生鲜配送中心集中发货。同时，京客隆在 App 中还自主开发“京客隆钱包”用于线上支付，并在部分门店搭载一公里范围内的餐饮、药店、社区服务等异业商户信息，为用户提供更多社区服务。除此之外，京客隆还陆续上线了京东到家、美团外卖、饿了么等第三方外卖平台，增加新的销售渠道。

2. 坚持“自有 App 和第三方平台”并行发展策略

2018 年，京客隆以技术驱动业态升级，继续把对传统店铺进行装修改造与智能技术的引用相结合，并以实体店为依托开设京客隆首个 24 小时自助店。此外，京客隆加速自助收银设备在门店的推广使用，减少顾客现场等候时间，应用新的技术为消费者重塑线下购物体验。目前，京客隆所有门店都已上线到家业务。此前，京客隆较少推广自有 App，卖场内也基本都是第三方平台的海报。整体来看，京客隆线上业务走务实路线，准备调整小程序，加大自有 App 的推广。京客隆的线上到家业务是亮点，不单在“量”上做上去，“质量”也不错。后者体现在京客隆的线上电商业务，包括在IT、技术上整体没有大投入和浪费。而是更多借助平台的力量，一开始就是坚持“自有App和第三方平台”并行发展策略。因为第三方平台的技术基础、人才支持等更有优势，基本没有传统零售企业融合线上的制约，第三方平台业务做得相对比较快。

3. 利用新技术加大获客拉新

京客隆线上业务能有所成绩且持续增长，得益于门店一系列基础。技术上，京客隆也用了很多方法，包括按顾客的进店率，在顾客进店做驻流；为提高客单价，在选品上不断摸索；优化店内拣货效率，和美团、京东到家等平台想了很多方案落地推进。京客隆到家业务的一大优势是依托门店线下流量，获客成本更低。只要有顾客去实体门店，就有机会把顾客聚集到App上来。京客隆的线上到家业务成本相对纯电商平台，在获客拉新上有天然优势。2015年上线京客隆App以来，京客隆对App的推广投入有限，缺乏持续性，导致其App活跃度不太高，日单量大概在1000单，但是用户忠诚度较高，客单价也高。京客隆到家业务能在第三方平台起量，最关键在于商品。京客隆的生鲜商品得到第三方平台用户很好的认同，顾客在京客隆线上买生鲜的非常多。具体体现是，京客隆的线上到家业务销售结构和线下业态经营基本吻合，也就是说，京客隆依托社区的综合超市、大卖场业态的线上业务，整体好于便利店。便利店因为商品品类、品种数受一定制约，影响到线上到家业务。这也是京客隆当下着力要突破的点。其正在想办法解决，比如考虑如何让小店做大生意。

（十三）物美便利店：数字化运营

物美便利店依托Mini OS系统，从人、货、场对便利店进行数字化全面改革，在2019年高增长的基础上。2020年7月至2021年3月，物美便利店整体销售额上涨50%，其中线上销售额增长了10倍，线下销售额增长了20%，App、O2O日均订单量和用户数持续上升。物美便利店之所以在疫情期间还能实现逆势增长，坚定地应用数字化是关键。

1. 数字化提升选品与补货效率

物美便利店通过Mini OS，结合门店商圈特点、周边人群分析商品属性，利用大数据对商品进行逐级分类，建立符合门店需求的商品池。针对不同类型商品，物美便利店设定了常规补货、永续补货、预测补货、促销计划补货四种不同补货逻辑，系统自动补货率达到 100%。门店工作人员通过系统的门店时段销售报表，可以直观了解到一件商品的高销时段及售罄时间，判断该商品是否存在机会损失。例如，物美便利店通过系统数据，调整了烹调面包类商品，一周内销售数量提高了 140%以上。数字化提升了商品运营能力，2020 年，物美便利店全年商品上新率达到 50%以上。

2. 门店管理高效智能

物美便利店上线了多点的自助购和自由购（这是一种利用手机 App 在线完成付款的功能），消费者可以快速完成结账，免去了排队的困扰，物美便利店顾客使用自助功能完成付款的比例达 60%。同时，通过 Mini OS 系统的“点餐 Pad”功能，工作人员只需将顾客选购的商品点选后，就可以打印出一个聚合码小票，结账时仅需扫描此码即可。通过此功能，物美便利店收银效率相比过去平均提高 45%以上。

3. 线上与线下不再“各自为战”

物美便利店依托 Mini OS 系统接入了小程序和第三方的外卖平台，形成了数据与业务集合的线上中台，实现线上销售额等诸多重要数据的集合。以店铺为维度的线上销售汇总免去了从各平台单独查找数据的困扰。无论是缺货率、取消率、妥投及时率，还是客诉差评、订单详情，都可以分平台、分店铺进行查询，真正地通过数字化运营驱动业务，责任到人，线上线下一体化。截至 2021 年 3 月，物美便利店线上销售占比由上线前的 3%上涨到 25%。

第六章　智慧型社区商业服务体系建设

本章研究了智慧型社区商业的特征，智慧型社区商业服务体系的基本构想，智慧型社区商业的配置原则、层级构成与配置模式，进一步探讨了智慧型社区商业服务体系的标准化建设。

第一节　智慧型社区商业的特征

一、智慧型社区的发展与智慧商业的深化

智慧型社区是通过综合运用现代科学技术，整合区域信息，统筹公共管理、公共服务和商业服务等资源，以综合信息服务平台为支撑，依托先进的基础设施，提升社区治理和小区管理现代化，促进公共服务和便民利民服务智能化的一种社区管理和服务的创新模式。20 世纪 90 年代，在智慧城市浪潮中，英、日、美、加、韩和新加坡等国全面发展智慧型社区。我国 1999 年首次明确智慧社区建设技术标准；2001 年民政部出台《全国城市社区建设示范活动指导纲要》，标志着智慧社区发展体系初步形成；2010 年中办和国办印发《关于加强和改进城市社区居民委员会建设工作的意见》，明确提出智慧社区建设存在的问题和解决办法；2014 年《国家新型城镇化规划（2014—2020 年）》正式把智慧城市建设纳入国家战略。京、沪、广等城市先后出台一系列政策，支持智慧型社区建设，并取得了宝贵建设经验。

在第四次零售革命的驱动下，随着互联网、大数据和人工智能的广泛

应用，智慧商业从电商到新零售、智慧零售、无界零售持续演进、深化，新业态、新平台如雨后春笋般不断涌现。智慧商业远远超越了零售业态创新层次，成为一次零售全业态、全渠道的变革，而且把商流、物流、信息流整合在一起，流通、金融、制造连接在一起，从订单到生产，到终端，再到消费，整个供应链和价值链都发生了翻天覆地、不可逆转的变化，改变了商品流通过程、制造流程和消费模式。在此背景下，传统零售服务企业借势O2O挖掘线下商机，电商企业探索社区O2O销售，新型O2O业态植入社区商业服务，力求优化现有资源，解决社区商业服务痛点、盲点，提高社区商业服务品质，智慧型社区商业服务成为商业发展的新“蓝海”。疫情期间社区商业服务模式的创新，为探索创建智慧型社区商业服务模式，提供了巨大动力和新鲜经验。

智慧型社区建设与智慧商业发展并轨、融合，为创建智慧型社区商业服务体系，形成智慧社区商业服务生态圈，提供了可能并奠定了良好的基础。

二、智慧型社区商业的特征

数字经济是中国经济高质量发展的新引擎和新动能，通过成本节约效应、规模经济效应、精准配置效应、效率提升效应和创新赋能效应引领产业高质量发展。[①] 数字经济背景下，智慧型社区商业相对于传统社区，在空间格局、商业功能、商业体验化、商业便利性等方面有了全面提升。具体而言，主要表现为以下四大特征：一是“线上+线下”实现社区商业空间复合化；二是商业业态创新实现社区商业功能多元化；三是商业模式变革实现社区商业智能体验化；四是数字技术赋能提升社区商业便利性。

（一）“线上+线下” 实现社区商业空间复合化

智慧型社区商业通过数字技术赋能和资源整合实现“线上+线下”相

① 祝合良，王春娟. 数字经济引领产业高质量发展：理论、机理与路径［J］. 财经理论与实践，2020，41（5）：2-10.

结合，社区商业空间对物理空间的依存度逐渐降低，由物理空间向物理空间与虚拟空间融合的复合空间发展。如京东到家、饿了么、美团外卖、每日优鲜、美菜网、管家帮、e 袋洗等平台，服务内容涉及日常生活购物、买菜、就餐、各类生活服务等社区生活的方方面面，为社区居民提供到家服务。因此，随着智慧型社区商业向物理空间与虚拟空间融合的复合空间发展，智慧型社区商业相对于传统社区商业，在规划配置网点上对实体空间的硬性要求随之降低，智慧型社区商业空间配置呈现复合化特征。

（二）商业业态创新实现社区商业功能多元化

智慧型社区商业业态由基本的日常购物、餐饮、生活服务，逐渐向文化休闲、亲子娱乐、体育健身、社交等创新业态拓展，智慧型社区商业功能呈现多元化特征。如广州万科商业旗下万物市集为区域内社区居民打造了时尚派对、社区厨房、农业园艺体验空间、品质生活服务空间、即时加工美食空间，将传统零售空间变为体验化、场景化、社交化的居民第三生活空间。一些文化艺术和生活化场景打造为社区商业注入新的活力，给社区居民带来全新的消费体验。例如，北京的蓝色港湾于 2015 年引进了集展览、研讨、儿童教育、艺术商店等几大空间于一体的美术馆，为蓝色港湾注入文化艺术韵味，每年开启灯光节，2020 年还邀请英国街景艺术家以“怪兽历险记”主题进行演绎。

（三）商业模式变革提升社区商业智能体验

智慧型社区商业通过商品品质、环境品质升级、经营模式创新等商业模式变革，在规范化、连锁化、品牌化基础上向智能化、共享化、体验化延伸。如阿里巴巴集团对线下超市打造的新零售业态——盒马鲜生，以数据和技术驱动的新零售平台，从供应链、仓储到配送构建完整的物流体系，实现人、货、场三者之间的最优化匹配，通过实体体验店和购物 App 一站式购齐，门店在可配送范围内进行全温层配送，为消费者打造社区化的一站式新零售体验中心。北京“社帮帮”拥有帮帮美食、社区工坊、生鲜超市、帮生活、智能仓、家服务、车服务等几大板块，综合了智能仓储、网红直播间、社区课堂、社区生活服务、共享厨房等多元服务，营造社区生活化场景，打造了智慧社区第三空间。

（四）数字技术赋能提升社区商业便利性

智慧型社区商业利用人工智能、大数据、物联网、5G、区块链等数字技术，构建全覆盖、可追溯的智慧型社区商业体系，能够有效提升社区商业供给的安全性。同时，线上线下融合发展的模式，全面提升了零距离到家服务的效率和覆盖面，突显出智慧型社区商业服务的便利性。如京东到家依托达达快递的即时配送网络平台，使消费者享受周边线下门店超市便利、生鲜果蔬、医药健康、鲜花绿植、蛋糕美食、服饰运动、美妆等多品类 1 小时便利到家服务，最快 30 分钟配送到家。

第二节　智慧型社区商业服务体系的基本构想

一、构建“一结合两融合”的商业服务体系

文献探索发现，国外学者对社区商业服务的研究，主要集中于微观零售企业布局与职能、商业信息系统、业种业态配置、企业绩效以及商业与社区之间的融通等，如 Mitsuyoshi Horikawa 等证明了社区商业建立信息系统促进有效实现购物活动。[①] Kruse Jean 认为商业与社区之间要实现融合贯通。国内学者相关研究从 20 世纪 80 年代开始，早期聚焦于社区商业服务功能、类型与布局问题，后来重点向网点规划、生命周期、组织模式、发展模式及测评等方向发展；近期已经就智慧型社区商业服务问题进行探索，提出移动互联社区商业价值创造及创新途径。张荣齐、张寻（2015）[②]、赖阳

① Mitsuyoshi Horikawa. Information of Community Activities on Regional Shopping Street [A]. Proceedings of 12th Asia Pacific Industrial Engineering & Management Systems Conference, 2011.

② 张荣齐，张寻. 平台战略下社区商业业态业种共生研究 [J]. 商业研究，2015 (8)：45-51.

等（2015）[①]、曹迪（2016）[②]、袁娅薇（2017）[③]、范晓波（2018）[④] 分别从社区商业业态共生、社区“云服务”体系、社区增值服务模式、社区O2O 模式进行了研究，但这些研究，只聚焦于商业层面，对社区服务功能关注不够，缺乏整体构架、发展机制和经营模式的研究。

智慧型社区商业服务体系是基于现代城市社区功能与社区商业服务发展规律，用互联网、大数据、人工智能等新技术赋能，在整合社区各种资源的基础上而构建的“一结合两融合”商业服务体系，具有“零距离、云服务、安全便捷”的特征。“一结合”，即社区公共服务与商业服务相结合。“两融合”，即商品零售、终端配送与多功能服务相融合，线上与线下相融合。

构建智慧型社区商业服务体系，着眼于全方位实现社区基础保障功能、需求扩展功能、品质提升功能和辅助服务功能的优化。

首先，提升基础保障功能，即完善与居民生活息息相关的蔬菜零售、超市（便利店）、早餐、美容美发、末端配送、家政、洗染、便民维修等生活性服务业态，提高其规范化、连锁化、品牌化率，满足社区基本生活消费。

其次，补充需求扩展功能，如引进餐饮服务、缝纫裁剪、摄影照相、再生资源回收等业态，满足社区扩展生活消费需求，增强生活便捷性。

再次，强化品质提升功能，即集聚休闲娱乐、教育培训、体育健身、文创体验等业态，满足社区品质生活消费需求。

最后，提供社区辅助服务功能，即规划建设健康养老、党建工作、政务服务、警务服务、法律咨询、公益活动等社区公共活动空间，提供社区辅助服务功能。

---

① 赖阳，康健．“云消费”时代提升生活性服务业品质的思路［J］．商业经济研究，2015（20）：14-16.

② 曹迪．基于 O2O 模式的社区便利店转型路径［J］．商业经济研究，2016（16）：92-93.

③ 袁娅薇．价值共创视角下的社区增值服务模式研究［D］．郑州大学，2017.

④ 范晓波．基于居民社区的 O2O 商业模式研究［D］．南京航空航天大学，2018.

二、智慧型社区商业服务体系的基本路径

创建智慧型社区商业服务体系，应以数据驱动为前提，以整合资源为核心，在政府的引导支持下，通过竞争方式遴选商业主体，搭建智慧商业服务平台，通过社区“到店体验服务”“到家云服务”“到点智能服务”，形成智慧型社区商业服务生态圈，实现社区商业服务功能的“零距离”“无障碍”和“全覆盖”。

（一）完善社区终端网点，提供全方位“到店体验服务”

1. 依托社区商业中心打造智慧型“宜居生活广场”

以菜店、便利店、早餐店、社区食堂、便民维修、家政服务、洗衣、养老等为重点，搭建线上线下融合的“一站式”社区商业和生活服务共享平台，以新生活方式场景体验，重塑传统场所商业文化氛围，打造集社区商业中心、服务中心、文化中心和交流中心“四位一体”的智慧型“宜居生活广场”。

2. 依托社区超市打造智慧型“生活体验店铺”

通过大数据深度挖掘消费信息，开发更贴近顾客需求的商品。与大型电商合作，整合线上信息资源和线下生活服务资源，为居民提供线上线下一体化的智慧生活服务。同时利用智能自助终端，提供售药、打印、再生资源回收、机票预订等自助便民服务。

3. 依托便利店打造智慧型“便捷体验终端”

提供24小时便捷购物、到店自提、自助购物、外卖配送以及生活服务，提供即时性智能零售新体验。

（二）整合社区资源，提供多元化“到家云服务”

依托智慧商业服务平台和智慧化物流支撑体系，以社区“宜居生活广场”以及超市、便利店、菜店等为核心，与社区服务站、卫生站、养老驿站和社区食堂等对接，与像京东到家、美团外卖、饿了么等O2O生活服务平台，每日优鲜等生鲜电商平台，e袋洗、管家帮等洗染家政服务平台建

立战略合作关系，整合各种资源，利用电话、网络等多种方式，通过社区团购、微信终端等提供买菜、送餐、家政、康养等社区“到家云服务”。

（三）布局设置小而美的社区“到点智慧服务”

利用互联网和信息技术，整合社会资源，打通电商平台、物流体系、社区物业等环节，通过无人超市、前置仓、无人物流车、无接触配送、自助快递柜、智能快件箱等提供社区“到点智慧服务”；或与社区超市、便利店、社区服务站等合作，增加代收代发、定点收寄服务，实现“到点智慧服务”。

第三节 智慧型社区商业的配置原则、层级构成与配置模式

党的十九大报告提出，坚持在发展中保障和改善民生，在发展中补齐民生短板。2017 年，国务院提出“大力发展智慧商圈、智慧商店等智慧零售终端”[①]。2018 年，商务部提出“智慧生活服务”[②] 的理念。2021 年，国家提出“推进智慧社区建设”[③]。社区商业是城市流通体系和民生保障体系的重要组成部分。在第四次零售革命驱动和新冠肺炎疫情的推动下，智慧型社区商业已成为未来社区商业品质提升的方向。2021 年，国家提出“加快数字化发展、建设数字中国”“构筑美好数字生活新图景”[④]，智慧型社区商业配置已成为数字经济背景下社区商业品质提升的关键。

一、相关文献研究

国外学者开创了地方政府政策对于资源空间配置的影响研究[⑤]，率先

① 国务院. 关于积极推进供应链创新与应用的指导意见［R］. 2017.10.
② 商务部. 关于加快城乡便民消费服务中心建设的指导意见［R］. 2018.6.
③ 中华人民共和国国民经济和社会发展第十四个五年规划和 2035 年远景目标纲要［R］. 2021.3.
④ 中华人民共和国国民经济和社会发展第十四个五年规划和 2035 年远景目标纲要［R］. 2021.3.
⑤ Charles M. Tiebout. Exports and Regional Economic Growth［J］. Charles M. Tiebout, 1956, 64（2）: 21.

提出了公共服务设施区位理论①，随后新加坡创新实践了以邻里中心为代表的社区商业配置模式②。国内学者已经提出建立具有中国特色的城市公共服务设施配置理论体系、创新公共服务设施配置方法和关注数字城市公共服务设施配置③，研究了互联网平台战略下社区商业业态配置问题④，提出了社区服务的供需匹配实现路径⑤，从老年视角对社区服务设施配置进行了探讨⑥，通过数据分析研究社区商业配置问题⑦，建议发挥互联网在社区服务资源配置中的优化集成作用⑧，研究了社区生活圈服务设施配置问题⑨，构建了网络经济时代社区便民商业设施配置体系⑩和城市社区服务圈便民设施配置均好性评估体系⑪，研究了特大城市社区资源配置模式演化与推进机制⑫，提出社区服务中心优化配置策略⑬。智慧型社区商业研究还处于起步阶段，国内学者研究了智慧型社区商业“一结合两融合”的商业服务体系的基本构想，即商业与社区公共服务相结合，商品零售、终端配

---

① Teitz M. B. 1968. Toward a theory of urban public facility location [J]. Papers of the Regional Science Association, 21 (1): 35-51.

② Urban Redevelopment Authority of Singapore. Yishun planning area planning report 1996 [R]. Singapore: Urban Redevelopment Authority of Singapore, 1996.

③ 孙德芳，秦萧，沈山. 城市公共服务设施配置研究进展与展望 [J]. 现代城市研究，2013，28 (3): 90-97.

④ 张荣齐，张寻. 平台战略下社区商业业态业种共生研究 [J]. 商业研究，2015 (8): 45-51.

⑤ 冯猛. 城市社区服务的供需匹配：模型构建及其应用 [J]. 福建论坛（人文社会科学版），2016 (2): 142-150.

⑥ 黄建中，胡刚钰，李敏. 老年视角下社区服务设施布局适宜性研究——基于步行指数的方法 [J]. 城市规划学刊，2016 (6): 45-53.

⑦ 耿冰，付梅臣. 基于开放数据的社区商业布局研究 [J]. 商业经济研究，2017 (8): 8-10.

⑧ 张艳国，朱士涛. 互联网+社区服务：智慧社区服务新趋势 [J]. 江汉论坛，2017 (11): 139-144.

⑨ 周岱霖，黄慧明. 供需关联视角下的社区生活圈服务设施配置研究——以广州为例 [J]. 城市发展研究，2019，26 (12): 1-5+18.

⑩ 李雪，张赫，于丁一. 网络经济驱动下社区便民商业设施配置方式研究——以菜市场为例 [J]. 现代城市研究，2020 (2): 33-41.

⑪ 张忠国，赵旭，杨震，张舰. 城市社区服务圈便民设施配置均好性评估体系构建探索 [J]. 城市发展研究，2020，27 (3): 63-69.

⑫ 朱志伟. 特大城市社区资源配置模式演化与推进机制——以上海市为例 [J]. 福建论坛（人文社会科学版），2020 (11): 181-190.

⑬ 魏伟，熊伊茗. “城市人”理论视角下社区服务中心优化配置策略研究——以武汉市为例 [J]. 现代城市研究，2021 (6): 125-132.

送与多功能服务相融合，线上与线下相融合①；提出和构建社区商业智慧化转型理论体系与机制模型②，评价了社区智慧养老服务资源配置系统协同度③，但目前学术界尚未在数字经济背景下对智慧型社区商业配置问题进行深入系统研究。

综上所述，无论从国家战略还是产业实践层面，智慧型社区商业配置研究都具有重要意义，已经成为政府、企业、学术界研究的热点、重点和难点。鉴于现有智慧型社区商业配置研究的现实需要和学术研究理论缺口，本章在剖析智慧型社区商业基本特征、配置原则与构想的基础上，对北京智慧型社区商业配置进行深入研究。

二、智慧型社区商业配置原则

在数字经济的背景下，综合考虑智慧型社区商业发展的特征和趋势，智慧型社区商业配置应遵循智慧赋能、因地制宜、集约高效、品质优先、试点先行、以人为本的六大原则。

（一）智慧赋能

智慧型社区商业配置应以智慧赋能为首要原则，充分发挥大数据、运筹优化、人工智能等技术的特点，在社区商业领域进行赋能，全面提升社区商业的便捷性和安全性。

（二）因地制宜

不同地区、不同社区的商业资源情况和社区商业发展现状差异较大，居民结构和需求也各不相同，因此，智慧型社区商业需因地制宜地进行适应性配置。

---

① 王成荣，王春娟．“后新冠时代”加快智慧型社区商业服务体系建设的思考［J］．商业经济研究，2020（12）：21-24．

② 王春娟，王成荣．数字经济背景下社区商业智慧化转型：理论体系与机制模型［J］．商业经济研究，2021（10）：5-9．

③ 于凌云，李易颖．社区智慧养老资源配置协同度评价研究［J］．经济与管理评论，2021，37（4）：149-160．

（三）集约高效

智慧型社区商业的配置应充分考虑资源整合集约使用，尽可能将零售、餐饮、文化、健身、卫生服务、养老服务、公共管理等多元的社区商业功能在同一空间内组合配置，推进社区公共服务与商业服务融合发展，集约高效地使用有限的空间资源。

（四）品质优先

社区商业品质化发展是未来社区商业发展的方向。智慧型社区商业的发展应该有利于业态、品牌、环境、服务质量的全面品质化提升。

（五）试点先行

逐渐推行与普及智慧型社区商业并非一蹴而就，需要较长的发展培育期。因此，智慧型社区商业的发展需根据不同区域社区的具体情况，从发展智慧型社区商业的试点项目做起，试点先行，以点带面，带动智慧型社区商业逐步普及与提升。

（六）以人为本

以人民为中心，不断实现人民对美好生活的向往，是新时代中国特色社会主义的核心要义，也是提高人民群众获得感、幸福感、安全感的重要前提。智慧型社区商业的配置需要以人为本，以社区居民的需求为根本立足点，商业业态、品牌、环境、供给模式等社区商业配置的各个方面均需从以人为本的角度出发，而非单纯的技术导向。

三、智慧型社区商业配置的层级构成

（一）基本构架

智慧型社区商业配置主要分智慧型社区商业中心和智慧型社区生活服务终端两个层级：一是智慧型社区商业中心，集中满足社区居民复合化、多元化、智能化、便捷化的生活服务需求；二是智慧型社区生活服务终端，包括线上的终端和线下的终端，通过线上线下融合的服务模式，便捷高效地满足社区居民日常生活服务的需求（见图6-1）。

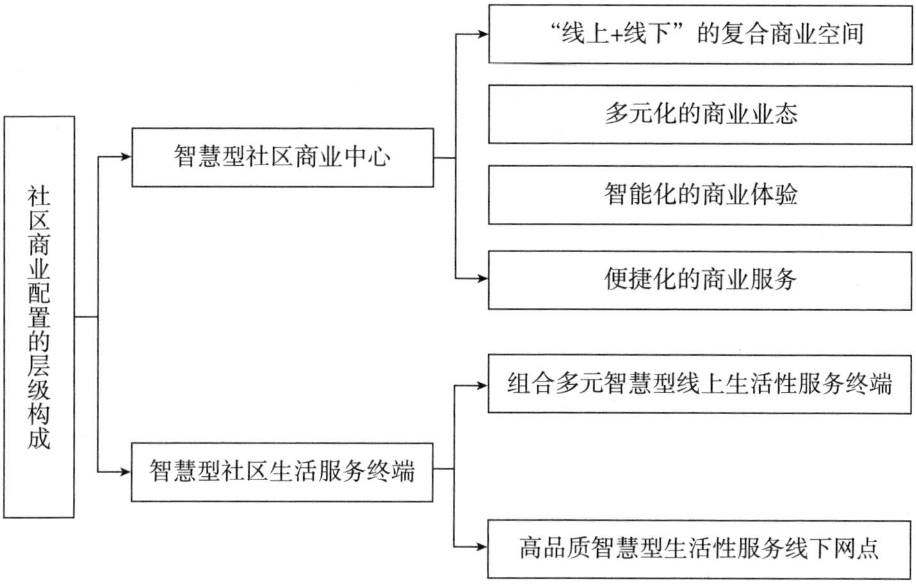

图 6-1　智慧型社区商业配置的层级构成

（二）智慧型社区商业中心配置

智慧型社区商业中心是以宜居生活广场为代表的社区商业中心，集中满足社区居民复合化、多元化、智能化、便捷化的生活服务需求。(1)“线上+线下”的复合商业空间。智慧型社区商业中心通过与京东到家、饿了么、美团外卖、每日优鲜、美菜网、管家帮、e 袋洗等到 O2O 生活服务平台和电商服务平台合作，打造“线上+线下”的复合化空间。(2) 多元化的商业业态。智慧型社区商业中心提供时尚生活、社区交往、亲子教育、文化艺术、休闲娱乐、社区服务等多元化的商业业态，成为时尚生活的中心、社区交往的中心、亲子教育的中心、文化艺术的中心、休闲娱乐的中心、社区服务的中心。(3) 智能化的商业体验。智慧型社区商业中心应创新共享厨房、共享会客厅、共享自习室、共享健身房、社区直播电商等新业态新模式，社区公共服务设施，成为社区生活体验空间。(4) 便捷化的商业服务。智慧型社区商业中心应通过数字化运营、智能决策提供线上线下一体化、社区团购、前置仓智慧物流、无接触配送等服务。

（三）智慧型社区生活性服务终端的配置

智慧型社区生活性服务终端的配置应注重数字技术的应用，线上线下融合配置。智慧型社区通过数字技术与商业服务的智能化对接，依托电商平台发展“互联网+”的消费体系，采用线上线下融合发展的模式，从而实现全面且高品质地满足社区居民日常生活性服务的需求。(1) 组合多元智慧型线上生活性服务终端，为社区居民提供零距离到家服务。主要可以通过三类线上服务终端实现：一是依托实体店的第三方电商平台提供的到家服务，如京东到家、美团外卖等；二是电商平台自营到家服务，包括每日优鲜、美菜网、美团买菜等；三是实体店自营线上平台到家服务，包括盒马鲜生、多点、永辉生活等。(2) 高品质智慧型生活性服务线下网点，为社区居民提供家门口的品质生活性服务。智慧型社区生活性服务线下网点至少应具备连锁化、品牌化、特色化、智能化特征之一。除蔬菜零售、便利店、社区餐饮等基本业态外，应针对社区资源条件，组合文化、体验、健康等多元化的消费业态，保障居民可获得家门口的品质化智慧生活服务。

四、智慧型社区商业配置模式异质性分析

我国城市的中心城区、新城区及其他村镇地区由于承载功能、资源条件、人口规模不同，因而社区商业发展并不均衡，如连锁化优质品牌仍主要集中在中心城区或新城区。本部分对智慧型社区商业配置模式进行异质性分析，进而指导智慧型社区商业配置实践。

（一）不同区域智慧型社区商业配置模式

智慧型社区商业分为中心城区、新城区、村镇地区三类不同区域，需要根据三类不同区域的现状和特征，因地制宜地提出智慧型社区商业配置模式。

1. 中心城区智慧型社区商业配置模式

中心城区的智慧型社区商业应该是社区商业高端品质的标杆，具有全

国社区商业典范示范效应。但中心城区社区商业发展整体成熟度较高，存在人口密度高、土地资源有限、成本高昂等问题，尤其拥有众多历史文化底蕴的街巷，老旧小区多，新建网点难度更大。中心城区智慧型社区商业中心配置应选择现有商业基础较好、历史文化底蕴深厚的区域，打造适应区域文化特色和居民消费需求的高品质试点项目，通过“点—线—面”墨渍式蔓生发展，带动区域智慧型社区商业的有机生长。中心城区智慧型社区生活性服务终端的配置应把握以下三个方面：(1) 着重推进线上终端和线下终端的深度融合，实现中心城区生活性服务功能高品质全覆盖；(2) 推进原有线下终端网点的连锁化、品牌化、智能化、特色化提升；(3) 统筹疏解腾退空间资源，优先补足高品质生活性服务实体网点和线上终端的线下节点，不断补足和提升中心城区智慧型社区生活性服务线下网点品质和扩大到家服务覆盖面。从线上线下融合以及推进实现智慧型社区生活性服务终端全覆盖的角度，推进中心城区智慧型社区生活性服务终端的配置优化。

2. 新城区智慧型社区商业配置模式

新城区是城市未来发展的核心，承担着承接中心城区疏解功能和推进本地城镇化发展的双重任务。随着农村地区新型城镇化进程、新城区人口规模和人口素质的不断提升，新建住宅区发展迅速，高品质社区商业需求非常旺盛。因此，新城区智慧型社区商业应该是所在城区社区商业发展的示范项目，引领带动所在区域社区商业发展提升，满足多层次、多样化、城乡均等的公共服务需求，营造宜居宜业的环境，打造便利高效、宜业有活力、宜居有魅力的新城区。新城区智慧型社区商业配置应当选择高品质新建住宅区，预留集中的公共服务和商业服务设施用地，与社区其他公共服务设施一起规划设计，针对周边社区居民消费需求特征，高起点规划建设智慧型社区商业中心示范项目，引领带动区域社区商业中心发展提升。新城区智慧型社区生活性服务终端的配置应把握以下三个方面：(1) 注重新建社区配套商业面积的预留与高品质实体网点的配置，新设生活性服务终端必须引进品牌连锁，或创新型商业服务企业；(2) 不断扩大智慧型社区生活性服务线上终端的到家服务覆盖面；(3) 注重原有线下终端网点的规范化、连锁化、品牌化、特色化、智能化提升。

3. 村镇地区智慧型社区商业配置模式

推进城乡公共服务均等化发展和新型农村社区建设，提升村镇区居民生活品质，是北京城市总体规划对村镇地区发展的规划重点。相较于中心城和新城区，北京村镇地区可开发空间资源相对较多，但是存在人口密度相对较低、老龄人口比例较大、消费能力较弱、商业基础较薄弱、线下实体社区商业网点发展水平较低、线上到家服务覆盖面较低等问题。因此，村镇地区发展智慧型社区商业，不仅可以提升村镇居民宜居品质，还能够推进城乡公共服务均等化发展。村镇地区智慧型社区商业配置可以不建设智慧型社区商业中心，重点在于完善与提升智慧型社区商业终端的配置，应把握以下两个方面：（1）参照新城区智慧型社区商业终端水准，完善提升村镇地区线下网点的配置，鼓励连锁品牌进村镇，推进村镇地区社区商业品质化提升；（2）推进电子商务向村镇地区延伸，完善村镇地区末端配送网点布局，提升到家服务的深度和广度。

（二）不同类型智慧型社区商业配置模式

智慧型社区商业分为新建社区、老旧区、科技产业园区、大学城四种不同类型的社区商业，根据四种不同类型的社区商业现状和特征，有针对性地提出智慧型社区商业配置模式。

1. 新建社区智慧型社区商业配置模式

新建社区基础设施条件较好、公共服务设施配套较完备，可以在社区规划建设阶段提前规划和预留相应的社区商业用房，是发展智慧型社区商业条件最好的社区。新建社区智慧型社区配置重点在于配套商业面积的规划预留。新建社区周边15分钟范围内没有区域商业中心或社区商业中心，可以按不低于社区总建筑面积10%的标准预留集中的社区商业面积，与其他公共服务设施一体化设计规划建设智慧型社区商业中心试点项目。周边15分钟范围内有区域商业中心或社区商业中心的新建社区，预留生活性服务设施配套面积，按智慧型生活性服务线下网点要求，配置基础生活性服务网点，并针对居民需求特征，组合配置品质提升生活性服务消费业态和品牌。

2. 老旧社区智慧型社区商业配置模式

老旧社区基础设施条件参差不齐，很多老社区基础设施薄弱，可用空间资源极其有限，不具备发展智慧型社区商业中心。老旧社区智慧型社区商业配置应把握以下两个方面：（1）选择基础条件较好的社区进行改造提升，打造智慧型社区商业中心；（2）对现有生活性服务网点进行品质化提升和推进线上到家服务的全覆盖。引导老社区现有网点通过改造升级、加盟、合作经营等方式，引入连锁品牌、创新型企业和品牌，推进线上到家服务的全覆盖，从而实现老社区生活性服务网点向智慧型社区商业升级。

3. 科技产业园区智慧型社区商业配置模式

科技产业园区集聚各类高精尖产业要素、科技创新企业、研究机构和科技产业人才，是推动北京经济发展的新高地。科技产业园区内及附近区域居民和工作人群，具有学历高、收入较高、平均年龄较低的特征，因此，科技产业园区附近的智慧型社区商业配置应同时满足区域内生活和办公消费的双重需求。智慧型社区商业中心要考虑社区内人才文化背景、生活方式等多元因素，配置与世界一流品质的国际人才社区定位和国际人才需求相匹配的智慧型社区商业，成为区域生活中心、商务服务中心，满足生活商业和商务商业的双重需求。智慧型社区生活性服务终端配置应积极引进以大数据分析、移动互联、智能物联网等先进技术为基础的创新型生活性服务企业和品牌，引进生鲜超市与居民餐饮相融合、线下消费与线上服务相融合、基础服务与各类可搭载服务相融合的创新型企业和品牌。

4. 大学城智慧型社区商业配置模式

大学城是大学师生、技术人才、高知人群集聚的区域。大学城及其附近智慧型社区商业配置需同时兼顾大城区社区周边居民和大学城师生的消费需求。大学城智慧型社区商业中心配置应着重考虑大学城人群结构与需求特征，重点引进盒马鲜生、智能仓储、网红直播间、社区课堂、共享自习室、共享健身房等多元服务，营造社区生活化场景，满足大学城师生和周边高知工作人群智能化消费体验。大学城智慧型社区生活性服务终端配置应针对广大师生消费需求，增加多元餐饮、生活购物等商业服务配套，在发展空间有限的区域可以引进无人值守智能便利店、自助售货机等占地小、自助式、智能化、管理成本低的创新型服务业态。

第四节 智慧型社区商业服务体系的标准化建设

一、标准化是社区商业规范化建设的重要基础

社区商业事关民生福祉，相关行业门类多、业态多、业种多、职业多、岗位多、从业人员多且进入门槛低，不仅需要连锁化、便利化、品牌化、特色化的升级，更需要规范化建设。规范化是社区商业品质提升的前提，而标准化是社区商业规范化的重要基础。数字经济环境下，智慧城市建设中，随着城市经济的发展和消费升级，为满足居民多样化的商品和服务消费需求，社区商业标准化应与智慧型社区商业的发展相契合而深化建设。

（一）我国的社区商业标准化建设

我国政府高度重视社区商业标准化建设工作。2005 年，商务部出台的《关于加快我国社区商业发展的指导意见》(商改发〔2005〕223 号）就把分级、分类制定社区商业标准列为社区商业建设的工作重点。“十一五”以来，我国国内贸易流通规划中均把标准化建设作为商贸流通业发展的重点之一，对社区商业相关标准化建设更予以重点要求。如《国内贸易发展“十一五”规划》(商建发〔2006〕349 号）在“发展便民利民的生产生活服务业”系统任务中，明确要求社区商业要“建立健全服务规范和标准，满足城乡居民日益多样化的生活需要”。要求餐饮业加快推进标准化，“严格执行市场准入标准、食品卫生与安全标准、服务规范标准，促进餐饮业规范化经营”。

《居民生活服务业发展“十三五”规划》(商服贸发〔2016〕488 号）特别指出，“服务标准不健全”是我国居民生活服务业存在的问题之一。为此，该规划将“标准化”纳入规划指导思想（“坚持创新驱动，促进居民生活服务业信息化、标准化、集约化发展，加快构建多层次、全方位的居

民生活服务体系，扩大服务消费，促进消费结构升级”）和发展目标（“市场主体持续壮大。居民生活服务市场主体全面发展，信息化、标准化、集约化水平显著提升”，“发展环境不断优化。法规标准体系逐步健全”），并提出“以标准化为目标提升服务质量”的主要任务，要求“构建国家标准、行业标准、地方标准与企业标准相互配套、相互补充的标准体系”“建立政府引导、社会中介组织推动、骨干企业示范应用的标准实施应用机制”，并完善标准管理，“建立完善标准实施后评估调整机制”。

《国内贸易流通“十三五”发展规划》（商建发〔2016〕430 号）从“健全流通标准体系”“强化流通标准实施应用”和“完善流通标准管理”三个方面对“加强流通标准化建设”加以规划引导。其还特别提出：“推进服务标准化，加快制定线上线下融合的服务标准，完善住宿餐饮、家政服务等行业服务标准。”其对社区商业密切相关的餐饮、家政等行业的智慧型服务标准提出要求。

2021 年 6 月 30 日发布的《“十四五”商务发展规划》进一步强调要“加强商贸流通标准体系建设，形成各层级标准有机衔接的标准体系框架，加强相关行业领域标准制修订，开展国家级服务业标准化商贸流通专项试点，强化标准应用实施”。《“十四五”商务发展规划》将“商贸流通标准化建设行动”列入建设现代商贸流通体系的重点举措，并强调标准化建设要“聚焦现代商贸流通体系建设重点方向和关键领域”。

在规划引导的同时，国家相关部门也出台了一系列规章制度强化社区商业相关领域的标准化规范化建设。如商务部等部门先后发布《美容美发业暂行管理办法》（商务部令 2004 年第 19 号）、《洗染业管理办法》（商务部、国家工商总局、环保总局令 2007 年第 5 号）、《再生资源回收管理办法》（商务部令 2019 年第 1 号）、《家庭服务业暂行管理办法》（商务部令 2012 年第 11 号）、《家电维修服务业管理办法》（商务部令 2012 年第 7 号）等，为维护消费者合法权益，规范美容美发业、洗染业、再生资源回收服务业、家庭服务业、家电维修服务业等相关行业经营行为，促进各行业健康发展提供法律保障。

（二）我国社区商业标准的基本框架

根据《中华人民共和国标准化法》（2017 年修订）："标准（含标准样品），是指农业、工业、服务业以及社会事业等领域需要统一的技术要求。"根据该标准法，标准主要包括六类：国家标准、行业标准、地方标准、团体标准、企业标准和国际标准。

经过多年发展，在相关国家部门、各省市地方人民政府、行业协会和业内企业及高校、科研机构的共同努力推动下，目前我国社区商业标准已在国家标准、行业标准、地方标准、团体标准和企业标准层面实现了全覆盖，尤其是国家标准、行业标准、地方标准、团体标准均已形成较完整的体系。表 6-1、表 6-2、表 6-3 为社区商业领域的代表性国家标准、行业标准和北京市关于社区商业制定的地方标准。

表 6-1　社区商业领域的代表性国家标准

行业类别	标准文件名称	标准文件编号
蔬菜零售	《农副产品绿色零售市场》	GB/T 19221—2003
	《农贸市场管理技术规范》	GB/T 21720—2008
	《超市销售生鲜农产品基本要求》	GB/T 22502—2008
	《畜禽肉冷链运输管理技术规范》	GB/T 28640—2012
	《农副产品销售现场危害管理规范》	GB/T 21721—2008
	《食用农产品保鲜贮藏管理技术规范》	GB/T 29372—2012
	《生鲜农产品配送中心管理技术规范》	GB/T 10873—2012
餐饮服务	《食品工具、设备用洗涤剂卫生标准》	GB 14930. 1—1994
	《生活饮用水卫生标准》	GB 5749—2006
超市（便利店）	《超市等级划分要求》	GB/T 28829—2012
	《超市购物环境》	GB/T 23650—2009
家政服务	《家政服务母婴生活护理服务质量规范》	GB/T31771—2015
	《家政服务机构等级划分及评定》	GB/T31772—2015
家电维修	《家用电子电器维修业服务经营规范》	GB/T28841—2012
	《家用和类似用途电器安装、使用、维修安全要求》	GB 8877—2008

表 6–2　社区商业领域的代表性行业标准

行业类别	标准文件名称	标准文件编号
蔬菜零售	《社区菜店设置要求和管理规范》	SB/T 11023—2013
	《鲜活水产品专卖店设置要求和管理规范》	SB/T 11022—2013
	《新鲜蔬菜包装与标识》	SB/T 10158—2012
	《青椒流通规范》	SB/T 10573—2010
	《萝卜流通规范》	SB/T 10880—2012
	《大白菜流通规范》	SB/T 10879—2012
	《香蕉流通规范》	SB/T 10885—2012
	《食用菌流通规范》	SB/T 11099—2014
	《预包装水果流通规范》	SB/T 10890—2012
	《冷冻水产品购销技术规范》	SB/T 11032—2013
	《生鲜农产品配送中心管理技术规范》	SB/T 10873—2012
	《零售业基层岗位技能要求 营业员》	SB/T 10512. 1—2008
	《零售业基层岗位技能要求生鲜工》	SB/T 10512. 4—2008
	《零售业基层岗位技能要求收银员》	SB/T 10512. 5—2008
餐饮服务	《餐饮企业信用等级评价规范》	SB/T 10858—2012
	《餐饮业现场管理规范》	SB/T 10580—2011
	《早餐经营规范》	SB/T 10443—2007
	《主食加工配送中心建设规范》	SB/T 10559—2010
	《餐饮企业节约管理规范》	SB/T 11166—2016
	《餐饮点餐服务规范》	SB/T 11167—2016
	《餐饮烹炸操作规范》	SB/T 11168—2016
超市（便利店）	《便利店分类》	SB/T 11084—2014
	《连锁经营术语》	SB/T 10465—2008
	《便利店服务类别及运营规范》	SB/T 10808—2012
	《连锁超市营运关键绩效指标（KPI）体系及考核评估》	SB/T 10669—2012
	《零售业品类管理指南》	SB/T 10620—2011
	《零售商问题商品管理规范》	SB/T 10666—2012
	《超市现场加工食品经营规范》	SB/T 10622—2011
	《零售业自有品牌开发与经营管理规范》	SB/T 10619—2011
	《超市收货规范》	SB/T 10618—2011

续 表

行业类别	标准文件名称	标准文件编号
家政服务	《家政服务基本规范》	SB/T 10643—2011
	《家政服务网络中心运营管理规范》	SB/T 10981—2013
	《家政服务员培训规范》	SB/T 10848—2012
	《早教服务规范》	SB/T 10987—2013
	《家庭保洁服务规范》	SB/T 10985—2013
	《家庭母婴护理服务规范》	SB/T 10984—2013
	《居家养老服务规范》	SB/T 10944—2012
	《家庭陪护服务规范》	SB/T 10943—2012
	《家庭教育服务规范》	SB/T 10942—2012
	《家政企业等级评价体系》	SB/T 10983—2013
	《家政员、师资质等级评价体系》	SB/T 10982—2013
	《家政服务业通用术语》	SB/T 10847—2012
	《家政服务信用档案建立基本要求》	SB/T 11224—2021
洗染服务	《洗染业开业的专业条件和技术要求》	SB/T 10271—1996
	《洗染店达标条件》	SB/T 10988—2013
	《洗染服务合约技术规范》	SB/T 10784—2012
	《洗染业服务质量要求》	SB/T 10625—2011
	《洗染业服务经营规范》	SB/T 10624—2011
	《衣物织补规范》	SB/T 11120—2015
	《光面革皮衣护理规范》	SB/T 10119—2015
	《衣物洗涤质量要求》	SB/T 10989—2013
	《公用纺织品清洗质量要求》	SB/T 10786—2012
	《西服、西裤熨烫质量要求》	SB/T 10785—2012
	《洗染业术语》	SB/T 10783—2012
	《洗染业开业的专业条件和技术要求》	SB/T 10271—1996
	《洗染业 O2O 服务流程及规范》	SB/T 11226—2021
	《自助洗衣店开业条件》	SB/T 11203—2017
	《公用纺织品清洗服务规范》	SB/T 11205—2017
	《衣物清洗服务规范》	SB/T 11204—2017

续 表

行业类别	标准文件名称	标准文件编号
沐浴服务	《沐浴业经营技术规范》	SB/T 10442—2007
	《足浴保健经营技术规范》	SB/T 10441—2007
	《沐浴企业服务质量要求》	SB/T 10645—2011
	《SPA 技师技能要求》	SB/T 10644—2011
	《SPA 经营技术规范》	SB/T 10509—2008
	《足部保健按摩服务规范》	SB/T 11016—2013
	《沐浴业擦背技术要求及服务规范》	SB/T 11015—2013
	《修脚服务规范》	SB/T 11017—2013
	《沐浴业术语》	SB/T 10565—2010
	《沐浴业态分类》	SB/T 10566—2010
美容美发服务	《美容美发业开业的专业条件和技术要求》	SB/T 10270—1996
	《美发美容企业星级划分》	SB/T 11018—2013
家电维修服务	《家用电器连锁维修服务组织等级评定规范》	SB/T 10349—2015
	《家用和类似用途电器服务顾客满意度测评规范》	SB/T 10425—2007
	《家电接修服务规范》	SB/T 11170—2016
	《家电上门维修服务规范》	SB/T 11171—2016
	《家电维修服务质量评价规范》	SB/T 11172—2016
再生资源回收服务	《再生资源回收站点建设管理规范》	SB/T 10719—2012
	《再生资源分拣中心建设管理规范》	SB/T 10720—2012
社区便民服务综合体	《社区商业设施设置与功能要求》	SB/T 10455—2008

表 6-3　北京市推荐应用的社区商业相关地方标准

行业类别	标准文件名称	标准文件编号
通用标准	《社区管理与服务规范》	DB11/T 1466—2017
	《商品交易市场设置与管理规范》	DB11/T 472—2007
	《街道（乡镇）、社区（村）人力资源和社会保障平台服务规范》	DB11/T 1491—2017
	《社区管理与服务信息分类代码》	DB11/T 405—2007

续 表

行业类别	标准文件名称	标准文件编号
	《社区管理与服务信息系统通用数据结构》	DB11/T 406—2007
	《清洁生产评价指标体系 商业零售业》	DB11/T 1266—2015
蔬菜零售	《社区菜市场（农贸市场）设置与管理规范》	DB11/T 309—2005
	《社区菜市场设置与管理规范》	DB11/T 309—2021
	《农贸市场公平秤设置与管理规范》	DB11/T 1094—2014
	《畜禽肉冷链物流操作规程》	DB11/T 3013—2018
	《果蔬冷链物流操作规程》	DB11/T 3014—2018
	《水产品冷链物流操作规程》	DB11/T 3015—2018
	《低温食品储运温控技术要求》	DB11/T 3016—2018
	《低温食品冷链物流 履历追溯管理规范》	DB11/T 3017—2018
	《冷链物流 冷库技术规范》	DB11/T 3010—2018
	《冷链物流 运输车辆设备要求》	DB11/T 3011—2018
	《冷链物流 温湿度要求与测量方法》	DB11/T 3012—2018
	《北京主要鲜果等级》	DB11/T 599—2016
	《蔬菜供应链安全风险管理指南》	DB11/T 750—2010
餐饮服务	《餐饮服务单位餐饮服务场所布局设置规范》	DB11/T 1789—2020
	《餐饮服务单位餐饮用具使用管理规范》	DB11/T 1790—2020
	《餐饮服务单位从业人员健康管理规范》	DB11/T 1791—2020
	《餐饮业颗粒物的测定手工称重法》	DB11/T 1485—2017
	《清洁生产评价指标体系 住宿餐饮业》	DB11/T 1260—2015
超市	《商场、超市碳排放管理规范》	DB11/T 1539—2018
	《绿色商场、超市评价要求》	DB11/T 1540—2018
	《商场、超市能源消耗限额》	DB11/T 1159—2015
	《商场、超市合理用能指南》	DB11/T 1160—2015
	《大中型商场、超市治安防范规范》	DB11/T 778—2011
	《公共生活取水定额 第 8 部分：商场》	DB11/T 544. 8—2015
家政服务	《家政服务通用要求》	DB11/T 417—2007
沐浴服务	《公共生活取水定额 第 10 部分：沐浴业》	DB11/T 544. 10—2015
	《清洁生产评价指标体系 沐浴业》	DB11/T 1261—2015

续 表

行业类别	标准文件名称	标准文件编号
洗染服务	《清洁生产评价指标体系 洗衣业》	DB11/T 1258—2015
美容美发	《美发服务操作规程》	DB11/T 099—2009
	《美发服务质量要求》	DB11/T 100—2009
	《美容服务操作规程》	DB11/T 629—2009
	《美容服务质量要求》	DB11/T 630—2009
养老服务	《养老机构服务质量星级划分与评定》	DB11/T 219—2014
	《养老机构医务室服务规范》	DB11/T 220—2014
	《养老机构服务质量规范》	DB11/T 148—2017
	《养老机构院内感染控制规范》	DB11/T 149—2016
	《养老机构老年人健康档案技术规范》	DB11/T 1122—2014
	《居家养老服务规范 第 1 部分：通则》	DB11/T 1598. 1—2018
	《居家养老服务规范 第 4 部分：助洁服务》	DB11/T 1598. 4—2018
	《居家养老服务规范 第 5 部分：助浴服务》	DB11/T 1598. 5—2018
	《居家养老服务规范 第 6 部分：助急服务》	DB11/T 1598. 6—2018
	《老年护理常见风险防控要求》	DB11/T 3002—2015
	《养老机构图形符号与标志使用及设置规范》	DB11/T 1353—2016
	《养老机构社会工作服务规范》	DB11/T 1121—2014
	《养老机构老年人健康档案技术规范》	DB11/T 1122—2014
	《养老机构康复辅助器具配置基本要求》	DB11/T 1549—2018
	《养老机构服务标准体系建设指南》	DB11/T 303—2014
	《养老机构老年人健康评估规范》	DB11/T 305—2014
	《社区养老服务设施设计标准》	DB11/T 1309—2015
	《养老机构老年人生活照料操作规范》	DB11/T 1217—2015
	《保健按摩操作规范》	DB11/T 589—2010
	《盲人保健按摩服务规范》	DB11/T 590—2010
	《盲人保健按摩企业等级划分与评定》	DB11/T 895—2012
	《残疾人社区康复站服务规范》	DB11/T 1550—2018
其他生活服务	《住宅物业服务标准》	DB11/T 751—2010
	《动物诊疗机构消毒操作技术规范》	DB11/T 707—2010

续 表

行业类别	标准文件名称	标准文件编号
	《验光配镜技术规范》	DB11/T 156—2016
	《街巷环境卫生质量要求》	DB11/T 1375—2016

团体标准是社区商业标准领域数量最多、门类最全的领域。全国标准信息公告服务平台发布的国内标准数据显示，2016 年至 2021 年 3 月，登记的我国社区商业相关团体标准为 193 项，可分为 10 个类别，其中，《社区商业中心建设和经营管理规范》（T/CUCO 1—2018）等通用标准 5 项；《放心肉菜示范标准化菜市场评审服务标准》（T/GDFCA 004—2019）等农产品流通相关标准 11 项（含生鲜经营相关管理规范）；《超市服务管理规范》（T/HYXX 001—2020）等社区零售（超市、便利店、小型门店）相关标准 15 项；《餐用具清洗消毒规范》（T/DCCA 009—2020）等餐饮服务相关标准 13 项；《美发行业服务质量标准规范》（T/DGMX 003—2019）等美容美发相关标准 7 项；《生活衣物洗涤纠纷处理指南》（T/DLXRXH 0006—2020）等洗染服务相关标准 10 项；《家政服务业服务规范》（T/ZQJZFW 001—2021）等家政服务相关标准 61 项；《老年照护服务质量评价标准》（T/SCNA 0002—2021）等养老服务相关标准 62 项；《家用和类似用途洗碗机安装和维修服务质量检验规范》（T/CHASA 002—2018）等维修服务相关标准 2 项；《人工洗车操作规范》（T/LADA 011—2017）等其他生活服务相关标准 7 项。

193 项社区商业相关团体标准中，家政服务和养老服务类标准分别约占 31.6%和 32.1%，其他各项总和约占 36.3%。其原因主要有两方面：（1）这两个门类社会需求度、关注度高，国家和政府层面高度重视，有明确政策导向。如随着我国老龄化社会的发展，养老服务成为社会关注的重点和热点。关于养老服务，近年国家出台了一系列政策文件，如《国务院关于加快发展养老服务业的若干意见》（国发〔2013〕35 号）、《民政部、国家标准委、商务部、质检总局、全国老龄办关于加强养老服务标准化工作的指导意见》（民发〔2014〕17 号）等。2017 年，民政部国家标准委出台了《民政部 国家标准委关于印发〈养老服务标准体系建设指南〉的通知（民发〔2017〕145号）》，明确要求“科学梳理养老服务各领域、各要素，构建内容全面、结构完整、层次清晰的标准体系”，并提出养老服务标准“全面系统”“动态优化”“适度超前”等基本原则，对促进其后数年内不同地区养老服务标准的大量集中编制具有直接影响。（2）这两个门类服务类别多、技术细节多、层次多，亟须标准化体系的引导。同时，这也说明社区商业团体标准的制定中存在较明显的不均衡现象。

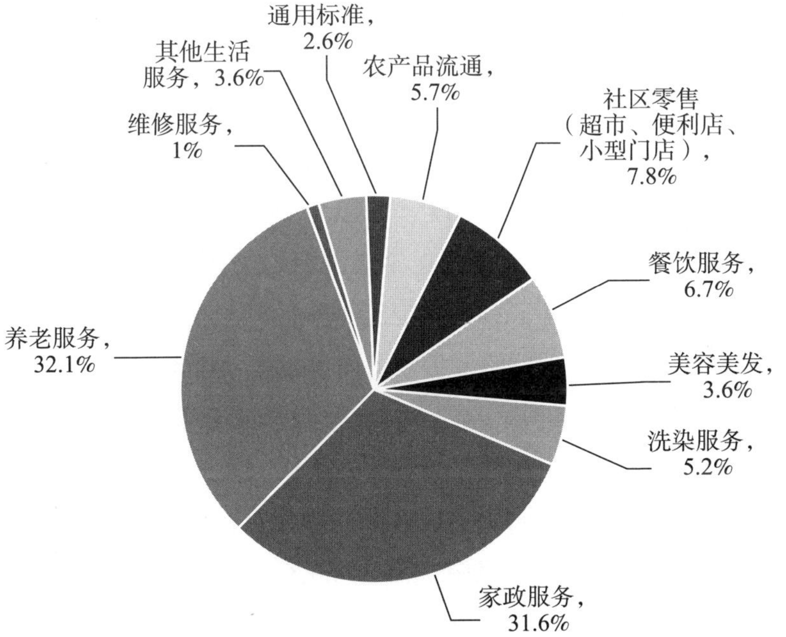

图6-2 社区商业团体标准类别统计（2016年—2021年3月）

资料来源：根据全国标准信息公告服务平台发布的相关标准整理。

注：因四舍五入，加总后并不一定等于100%。

二、社区商业标准化建设滞后于智慧型社区商业发展

（一）社区商业标准的时效性

在一浪高过一浪的数字经济浪潮的推动下，流通产业经受着全方位、

全流程的革命，社区商业的智慧型发展是其中不可或缺的内容。与之相适应，社区商业标准应体现社区商业的智慧型发展和变化，应具有时效性，不能以“过去时”规范“现代时”和“未来时”。从前述表 6-1、表 6-2、表 6-3 共计 158 项社区商业国家标准、行业标准和北京市地方标准的实施时间看，部分标准实施年限过长，其内容和要求已无法匹配现行环境和产业发展状况。

（二）互联网概念的社区商业标准建设

近年来，第四次零售革命迅猛发展，从根本上改变着商业生态。从线上商业的发展规模看，2010 年我国网上零售市场交易规模为 5131 亿元，在当年社会消费品零额总额（154554 亿元）的占比约为 3.3%；到 2018 年，网上零售市场交易规模达 90065 亿元，在当年社会消费品零额总额（380987 亿元）的占比约为 23.6%；2019 年后，面对疫情冲击，网络零售市场仍保持稳健增长，2020 年网上零售市场交易规模达 117601 亿元，在当年社会消费品零额总额（391981 亿元）的占比约为 30.0%。[①] 网络零售市场的持续稳定增长说明网络零售业已成为我国零售市场发展的主要驱动力，引擎作用明显。“互联网+流通”同样深刻改变了线下的实体商业。消费者日益依赖于通过网络渠道更便利、频繁地购买大量快销品、一般性商品，致使主打综合性消费或“一站购足”理念的大型百货店、综合超市日益陷入困境。实体零售店为吸引客流，将更多地围绕消费需求组合商品、提供服务，在休闲娱乐上下足功夫，从而推动了体验式、沉浸式商业的发展。同时，一批有个性、特色、主打多种服务的小型店铺和满足即时购买、24 小时购买需求的便利店业态得到发展，这也为社区商业带来了新的市场机会。目前，线上线下的不断发展与融合已成为社区商业发展的主流，餐饮、美容美发、家政服务、维修服务、再生资源回收等行业和相关业态均实现了线上线下的全线布局和经营。

但从社区商业的标准化建设看，目前线下服务标准相对较为完整，线

① 根据历年网上零售市场交易额和社会消费品零额总额公开数据整理。

上服务标准和线上线下相融合的社区商业标准严重滞后，面临大量缺项（见表 6-4）。如前述 193 项社区商业团体标准中，标题中明显体现互联网概念的仅有 7 项，占比约为 3.6%。显然，社区商业标准化建设中应大力加强互联网概念社区商业标准的修订和制定，尽快形成智慧型社区商业标准化体系。

表 6-4　互联网概念相关的社区商业团体标准（2016 年—2021 年 3 月）

团体名称	标准文件名称	标准文件编号
大连市洗染行业协会	“互联网+洗染”服务质量要求	T/DLXRXH 001—2018
中山市河源商会	“互联网+绿色”生鲜市场线上线下消费投诉处理指南	T/ZSHYSH 010—2020
中山市河源商会	“互联网+绿色”生鲜市场线上线下消费满意度评价规范	T/ZSHYSH 009—2020
中山市河源商会	“互联网+绿色”生鲜市场线下消毒管理规程	T/ZSHYSH 008—2020
中山市河源商会	“互联网+绿色”生鲜市场商务诚信评价规范	T/ZSHYSH 007—2020
中国标准化协会	互联网生活服务通用规范	T/CAS 292—2017
南京市家庭服务业协会	家政 O2O 服务规范	T/NJX 001—2020

资料来源：根据全国标准信息公告服务平台发布的相关标准整理。

（三）社区商业标准建设适应新职业发展需求

随着数字经济的发展、产业结构的调整，新技术、新业态、新模式的不断涌现和发展，新职业不断出现，且职业内涵与传统职业有明显变化，从业方式、就业时间更趋灵活。尤其是与社区商业密切相关的生活性服务业，由于覆盖范围广、市场大、消费者和用户多，因而职业机会多、市场空间大，成为我国新职业集中的领域。同时，多样化、个性化且不断升级的消费需求和生活服务领域精细化的专业服务又衍生出更为多元细分的新兴职业。如提供配送到家服务的外卖骑手、外卖运营规划师；美容美发服务领域的头皮养护师、美甲美睫师；家政服务领域的宠物训练师、宠物摄影师、育婴师、收纳师、产后修复师、整体造型师；养老服务相关的健康照护师、呼吸治疗师、老年人能力评估师等①。在社区商业服务相关领域涌现的大量新职业，许多还尚未列入《中华人民共和国职业分类大典》，对于相关人员及其工作的规范化管理严重滞后，亟须制定与现行生活服务相关职业岗位相适应的规范标准，社区商业标准应体现社区商业新职业发展需求。

（四）智能商业技术赋能社区商业标准建设

智能商业技术的日益普及和广泛应用是智慧型社区商业建设的典型特征。美团应用“餐饮娱乐知识图谱技术”的美团大脑轻松管理数以亿计的外卖订单；京东到家平台致力于为商家提供全渠道数字化整体解决方案和系统化工具；便利蜂用人工智能和数据算法实现选址、选品，对便利店鲜食的生产计划、鲜度管理、门店促销进行动态决策，用高科技运营小便利店；盒马鲜生以数据和技术驱动打造社区化一站式新零售体验中心等智能商业技术的大量应用已革命性地改变了社区商业生态，社区商业标准化建设应与之相适应、相匹配。

显然，现行的社区商业标准在很多层面上已落伍于新技术带来的行业变革。以摄影业为例，于1996年实施的摄影业国家标准《照相业开业的专业条件和技术要求》（SB/T10269—1996）中还含有大量关于暗室技术、暗室操作规范、感光胶片、相纸、化学药品使用等方面的技术规范，在数码技术已完全替代传统胶片摄影技术的今天，这些标准内容已失去存在的价值。又如2016年推出的《北京市城六区摄影行业开业经营规范（试行）》（京摄协2016. HG—0816）规定“从事专项摄影业务经营的社区便民服务点、大型商业功能区，影室面积不低于20平方米”。而当前遍布各

① 美团研究院. 2019年生活服务业新职业人群报告.

城市商业体的 24 小时无人值守的便民智能拍照设施占地不过 2/3 平方米，显然规范要求与现行行业智能化发展不相符合。可以说，数字化的发展已彻底颠覆了传统摄影业，今天自助式摄影棚、虚拟换装摄影、人脸追踪识别等新技术、新应用和在线预约、云端修图等新模式不断应用和普及，类似“海马体”等新型互联网概念的摄影门店的普及等，在现行标准上均未得到体现，摄影服务行业亟须修订、制定与智能商业技术应用状况相匹配的社区商业服务新标准。

（五）社区商业标准建设适应家庭智能化消费新需求

以家电维修行业为例，数字经济环境下，随着新技术的发展和居民消费的不断品质化升级，家电行业品类、品种、功能不断细分，特别是智能家电、绿色家电的发展，使家电行业发生了根本性的变化。当前在家庭应用中，各类各种清洁电器、食物料理电器、个人护理电器及功能融合性电器已逐渐普及并不断更新换代，家电智能化渗透率不断提升（见图 6-3）。

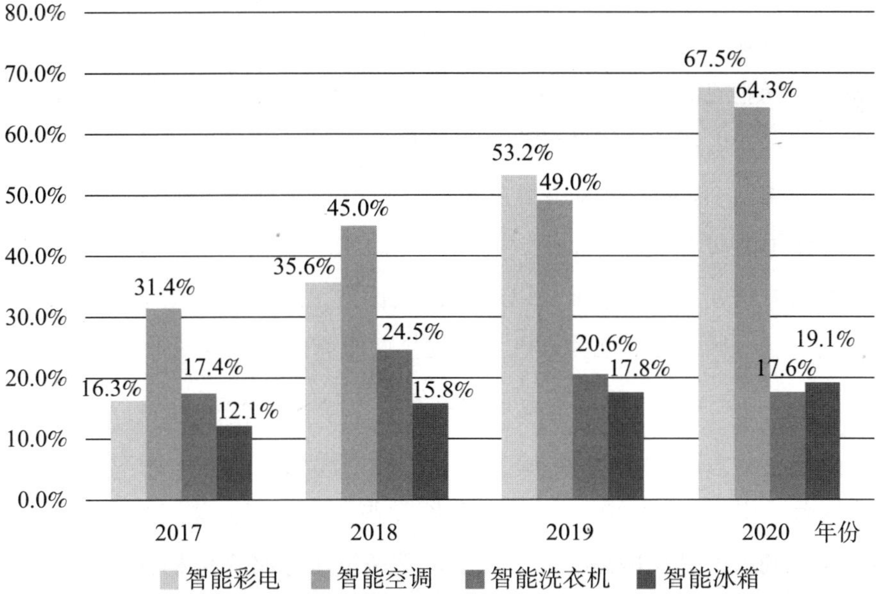

图 6-3　2017—2020 年中国重点家电品类产品零售量智能化渗透率

资料来源：前瞻产业研究院：《中国智能家电行业市场调研与投资预测分析报告》。

数据显示，2019 年我国小家电市场销售额已达到 638 亿元，2020 年我国彩电、空调、洗衣机、冰箱四大类主要家电的智能化渗透率分别达到 67.5%、64.3%、17.6%和 19.1%。前瞻研究院测算显示，2021 年我国智能家电出货量增长率将达到 33%。家电市场和消费的变化必然导致家电维修行业的变化和技术服务标准的变化。同时我们也看到，啄木鸟、百修网、万师傅、鲁班到家、蚁安居等一批维修服务平台通过行业整合快速替代了个人服务、门店服务等传统模式，与此相适应，家电维修服务应加快建设新服务标准，以更好地满足品质化社区商业的服务需求。

（六）社区商业标准建设适应零售新业态发展需求

随着智慧型社区商业的加速发展，社区商业服务领域出现了一批新业态。“社区团购”作为一种新业态在社区商业消费领域已占据一定的市场份额且增速迅猛。2020 年 6 月，凯度中国咨询团队发布的《2020 社区团购白皮书》显示，我国社区团购市场规模从 2018 的 280 亿元上涨到 2020 的 890 亿元左右，年均增幅 78%。但该行业目前仍处于“野蛮生长”时期，存在着不当竞争、品控难以保障、物流压力大、人员资质良莠不齐等诸多问题，对行业规范化经营迫在眉睫。2020 年 12 月，市场监管总局联合商务部组织召开规范社区团购秩序行政指导会，对规范社区团购市场秩序提出“九不得”，包括不得滥用自主定价权、不得实施垄断协议，不得非法收集、使用消费者个人信息等。类似社区团购这类新型社区商业业态，亟须出台相关服务及管理标准，以规范行业行为，维护公平竞争的市场环境和商业生态，从而更好地为社区居民提供健康有序的社区商业服务。

（七）社区商业标准建设适应特定人群的智慧服务需求

数据显示，截至 2020 年 12 月底，中国网民规模已达 9.89 亿人，中国互联网普及率达到 70.40%。[①] 在互联网高普及率之下，我们看到，依然有将近 30%的人群处于网络之外，无法享受智慧服务带来的福祉，其中较大规模是囿于“数字鸿沟”的老年人。“数字鸿沟指由不同性别、年龄、收

① 2021—2027 年中国互联网行业发展现状调研及发展趋势预测报告［R］. 智研咨询，2022.1.

入、阶层的人在接近、使用新信息技术的机会与能力上的差异造成不平等进一步扩大的状况。”而“使用新信息技术的机会与能力的差异造成老年数字鸿沟”。[①] 根据联合国的通用标准，如果一个国家或地区 60 岁以上老年人口占总人口比重达到 10%，或者 65 岁及以上的老年人口占总人口的比重达到 7%，那么这个国家（地区）就属于人口老龄化国家（地区）。第七次全国人口普查数据显示，我国 60 岁及以上人口超过 2.64 亿人，占 18.7%（其中，65 岁及以上人口超过 1.91 亿人，占 13.5%），属于典型的人口老龄化国家。[②] 养老服务作为社区商业服务的重要内容，怎么重视都不为过。在国家的大力推进下，尽管近年我国养老服务领域已形成一系列标准规范，前述 193 项社区商业团体标准中涉及养老服务相关标准 62 项，约占 32.1%，涉及机构养老、居家养老、老年照护等多方面，但与老年人生活相关的还有很多层面和局部尚未被标准覆盖。如没有子女陪护的老年人如何解决看病难和长期治疗问题是否有相应的服务标准，老年人的能力和需求评估及相应的服务配套标准是否应健全，农村地区、边远地区的老年人是否能享受标准化的配套服务等。还应特别关注养老服务中的智慧服务标准化问题，通过智慧型社区商业标准化建设，为突破老年人“数字鸿沟”寻找解决方案。

三、智慧型社区商业服务体系标准化建设的对策建议

鉴于社区商业标准化建设滞后于智慧型社区商业发展的现状，建议从以下方面入手，积极推进智慧型社区商业服务体系标准化建设。

（一）社区商业标准化专业组织建设

社区商业标准覆盖面广、专业性强，涉及的服务流程、技术细节多，社区商业标准化建设不是一朝一夕之功，应聚合政府、企业、行业协会、高校及相关研究机构等各方面的力量。特别应发挥行业性协会、专业性社

---

① 黄晨熹. 老年数字鸿沟的现状、挑战及对策［J］. 人民论坛，2020（29）：126-128.

② 国家统计局. 第七次全国人口普查公报［R］. 2021.5.

团和服务业相关企业的力量。行业协会熟悉企业、了解行业，能把控行业发展趋势，是社区商业标准化建设的主渠道之一。以北京市为例，与社区商业服务相关，北京市主要有北京市摄影行业协会、北京市饮食行业协会、北京市美发美容行业协会、北京市洗染行业协会、北京肉类食品协会、北京市粮食行业协会、北京焙烤食品糖制品协会、北京家政服务协会、北京市租赁行业协会、北京物流协会、北京西餐业协会、北京典当行业协会、北京老字号协会、北京豆制品协会、北京文化用品行业协会等十余个行业协会，覆盖了餐饮、美发美容、家政、摄影、洗染、旅店、修理、眼镜等生活服务业及相关行业和专业领域，还有北京商业经济学会、北京商业联合会、北京市商业企业管理协会等一批具有企业管理、经济贸易、专业研究、学术交流等专业职能的社团组织，完全有能力承担社区商业标准化的研究、起草、监督、评价等职能，成为社区商业标准化建设的主力军。企业是生产、销售与技术应用的实践者，处于社区智慧服务的前沿，具有将智慧服务相关新业态、新技术、新应用、新职业、新岗位与社区商业标准化研制工作结合起来的先天优势，企业参与相关标准制定，也更利于智慧服务标准的专业化和应用普及。鉴于当前各标准建设中存在资源分散、组织松散、缺乏规划、缺乏统筹等问题，建议由政府相关单位（商务、民政、发改、市场监督等管理部门）牵头，吸收相关协会、企业、高校等各方力量，组建社区商业标准化建设行动组织，形成社区商业标准化建设的合力。定期研究社区商业标准化建设存在的问题，实施的重点和方向，每年发布社区商业标准化建设指南，加快社区商业标准的修订和制定、试点和落实、评估和监督等。特别是针对“互联网+社区”商业标准建设滞后，现存标准智慧型服务内容缺失或过时等问题，要集中研究、各个突破，积极推动社区商业标准化的持续性建设，有效助力行业发展。

（二）智慧型社区商业标准的修订工作

标准存在时效性和适用性，同样需要与时俱进。鉴于社区商业领域相当数量的现行标准已明显落后于行业发展，建议依靠行业协会、企业等相关力量，对有关社区商业标准进行系统研究和修订。从行业发展角度，与数字经济相结合，与智慧型社区商业服务相匹配，满足社区居民的智慧型社区商业服务需求，社区商业标准修订主要应体现两方面的变化：一是体现行业发展中出现的新商业模式、新业态、新应用，如社区团购、电商直播、无人售货、冷链物流等；二是体现行业发展中的数字化升级技术，如数据中台、前置仓、人脸识别等技术，使社区商业标准能够切实体现行业发展的特点和内容，能够更好地规范行业行为，带动行业升级。

（三）智慧型社区商业服务新标准的研发制定

在现有基础上，与数字经济发展大变局中社区商业行业发展需求相适应，以智慧型社区商业标准为重点，建议加强社区商业服务新标准的研究和编制工作。如前所述，鉴于家电行业智能化电器的更新换代、各类家用小家电的不断细分和应用普及以及家电维修行业平台化服务模式的形成，传统的家电维修服务标准已不适应目前行业和产业的发展需求，应加快建设新服务标准，以更好地满足社区品质化家电维修服务需求。在养老服务领域，应将智慧化养老服务标准的制定作为弥合“数字鸿沟”的重要举措，建议对养老服务相关的线上线下服务整合、医养资源的整合、与老年人需求相适应的智能化技术和服务资源的匹配、智能养老服务设施的规范使用、社区智慧养老服务的培训和职业认证等都纳入标准，通过标准化建设，帮助老年人更好地适应日趋智能化、智慧化的社区商业服务。此外，鉴于线上服务和线上线下融合服务的相关领域中还存在大量标准缺项，如社区商业电子会员服务标准、预付费服务管理标准、社区团购直播规范、再生资源回收等到家服务规范、各类社区商业线上优惠券的发放和规范使用等均存在标准缺失，建议加快研究制定相关标准，尽快建立能较全面覆盖智慧型社区商业服务的标准化体系。

（四）智慧型社区商业服务标准的落地实施

在标准研制的基础上，各地还应高度重视智慧型社区商业服务标准的实施和落地工作。正如《国内贸易流通“十三五”发展规划》所要求的，智慧型社区商业服务标准的实施应用需聚合各方力量，“建立政府引导、社会中介组织推动、骨干企业示范应用的流通标准实施应用机制。”特别需要做好几方面的工作：一是以行业协会和社区智慧服务企业为主体，开展智慧型社区商业服务标准的研究和制定工作，并积极推动企业标准、团体标准向行业标准和国家标准转化。二是开展智慧型社区商业服务标准化建设试点，推动落实。2019—2021 年，北京市在已有行业标准规范的基础上，完善制定了蔬菜零售、餐饮（早餐）、便利店、家政服务、洗染、美容美发、摄影、家电维修、沐浴、社区商业便民服务综合体等行业（业态）的标准化门店规范，连续 3 年培育了上万家生活性服务业标准化门店①，就充分体现了标准化试点带动标准落地、落实的效果。三是开展智慧型社区商业服务标准化建设示范，通过多种奖励和扶持措施鼓励和支持更多地区和企业开展标准化应用项目。四是加强智慧型社区商业服务标准化的宣贯工作。五是结合社区商业准公益性质流通基础设施建设、电子商务、流通大数据等建设，使智慧型社区商业服务标准化优化供给、形成体系。

① 我市三年培育万余家生活性服务业标准化门店［EB/OL］. 北京市商务局官网. 2021-11-19. http://sw.beijing.gov.cn/sy/nsjg/fwjy/zhwxx/202111/t20211119_ 2541014.html.

第七章　智慧型社区商业发展的对策

本章提出了智慧型社区商业发展的政策，其中强调要赋予社区商业一定的公益属性，加强智慧型社区商业服务体系建设的规划与落实，加大智慧型社区商业服务体系建设政策的支持力度，发挥国有企业在智慧型社区商业服务体系建设中的主体作用；在智慧型社区商业发展的建议上，本章提出要鼓励智慧型社区商业服务模式的探索和实践，形成智慧型社区商业服务模式创新引领示范，打造新业态新模式融合的智慧型社区应用场景，强化智慧型社区商业运营管理，构建智慧型社区商业流通设施；同时，本章还从组织保障、政策保障、资金支持和宣传推广四个方面，提出了发展智慧型社区商业的保障措施。

第一节　智慧型社区商业发展的政策

由于社区商业具有公益属性，在政府高度重视民生和新冠肺炎疫情凸显社区商业应急保障功能日益重要的背景下，智慧型社区商业作为智慧城市建设的组成部分，有广阔的发展前景。智慧型社区商业服务的建设，也需要系统的政策支持。

一、赋予社区商业一定的公益属性

商业是竞争性行业，但社区商业担负民生必需品供应和公共危机应急保障供应，社区商业服务的公共属性和公益性是智慧城市概念框架中的重要一环。在零售革命的驱动下，社区商业服务模式在不断创新、不断适应智慧城市建设。由抗击新冠肺炎疫情的实践也可看出，无接触配送、线上线下融合等社区商业创新凸显了社区商业智慧化在保障民生上的必要性和重要作用，应当赋予一定的公益属性。社区服务一部分是靠政府拨款维系的公益性服务，另一部分是市场化的商业服务，二者“双线运行”，不利于社区资源统筹、相互借力、提高社区服务品质。随着城市现代化的演进和社区基层治理模式的成熟，社区商业的公益属性日益凸显。通过制度调整和政策支持，赋予社区商业服务一定的公益属性，并与社区公益性服务实现有机结合，可能是未来社区商业创新的重大突破。在后新冠时代，政府对社区投入的范围，应适当延伸至社区商业领域，协调好公益服务与商业服务的关系，确保社区商业有效承担起促民生、保应急的重任。

二、加强智慧型社区商业服务体系建设的规划与落实

根据国际经验，英国、新加坡等发达国家社区商业的开发，多半是在政府统一规划下进行的。政府应当把发展智慧型社区商业服务体系，纳入智慧城市建设规划和城市商业服务业发展规划，将社区商圈建设纳入城市商业空间规划。在深入调研、盘清社区资源底细的基础上，一区（社区）一策，制定有针对性的智慧型社区商业服务体系建设规划，统筹公益性资源和商业化资源、线上资源与线下资源的利用。为确保规划和设施建设规制的落实，建议如下：

（1）通过立法形式，确保落实国家规定的社区商业面积、设施性质用途和服务功能。

（2）由政府部门成立专门领导小组，负责对智慧型社区商业服务体系的规划布局、资源整合、财政支持等事项的决策部署、统筹协调和督促检查。

（3）建立联席会议制度，吸收专业研究机构和行业协会参与，形成定期会商机制，提高政策执行效力。

（4）建立专项调查与统计制度、信息通报制度和督查机制，加强联合执法和政策引导。

（5）发挥街道统筹协调作用，推动智慧型社区商业服务体系建设工作

落到实处。

三、加大智慧型社区商业服务体系建设政策的支持力度

鉴于社区商业基础薄弱、又是微利行业、受商业地产租金和人工成本上升影响、建设社区商业服务设施动力匮乏的现状，建议突破现有政策瓶颈，支持智慧型社区商业服务体系建设。具体政策导向可作如下选择：

（1）增加社区公益性设施投入，把智慧型社区商业建设投入纳入财政预算并保持可持续性。对新建社区，政府通过土地出让、税收减免、资金信贷、租金补贴等方面给予扶持；鼓励商业企业承租社区带有一定公益性的商业网点，并推进其规范化、标准化建设；对老旧社区，引导整治腾退空间用于商业服务。

（2）通过免租、税收优惠、以奖代补、以租代买、专项证照发放等政策措施，引导企业对社区，尤其是老旧社区实行跨行业、跨业态资源整合。

（3）建立投入专项和专项建设基金，支持智慧型社区商业信息平台建设，推进信息接口的标准化；探索采取“公益创投”模式，为处于初创期的公益性、准公益性项目提供“种子资金”；为终端物流设施和信息基础设施建设提供租金补贴。

（4）制定“组合拳”式激励、引导、支持方案，统筹智慧型社区商业规划，解决条块矛盾，一区一策，精准施策，形成公益性与市场化“双轮驱动”的动力机制和利益共享机制。

（5）在社区商业终端混业经营上突破限制，在卫生、消防、安全、环评上松绑。

（6）创新社区商业发展扶植资金的使用方式，充分发挥财政资金的引导作用，以财政资金撬动社会资本，变“输血”为“造血”，采取以奖代补、以租代买等方式，积极培育市场主体，强化市场化运作，确保智慧型社区商业服务体系建设的可持续发展动力。

四、发挥国有企业在智慧型社区商业服务体系建设中的主体作用

从新冠肺炎疫情中社区市场供应情况看，国有控股的连锁企业在响应政府号召，保民需、平物价、稳人心方面，实力更强、表现更优，体现了较强的社会责任担当。鉴于社区商业具有一定的公益属性，为更有效地保障民生、应对类似新冠肺炎疫情这样的重大公共危机，未来社区商业的改造与升级，特别是智慧型社区商业服务平台建设、信息基础设施建设、终端物流基础设施建设以及社区资源整合等方面，在平等竞争条件下，政府应引导、鼓励国有控股的连锁企业发挥主体作用。

第二节　智慧型社区商业发展的建议

一、鼓励智慧型社区商业服务模式的探索和实践

积极引进以大数据分析、移动互联、智能物联网等先进技术为基础的创新型生活性服务企业，鼓励发展生鲜超市与居民餐饮相融合、线下消费与线上服务相融合、基础服务与各类可搭载服务相融合的创新企业，全面推进消费环境、消费商品与消费者需求最优化匹配，实现线上、线下一体化的智慧服务全覆盖，提升石景山区生活性服务创新示范性。积极实现模式创新与智慧服务。加快推进现代信息技术、电子商务与生活性服务业的全面智能化对接，通过线上线下相结合、到家服务等模式创新，破解品质型生活性服务业经营成本高的发展瓶颈，实现提质补缺。引进创新业态与特色化品牌，鼓励店铺线上线下一体化发展以及通过线上下单、扫码下单、电话下单等方式预约上门服务。积极在居民年轻化的社区，尤其是社区商业配套面积不足的社区引进无人值守便利店、自助售货机、早餐盒子等业态，在地铁站周边引进自助售货机。引进洗衣、家政线上服务企业，通过零售网点搭载收发衣物、二维码扫码等方式，减少此类企业噪音扰

民、污染环境、穿墙打洞、管理不规范等问题。充分依托市场化资源，与美团、大众点评、百度糯米、京东到家等主流到家服务平台建立战略合作，邀请平台对零售企业进行业务辅导培训、现场办公、开辟绿色办理通道等方式，辅导有条件、有意愿的零售网点积极开展到家服务，提升生活性服务业创新发展水平。鼓励蔬菜、早餐、便利店提供一定覆盖范围内的线上下单、上门配送或线上预约、门店自取服务，减少顾客到店等待时间，便利服务百姓。鼓励互联网企业加强与实体店合作，推动线上交流互动、引客聚客、精准营销等优势和线下真实体验、品牌信誉、物流配送等优势相融合，促进组织管理扁平化、设施设备智能化、商业主体在线化、商业客体数据化和服务作业标准化。

二、形成智慧型社区商业服务模式创新引领示范

推动生活性服务模式创新，以智能化和整合资源为核心，以蔬菜零售、餐饮服务、超市便利店、再生资源回收、家政、洗染、美容美发、代收代缴八项服务为重点，引导商家深化智慧服务，实现社区商业服务功能的“零距离”“无障碍”和“全覆盖”，同时通过社区商业的智能化发展，加速推进社区商业软实力提升。社区商业服务资源的整合提供关键点在于在智能化服务的基础上，打破社区商业服务现有行业、地域和业态边际，跨行业、跨区域、跨业态整合各类资源，实现资源共享、优势互补，更高品质、更有效率地为居民提供个人化的社区商业服务。创新驱动智慧社区建设，优化发展社区商业终端服务设施。

在空间较小的试点社区，可以发展以便利店、菜店为核心的试点模式。以便利店或菜店为主体试点企业，整合各种服务资源，在有限的社区空间内实现各种生活服务资源的集聚，也可以依托便利店或社区菜店现有门店发展试点项目（见图 7-1）。

拥有较大体量社区服务空间的试点社区，发展以社区便利店为核心店，集日用品、蔬菜、餐饮、洗染、小修理、家政、再生资源回收、金融缴费等功能于一体的试点项目（见图 7-2）。根据试点项目的条件，便利

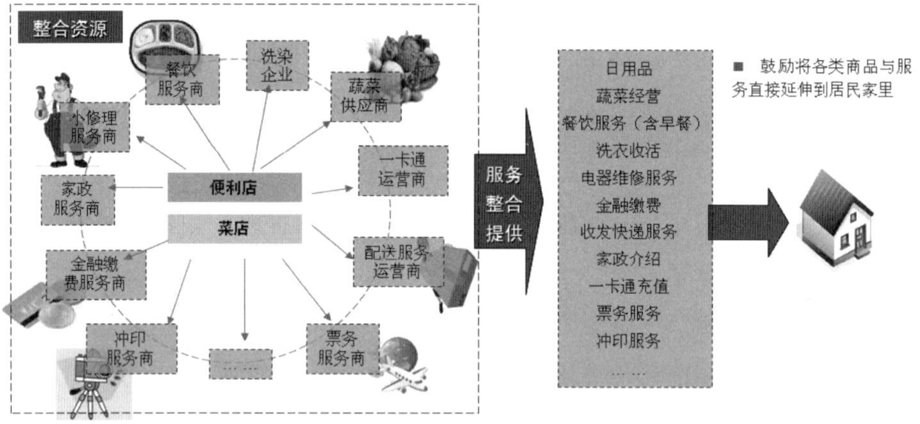

图 7-1 以便利店、菜店为核心的试点模式示意图

店、菜店、小型餐饮店、美容美发店、糕点店等可分别招投标由不同的企业经营，也可以所有功能由一家主体企业整合实现，洗染、小修理、家政服务、金融缴费等服务功能鼓励在核心店内搭载实现。

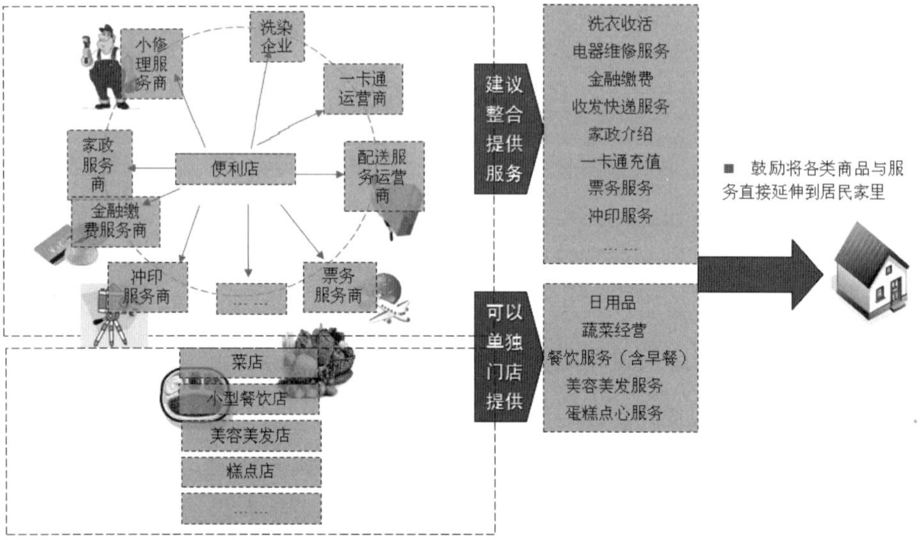

图 7-2 社区服务中心试点模式示意图

在没有发展空间的试点社区，可以发展以网络服务商为核心的试点模式。以网络服务商为核心，以无形服务模式，整合提供各种服务资源，提

供社区服务一站式解决方案（见图 7-3）。同时，培育社区服务志愿者，社区工作者、社区生活性服务企业工作人员、子女、门卫保安等通过手机、电话、网络等为老人提供一对一的零距离服务，解决老人互联网购物的困难。

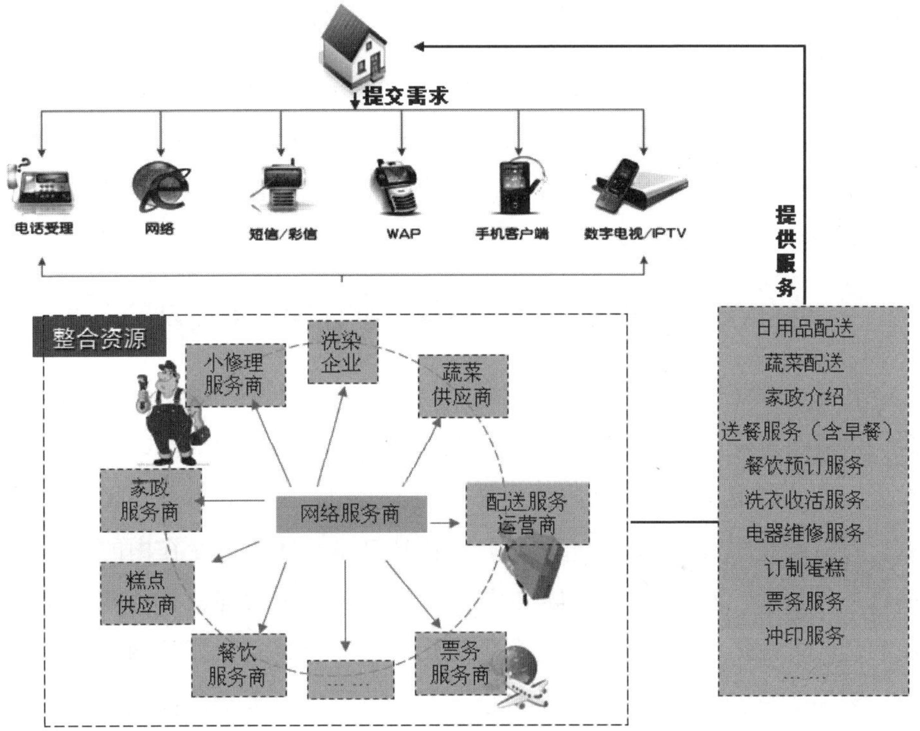

图 7-3　以网络服务商为核心的试点模式示意图

在生活服务功能欠缺并拥有 1000 平方米以上独立建筑体可用资源的社区，以及有改造升级意向和基础、1000 平方米以上现有社区商业项目，可以发展大型示范性社区商业便民服务综合体。引进 1000 平方米以上创新超市门店作为核心店，集合各类模式创新生活服务功能；引进每日优鲜等网上生鲜配送服务站点、自助洗衣房、管家帮服务站点等各类模式创新生活服务功能；引进社区欠缺的品牌生活服务功能。针对社区欠缺的生活服务功能，引进餐饮、美容美发等各类品牌服务商，为社区居民提供高品质的社区生活服务；引进提供生活服务的老字号品牌进社区。

在生活服务功能欠缺、拥有500~1000平方米独立建筑体可用资源的社区，以及有改造升级意向和基础、500~1000平方米的现有社区商业项目，可以发展中小型示范性创新型社区便民服务综合体。引进500平方米左右品牌生鲜超市为核心店；引进各类社区欠缺的品牌连锁或创新性生活服务功能，为社区居民提供各类高品质社区生活服务。

鼓励社区生活性服务网点与大型电商企业合作，充分借助移动互联、云计算、大数据、人工智能等技术手段，为居民提供多种智慧生活服务，推动数字化、网络化、智能化发展。整合线上信息资源和线下生活服务资源，推动线上线下融合发展。

三、打造新业态新模式融合的智慧型社区应用场景

智慧型社区商业应当注重运用“互联网+”，通过搭建便民生活圈平台、引进社区电商平台等，用数字化赋能社区商业，加快线上线下的融合发展。如北京市发布了生活服务业网点动态地图，汇集8万个便民商业网点，并借助美团App，向全市居民展示包括基本便民服务业在内的各类生活服务业信息，便于消费者搜索、导航、线上预订或交易，为消费者提供便利化、多样化、个性化、特色化的生活服务。福建省依托移动互联网搭建一刻钟便民生活圈平台，打造导航、领券、消费三大功能模块，实现实时定位、精准导航、覆盖全省，让社区居民在家门口附近就能便利消费，满足日常生活需要。重庆探索发展社区体验式电商、无人零售、无接触配送等新模式，引导苏宁等5家试点企业打造线上线下融合的便民生活圈综合服务平台。

四、强化智慧型社区商业运营管理

运用大数据技术，实时动态分析社区商业发展，将发展现状与社区消费需求无缝对接，寻找社区商业发展存在的问题、发展盲点和难点等，为政府决策提供可视化、深层次的依据；同时挖掘社区商业潜在消费需求和

消费趋势，前瞻性地分析智慧型社区商业需求和网点布局，为政府智慧型社区商业未来规划提供决策支撑。积极探索适合不同地区不同类型的智慧型社区商业模式，通过引入街道、国有企业、民营企业等不同的运营主体，加强对智慧型社区商业的运营管理。如宁波市根据城市不同社区的发展现状，将社区商业分为邻里社区、邻里中心和邻里街区三种模式，并针对不同的发展模式确定分类招商、运营及其管理思路。其中，针对邻里社区沿街商铺规模小、水平低、经营分散的状况，政府牵头通过租金补贴等方式将个人店铺长期租给运营商，指导社区商业运营商对沿街商铺进行统一招商、运营和管理，合理配置商业业态和便民服务平台。在商住混合式社区，打造组团型邻里中心，布局以“前商后居、下商上居、商住分离”为主，政府引导产权持有人转让商铺经营权，由专业运营商对社区商业进行整体规划、统一招商、规范管理。针对邻里街区根植于商业综合体式社区，社区业态布局相对合理，但是过于注重商业功能的开发，对于社区服务的重视程度不够，政府推动地产开发商将亲子、老年、家政等功能注入商业综合体，进一步完善商业综合体的业态配置。

五、构建智慧型社区商业流通设施

推进城市共同配送中心建设，创新配送模式，推广智能物流信息系统与设备应用，提升专业化、智慧化程度，增强城市配送效率。一是打造流通领域集约化、智慧化、绿色化物流供应链体系。加快商贸物流领域新基建进度，支持物联网、无人仓储、人工智能等技术应用，鼓励企业共建共享冷链物流配送中心，引导企业建设共同配送服务中心和智能自提柜相结合的末端配送服务体系，提高城市配送效率。二是建立统一的城市物流大数据平台。通过信息系统的应用，城市居民消费数据的沉淀，让数据真实、实时地反映城市物流、商流、资金流、信息流变化，实现四流合一。

第三节　智慧型社区商业发展的保障措施

一、组织保障

一是成立智慧型社区商业建设领导小组，负责对智慧型社区商业发展体系建设、规划布局、资源整合、财政支持等事项的研究部署，强化对建设工作的统筹协调和督促检查。以北京市石景山区为例，石景山区在发展智慧型社区商业、推进生活性服务业品质提升示范区建设中，成立了由区政府主管领导担任组长，区商务、发改、规划、住建委、社会建设办公室、国土、工商、环保、税务、消防、城管等政府部门和专业研究机构、行业协会作为成员单位的领导小组。领导小组办公室设在区商务局，负责组织、协调、落实、督办联席会议确定的各项工作。领导小组定期举行工作会，提高政策执行效力。领导小组下根据任务分设工作组，细化工作分工。

二是按照属地管理原则，发挥街道的统筹协调作用，推动辖区内的社区商业服务业建设工作。各街道结合生活性服务业网点调研情况和本辖区居民需求，制定各街道生活性服务业网点的空间布局及具体方案，各街道对生活性服务业情况进行街道满意度评价，整合街道和社区资源推动工作落实。各相关部门要按照职责分工制订年度工作计划，确保各项任务落到实处。

三是统一规划涉及统一业态布局、统一协调管理。市区各部门、街道社区要各司其职，相互配合，全力落实各项工作。要结合实际，对照实施规划，研究制定各自的工作方案，细化目标任务，建档立卡，明确时间表、路线图，抓好责任落实。强化督查考核，建立健全目标责任制，将智慧型社区商业建设列入区级政府重点工作。细化工作标准，严格工作要求，对区级各部门和街道的工作落实情况进行督查考核，确保落实到位。

四是建立联席会议制度。通过定期或不定期召开联席会议，将政府管理和市场运作有机结合，提升调控水平和能力，提高政策执行效力。以北京市石景山区为例，石景山区在推进智慧型社区商业和生活性服务业品质提升示范区建设中，要做好五方面工作：第一，建立社区商业专项调查与统计制度，加快形成常态化统计评价体系，注重统计成果应用和共享，提高社区商业的科学化管理水平；第二，加强联合执法和政策引导，共同努力为智慧型社区商业和生活性服务业品质提升示范区建设提供发展空间；第三，联合制定和推进重点街区的提升与发展规划；第四，定期对在推进工作中遇到的问题和矛盾进行汇总、分析、调解，调整和制定相关工作方案；第五，建立信息通报制度和督查机制，定期对规划执行情况进行阶段性评估，及时总结经验、发展问题，定向指导、纠偏，收到较好的效果。

五是要严格遵守国家法律法规和各项管理制度，特别是廉政制度。建立廉政制度检查小组，定期和不定期对廉政制度的实施情况进行检查，成立项目廉政专项监管组，对流程管理、标准补贴、体制机制进行公平客观考核，并对发现的问题按规定及时处理。定期召开廉政专项会议，对阶段性的廉政工作进行小结，开展批评与自我批评，就廉政工作进行交流，层层重视，上下联动。

二、政策保障

一是严格标准，规范建设。按照公开、公平、公正的原则，制定规范标准，建立和完善社区商业服务业的准入申报、评审、公示、退出制度，定期编纂并发布行业指导目录及禁止和限制目录，进一步规范并严格执行蔬菜零售、早餐服务、再生资源回收等相关行业标准，严格甄选主体企业，引导社区商业服务产业规范化、标准化建设。以北京市石景山区为例，他们将智慧型社区商业建设和生活性服务业品质提升示范区建设工作纳入石景山区委、区政府对各相关委办局、街道办事处绩效考核体系；细化年度工作任务指标，明确部门责任，联动网格化管理，切实加强具体建设事项的日常督查工作，及时发现、解决问题，确保实施项目顺利完成；按照相关行业标准、准入退出机制等规范，对参与企业及网点进行考核，实现优胜劣汰，实施效果较好。

二是突破政策瓶颈，实行专项扶持。以专项政策、专项资金为引导，以企业为主体，充分发挥市场优势，强化市场化运作，鼓励相关企业跨行业、跨业态资源整合，以专业支持资金为支点，重点通过免租政策、税收优惠、以奖代补、以租代买、专项证照发放等政策，推进智慧型社区商业发展与建设。

三是强化标准，有效监管。制定智慧型社区商业服务中心业态导则，按需规划店铺业态，实现各业态搭配协调。对引入的商户类型、功能、规模做出规定，以规范社区商业服务中心建设的管理和申报。依据市、区禁限目录，制定实施准入标准，指导企业规范运营，推进社区商业服务业健康发展。建立城市社区商业服务网点监测平台，实现社区商业服务网点的相关信息数据监测和更新，及时掌握社区居民生活网点的动态情况。建立城市重点商业主体资源库，针对潜在落地的品牌机构、重大项目，实行“一对一”跟踪服务机制，及时了解落地进展，给予相应的前期入驻支持。加强与大型商业地产运营商、专业品牌集成运营商的对接合作，联合引进一批国际一线品牌、国内知名品牌，根据其实际引进品牌数量和区域贡献，给予资金奖励。支持社会化开发主体、投资主体参与全市传统商业设施、商业街区改造升级，调整商业经营业态，改善消费服务配套。

三、资金支持

一是设立专项资金，支持基础建设。建立智慧型社区商业服务业建设基金，通过生活性服务业建设基金申请及区财政专项配套资金，专款专用支持生活性服务业建设与提升。相关资金主要用于蔬菜零售、早餐服务、再生资源回收等社区商业服务业行业规范标准制定、行业培训等准公益项目以及优化环境方面的重点项目。同时，探索采取“公益创投”模式，为社区商业服务业领域处于初创期的公益项目、准公益项目和中小型公益组织提供“种子资金”，支持其健康协调发展。为社区商业服务业建设提供租金补贴，对基本硬件设备购买，冷链物流相关设施设备配置，相关应用软件开发等予以支持；为社区商业服务业后台支持系统建设提供相应支持，包括对信息服务系统的建设和联通予以支持，对结算系统建设予以支持，对物流配送体系建设予以支持，对食品安全可追溯体系建设予以专项支持等。

二是增加财政投入，推进品牌化、规模化、连锁化发展。积极争取市级资金支持，创新社区商业服务业发展扶植资金的使用方式，以政府资本撬动社会资本，积极培育市场主体，全面提升财政资金的社会引导力和效能可持续性。积极发挥财政资金的引导和推动作用，吸引社会资金共同参与便民商业服务体系建设，形成合力，互利共赢，持续发展。资金支持着力点在于变“输血”为“造血”，采取以奖代补，以租代买等，以企业为主体，强化市场化运作，鼓励相关企业跨行业、跨业态资源整合，推动智慧型社区商业服务业品牌化、规模化、连锁化发展建设。

四、宣传推广

一是加大宣传，营造氛围。积极协调市区两级媒体，紧贴智慧型社区商业服务业建设工作，综合运用新闻发布、新媒体发布、深度采访报道、深入百姓面对面宣传等多种方式和手段，对智慧型商业服务业发展与建设成效做重点报道，全面提升相关工作政策知晓率，吸引更多优质企业参与到智慧型社区商业服务业建设中来；引导社区居民逐渐转变消费习惯；充分调动社会各界参与智慧型社区商业服务业体系建设的积极性，引导和调动社会优质优势资源参与建设，增强相关企业服务民生的责任感和使命感，形成全社会关注、全员参与、共同推进的良好氛围；不断提升百姓的获得感，努力提升居民对民生建设的满意度。

二是宣传培训，搭建平台。发挥政府的中介、沟通作用，维护企业利益、在人才培训、信息沟通、业务交流、营销推广等方面搭建共享平台；组织行业考察，交流成功经验。

附　录

关于推进线上线下互动加快商贸流通创新发展转型升级的意见[①]

各省、自治区、直辖市人民政府，国务院各部委、各直属机构：

近年来，移动互联网等新一代信息技术加速发展，技术驱动下的商业模式创新层出不穷，线上线下互动成为最具活力的经济形态之一，成为促进消费的新途径和商贸流通创新发展的新亮点。大力发展线上线下互动，对推动实体店转型，促进商业模式创新，增强经济发展新动力，服务大众创业、万众创新具有重要意义。为落实国务院决策部署，推进线上线下互动，加快商贸流通创新发展和转型升级，经国务院同意，现提出以下意见：

一、鼓励线上线下互动创新

（一）支持商业模式创新。包容和鼓励商业模式创新，释放商贸流通市场活力。支持实体店通过互联网展示、销售商品和服务，提升线下体验、配送和售后等服务，加强线上线下互动，促进线上线下融合，不断优化消费路径、打破场景限制、提高服务水平。鼓励实体店通过互联网与消费者建立全渠道、全天候互动，增强体验功能，发展体验消费。鼓励消费者通过互联网建立直接联系，开展合作消费，提高闲置资源配置和使用效率。鼓励实体商贸流通企业通过互联网强化各行业内、行业间分工合作，提升社会化协作水平。（商务部、网信办、发展改革委、工业和信息化部、

---

① 国务院办公厅：《关于推进线上线下互动加快商贸流通创新发展转型升级的意见》，国办发〔2015〕72号。

地方各级人民政府）

（二）鼓励技术应用创新。加快移动互联网、大数据、物联网、云计算、北斗导航、地理位置服务、生物识别等现代信息技术在认证、交易、支付、物流等商务环节的应用推广。鼓励建设商务公共服务云平台，为中小微企业提供商业基础技术应用服务。鼓励开展商品流通全流程追溯和查询服务。支持大数据技术在商务领域深入应用，利用商务大数据开展事中事后监管和服务方式创新。支持商业网络信息系统提高安全防范技术水平，将用户个人信息保护纳入网络安全防护体系。（商务部、工业和信息化部、发展改革委、地方各级人民政府）

（三）促进产品服务创新。鼓励企业利用互联网逆向整合各类生产要素资源，按照消费需求打造个性化产品。深度开发线上线下互动的可穿戴、智能化商品市场。鼓励第三方电子商务平台与制造企业合作，利用电子商务优化供应链和服务链体系，发展基于互联网的装备远程监控、运行维护、技术支持等服务市场。支持发展面向企业和创业者的平台开发、网店建设、代运营、网络推广、信息处理、数据分析、信用认证、管理咨询、在线培训等第三方服务，为线上线下互动创新发展提供专业化的支撑保障。鼓励企业通过虚拟社区等多种途径获取、转化和培育稳定的客户群体。（商务部、工业和信息化部、网信办、地方各级人民政府）

二、激发实体商业发展活力

（四）推进零售业改革发展。鼓励零售企业转变经营方式，支持受线上模式冲击的实体店调整重组，提高自营商品比例，加大自主品牌、定制化商品比重，深入发展连锁经营。鼓励零售企业利用互联网技术推进实体店铺数字化改造，增强店面场景化、立体化、智能化展示功能，开展全渠道营销。鼓励大型实体店不断丰富消费体验，向智能化、多样化商业服务综合体转型，增加餐饮、休闲、娱乐、文化等设施，由商品销售为主转向“商品+服务”并重。鼓励中小实体店发挥靠近消费者优势，完善便利服务体系，增加快餐、缴费、网订店取、社区配送等附加便民服务功能。鼓励互联网企业加强与实体店合作，推动线上交流互动、引客聚客、精准营销等优势和线下真实体验、品牌信誉、物流配送等优势相融合，促进组织管理扁平化、设施设备智能化、商业主体在线化、商业客体数据化和服务作业标准化。(商务部、发展改革委）支持新型农业经营主体对接电子商务平台，有效衔接产需信息，推动农产品线上营销与线下流通融合发展。鼓励农业生产资料经销企业发展电子商务，促进农业生产资料网络营销。(农业部、发展改革委）支持零售企业线上线下结合，开拓国际市场，发展跨境网络零售。(商务部)

（五）加快批发业转型升级。鼓励传统商品交易市场利用互联网做强交易撮合、商品集散、价格发现和信息交互等传统功能，增强物流配送、质量标准、金融服务、研发设计、展览展示、咨询服务等新型功能。鼓励传统批发企业应用互联网技术建设供应链协同平台，向生产、零售环节延伸，实现由商品批发向供应链管理服务的转变。支持发展品牌联盟或建设品牌联合采购平台，集聚品牌资源，降低采购成本。深化电子商务应用，引导商品交易市场向电子商务园区、物流园区转型。以电子商务和现代物流为核心，推动大宗商品交易市场优化资源配置、提高流通效率。鼓励线上行业信息服务平台向综合交易服务平台转型，围绕客户需求组织线下展示会、洽谈会、交易会，为行业发展提供全方位垂直纵深服务。(商务部、工业和信息化部、发展改革委)

（六）转变物流业发展方式。运用互联网技术大力推进物流标准化，重点推进快递包裹、托盘、技术接口、运输车辆标准化，推进信息共享和互联互通，促进多式联运发展。大力发展智慧物流，运用北斗导航、大数据、物联网等技术，构建智能化物流通道网络，建设智能化仓储体系、配送系统。发挥互联网平台实时、高效、精准的优势，对线下运输车辆、仓储等资源进行合理调配、整合利用，提高物流资源使用效率，实现运输工具和货物的实时跟踪和在线化、可视化管理，鼓励依托互联网平台的“无车承运人”发展。推广城市共同配送模式，支持物流综合信息服务平台建设。鼓励企业在出口重点国家建设海外仓，推进跨境电子商务发展。(发展

改革委、商务部、交通运输部、邮政局、国家标准委）

（七）推进生活服务业便利化。大力推动吃住行及旅游、娱乐等生活服务业在线化，促进线上交易和线下服务相结合，提供个性化、便利化服务。鼓励餐饮企业发展在线订餐、团购、外卖配送等服务。支持住宿企业开展在线订房服务。鼓励交通客运企业、旅游景点及文化演艺单位开展在线订票、在线订座、门票配送等服务。支持家政、洗染、维修、美发等行业开展网上预约、上门服务等业务。鼓励互联网平台企业汇聚线下实体的闲置资源，发展民宿、代购、合乘出行等合作消费服务。（商务部、旅游局、文化部、交通运输部）

（八）加快商务服务业创新发展。鼓励展览企业建设网上展示交易平台，鼓励线上企业服务实体展会，打造常态化交流对接平台，提高会展服务智能化、精细化水平。支持举办中国国际电子商务博览会，发现创新、引导创新、推广创新。提升商务咨询服务网络化水平。（商务部）提升知识产权维权服务水平。（知识产权局）积极探索基于互联网的新型服务贸易发展方式，培育服务新业态，推动服务贸易便利化，提升商务服务业国际化水平。（商务部）

三、健全现代市场体系

（九）推进城市商业智能化。深入推进智慧城市建设，鼓励具备条件的城市探索构建线上线下互动的体验式智慧商圈，支持商圈无线网络基础设施建设，完善智能交通引导、客流疏导、信息推送、移动支付、消费互动、物流配送等功能，健全商圈消费体验评价、信息安全保护、商家诚信积累和消费者权益保障体系。实施特色商业街区示范建设工程，鼓励各地基于互联网技术培育一批具有产业特色、经营特色、文化特色的多功能、多业态商业街区。（商务部、发展改革委、科技部、工业和信息化部、人民银行、工商总局、地方各级人民政府）

（十）推进农村市场现代化。开展电子商务进农村综合示范，推动电子商务企业开拓农村市场，构建农产品进城、工业品下乡的双向流通体系。(商务部、财政部) 引导电子商务企业与农村邮政、快递、供销、“万村千乡市场工程”、交通运输等既有网络和优势资源对接合作，对农村传统商业网点升级改造，健全县、乡、村三级农村物流服务网络。加快全国农产品商务信息服务公共平台建设。(商务部、交通运输部、邮政局、供销合作总社、发展改革委) 大力发展农产品电子商务，引导特色农产品主产区县市在第三方电子商务平台开设地方特色馆。(商务部、地方各级人民政府) 推进农产品“生产基地+社区直配”示范，带动订单农业发展，提高农产品标准化水平。加快信息进村入户步伐，加强村级信息服务站建设，强化线下体验功能，提高新型农业经营主体电子商务应用能力。(农业部)

(十一) 推进国内外市场一体化。鼓励应用互联网技术实现国内国外两个市场无缝对接，推进国内资本、技术、设备、产能与国际资源、需求合理适配，重点围绕“一带一路”倡议及开展国际产能和装备制造合作，构建国内外一体化市场。(商务部、发展改革委、网信办) 深化京津冀、长江经济带、“一带一路”、东北地区和泛珠三角四省区 (福建、广东、广西、海南) 区域通关一体化改革，推进全国一体化通关管理。(海关总署) 建立健全适应跨境电子商务的监管服务体系，提高贸易便利化水平。(商务部、海关总署、财政部、税务总局、质检总局、外汇局)

四、完善政策措施

(十二) 推进简政放权。除法律、行政法规和国务院决定外，各地方、各部门一律不得增设线上线下互动企业市场准入行政审批事项。根据线上线下互动特点，调整完善市场准入资质条件，加快公共服务领域资源开放和信息共享。(有关部门按职能分工分别负责) 简化市场主体住所 (经营场所) 登记手续，推进一照多址、一址多照、集群注册等住所登记制度改革，为连锁企业、网络零售企业和快递企业提供便利的登记注册服务。(工商总局)

(十三) 创新管理服务。坚持促进发展、规范秩序和保护权益并举，坚持在发展中逐步规范、在规范中更好发展。注意规范方式，防止措施失当导致新兴业态丧失发展环境。创新管理理念、管理体制和管理方式，建立与电子商务发展需要相适应的管理体制和服务机制，促进线上线下互动，充分发挥流通在经济发展中的基础性和先导性作用。开展商务大数据建设和应用，服务监管创新，支持电子商务产品品牌推广。(商务部、工商总局、质检总局) 在不改变用地主体、规划条件的前提下，各类市场主体利用存量房产、土地资源发展线上线下互动业务的，可在 5 年内保持土地原用途、权利类型不变，5 年期满后确需办理变更手续的，按有关规定办理。(国土资源部)

(十四) 加大财税支持力度。充分发挥市场在资源配置中的决定性作用，突出社会资本推动线上线下融合发展的主体地位。同时发挥财政资金的引导作用，促进电子商务进农村。(财政部、商务部) 营造线上线下企业公平竞争的税收环境。(财政部、税务总局) 线上线下互动发展企业符合高新技术企业或技术先进型服务企业认定条件的，可按现行税收政策规定享受有关税收优惠。(财政部、科技部、税务总局) 积极推广网上办税服务和电子发票应用。(税务总局、财政部、发展改革委、商务部)

(十五) 加大金融支持力度。支持线上线下互动企业引入天使投资、创业投资、私募股权投资，发行企业债券、公司债券、资产支持证券，支持不同发展阶段和特点的线上线下互动企业上市融资。支持金融机构和互联网企业依法合规创新金融产品和服务，加快发展互联网支付、移动支付、跨境支付、股权众筹融资、供应链金融等互联网金融业务。完善支付服务市场法律制度，建立非银行支付机构常态化退出机制，促进优胜劣汰和资源整合。健全互联网金融征信体系。(人民银行、发展改革委、银监会、证监会)

(十六) 规范市场秩序。创建公平竞争的创业创新环境和规范诚信的市场环境，加强知识产权和消费者权益保护，防止不正当竞争和排除、限制竞争的垄断行为。推进社会诚信体系建设，强化经营主体信息公开披露，推动行政许可、行政处罚信息 7 个工作日内上网公开。建立健全电子商务信用记录，纳入“信用中国”网站和统一的信用信息共享交换平台，完善电子商务信用管理和信息共享机制。切实加强线上线下一体化监管和事中事后监管，健全部门联动防范机制，严厉打击网络领域制售假冒伪劣商品、侵犯知识产权、传销、诈骗等违法犯罪行为。(商务部、发展改革委、工业和信息化部、公安部、工商总局、质检总局、食品药品监管总局、知识产权局)

(十七) 加强人才培养。鼓励各类企业、培训机构、大专院校、行业协会培养综合掌握商业经营管理和信息化应用知识的高端紧缺人才。支持有条件的地区建设电子商务人才继续教育基地，开展实用型电子商务人才培训。支持开展线上线下互动创新相关培训，引进高端复合型电子商务人才，为线上线下互动企业创新发展提供服务。(商务部、人力资源社会保障部、地方各级人民政府)

(十八) 培育行业组织。支持行业协会组织根据本领域行业特点和发展需求制订行业服务标准和服务规范，倡导建立良性商业规则，促进行业自律发展。发挥第三方检验检测认证机构作用，保障商品和服务质量，监督企业遵守服务承诺，维护消费者、企业及个体创业者的正当权益。(商务部、工商总局、质检总局)

各地区、各部门要加强组织领导和统筹协调，结合本地区、本部门实际制订具体实施方案，明确工作分工，落实工作责任。商务部要会同有关部门做好业务指导和督促检查工作，重大情况及时报告国务院。

关于推进电子商务进社区促进居民便利消费的意见①

各省、自治区、直辖市、计划单列市及新疆生产建设兵团商务、民政、国土资源、住房城乡建设、质检主管部门：

发展社区电子商务，是推动社区商业创新发展、转型升级的重要方式，是完善城乡社区服务体系的重要任务，有利于适应和满足居民个性化、多样化消费需求，对扩大消费、提高居民生活品质具有重要意义。根据国务院办公厅《关于推进线上线下互动加快商贸流通创新发展转型升级的意见》（国办发〔2015〕72号）和《关于深入实施“互联网+流通”行动计划的意见》（国办发〔2016〕24号）的要求，为加快推进电子商务进社区，现提出以下意见：

一、总体思路

全面贯彻党的十八大和十八届三中、四中、五中全会精神，深入贯彻习近平总书记系列重要讲话精神，牢固树立和贯彻落实创新、协调、绿色、开放、共享的发展理念，以服务民生为宗旨，坚持市场为主、政府引导，按照便利、品质、高效、绿色、有序、融合的要求，着力提升社区商业信息化、标准化、规范化、集约化水平，推动社区商业创新发展模式，提高服务能力，更好满足居民消费需求，提升居民生活品质。

力争到2020年，基本形成布局合理、功能完善、便利高效的社区商业综合服务体系，电子商务在社区商业领域的应用水平显著提升，居民生活消费需求基本可以在“一刻钟社区商圈”内得到满足，形成一批具有带动

① 商务部、民政部、国土资源部、住房城乡建设部、质检总局：《关于推进电子商务进社区促进居民便利消费的意见》，商建发〔2016〕255号。

引领作用的示范社区。

二、重点任务

（一）促进便利消费。

以居民生活需求为导向，构建线上与线下互动融合、虚拟与实体互相补充的社区商业综合服务体系。优化社区商业实体网点布局，支持利用闲置房间、地下空间等打造多层次、多形式的便民服务点，提供购物、休闲、养老、家政、健康、文化等综合服务，打造“一刻钟便民服务圈”。鼓励发展社区购物和服务应用软件，搭建云端平台，整合社区商业资源，打通电子商务、社区网点和配送平台信息链，提供现场体验、线上下单、便捷支付、网订店取、配送到家、服务上门的“一站式”服务。

（二）提升服务品质。

完善社区商业商品和服务标准体系，引导企业改造作业流程，优化全过程管理，保障产品安全和服务质量。鼓励品牌连锁企业向社区延伸，改造网点环境，增加经营品类，提升消费体验。推动城市和农村电子商务互联互通，支持有实力的城市社区商业企业建设农产品生产基地或直接与农业生产合作社、大户等进行对接，促进城市生活服务需求与农村劳动力供给有效衔接。通过社区电子商务聚集服务需求、扩大服务规模、提升服务水平，为城乡社区不同消费人群提供多样化、专业化、精准化服务。

（三）提高管理效率。

利用信息化手段，优化采购、库存、物流等管理，提高企业管理水平和运营效率。通过联合采购、共同配送、特许经营、平台集聚等方式，改善社会化协作水平。探索服务网络、信息网络、营销网络和物流网络“四网合一”，促进电商、零售、服务、物业、快递等在社区跨行业融合。鼓励社区商业企业应用大数据技术，通过对消费者画像，开展精准营销，提高商品和服务的结构化匹配能力。

（四）倡导绿色环保。

降低社区商业服务和消费过程中的资源消耗和污染排放。鼓励销售绿色产品和开展二手商品在线交易。减少包装物的消耗，鼓励使用生物基材料的环保包装制品。提倡对配送商品适度包装，避免过度包装，对同类商品进行合理、集约包装，提高纸箱等包装物的循环再利用水平。

（五）引导规范有序。

创建公平参与、有序竞争的营商环境。引导企业创新发展，打造核心竞争力，减少无序的恶性竞争。鼓励发展社区共同配送和智能配送，采取市场化手段，利用信息技术整合电商、快递、超市和便利店等各类社区物流和网点资源，优化配送线路，降低成本。加强与居住小区物业企业合作，充分发挥其场地和人力资源优势，提供小区快递收发配送服务。加强对社区配送的管理，避免大量占用公共空间，影响正常交通秩序。鼓励企业在具备条件的社区设立具有冷藏功能的商品自提柜，提升社区冷链配送水平。

（六）推进功能融合。

有效利用社区综合服务中心等场所，提倡"一点多用"，提高设施使用效率。集成社区商业和公共服务信息资源，向居民提供社区管理、经济统计、诚信资质查询、服务点评等综合服务。逐步实现社区公共服务、商业服务等平台和设施的集成和共享，构建设施智能、服务便捷、管理精细、环境宜居的智慧社区。

三、保障措施

（一）加大政策支持力度。

各地应充分认识社区商业基本业态的准公益性作用。鼓励地方政府出资购买一部分商业用房，用于支持社区菜店等满足居民生活基本需求的商业网点建设，或在场地租金、贷款贴息等方面给予补贴。支持利用公有物业为发展社区电子商务提供经营场所，建设电子商务服务站点或物流配送终端等设施。各地可探索设立社区电子商务发展基金，支持品牌、连锁和创新型社区商业企业做大、做强。积极利用大数据等技术创新社区商业管理理念和方式。

（二）加大用地保障力度。

充分发挥社区电子商务在业态、功能等方面的融合优势，加强土地综合利用。按照土地利用总体规划和流通业建设项目用地标准，在土地利用年度计划和土地供应计划中统筹安排社区商业用地。鼓励利用闲置设施建设符合规划的社区商业设施，涉及原划拨土地使用权转让或租赁的，经批准可采取协议方式供应。政府对旧城区改建需搬迁的流通业用地，在收回原国有建设用地使用权后，经批准可以协议出让方式为原土地使用权人安排用地。鼓励各地以租赁方式供应流通业用地。

（三）优化商业网点布局。

各地应将社区商业发展空间需求纳入城市规划中予以保障。新建社区商业和综合服务设施面积占社区总建筑面积的比例不得低于10%。严格社区商业设施的用途监管，不得随意改变设施的用途和性质。将地方商务主管部门纳入城市规划委员会和土地利用委员会成员单位。在网点规划布局中，既要重视补齐实体网点短板，也要注重发挥虚拟社区作用，实现基本业态功能。

（四）完善标准规范体系。

运用信息和互联网技术加快推进服务标准化建设，完善商贸物流、住宿餐饮、家政服务等行业服务标准。增强标准适用性，提高标准质量。建立政府引导、社会中介组织推动、骨干企业示范应用的社区商业标准实施应用机制。各地应结合实际，制订本地区社区商业业态的配置标准，纳入居住区配套设施等有关技术规范，为规划管理部门编制相关规划提供依据。

（五）发挥示范引领作用。

各地要充分发挥市场主体的积极性、主动性和创造性，先行先试，总结宣传一批可复制、可推广的经验，发挥示范效应，带动全面发展。商务部将会同有关部门制订电子商务进社区服务规范，分阶段确定若干电子商务示范社区，具体工作程序附后。各地可自行确定省级电子商务示范社区。

附件

关于确定电子商务示范社区的工作程序

从2016年开始，商务部、民政部、国土资源部、住房城乡建设部、质检总局将在全国范围内，分阶段选择若干具有创新性和可持续发展模式、能够发挥带动引领作用的社区，作为国家级电子商务示范社区。

一、示范社区的主要要求

一是便利。线上线下互动融合、虚拟与实体互相补充的社区商业综合服务体系比较完善。二是品质。通过产品和服务标准体系的建立和应用，提升服务品质，提供多样化、专业化、精准化服务。三是高效。利用信息和互联网技术，提升企业经营管理水平，创新发展能力强。四是绿色。消费过程中的资源消耗和污染排放水平低。五是有序。具有公平参与、有序竞争的营商环境，末端物流的运行效率和规范化水平高。六是融合。社区商业服务与社区公共服务平台的设施和功能能够有机结合。

二、示范社区的确定

商务部将会同有关部门制订电子商务进社区服务规范，并组织行业专家评选国家级示范社区。各地商务、民政、国土资源、住房城乡建设、质检主管部门按照服务规范，负责本省（自治区、直辖市）示范社区的初选和推荐，每地限推荐2个社区。

2016年国家级示范社区，将按照《关于推进电子商务进社区　促进居民便利消费的意见》中重点任务和保障措施实施情况，从各地已上报的典型案例中选择。

三、示范推广

各地要及时总结电子商务进社区的好经验、好做法，加大宣传推广力度。商务部、民政部、国土资源部、住房城乡建设部、质检总局将选择在适当的地区召开现场会，进行经验交流和成果展示，扩大示范效应。

四、退出机制

各地对已确定的国家级和省级示范社区按期进行复核，对不再符合标准的社区取消示范称号。

关于加快居民生活服务业线上线下融合创新发展的实施意见[1]

为贯彻落实《国务院办公厅关于推进线上线下互动加快商贸流通创新发展转型升级的意见》(国办发〔2015〕72号)文件精神，推动互联网技术在居民生活服务领域的广泛应用，加快居民生活服务业线上线下融合创新发展，现提出如下实施意见：

一、总体要求

(一)指导思想。全面贯彻党的十八大和十八届二中、三中、四中全会精神，按照党中央、国务院决策部署，加快互联网与居民生活服务业融合创新发展，优化资源配置，提升服务质量，推进政策创新、管理创新和服务创新，创造公平竞争、开放有序、优质安全的居民生活服务线上线下发展环境，进一步激发居民生活服务领域创新动力，加快推动居民生活服务业转型发展。

(二)基本原则。一是坚持市场主导与政府引导相结合。充分发挥市场配置资源的决定性作用，在政府引导和支持下，更好地发挥企业的主体作用。二是坚持网络经济与实体经济相结合。以促进实体经济发展为主线，采用互联网技术推动居民生活服务业转型升级，满足大众个性化多样性的消费需求，实现劳动力、资金、信息等资源的高效流转，加快创新成果转化。三是坚持政策落实与政策创新相结合。多措并举，优化公共服务，完善本地居民生活服务线上线下发展政策体系，加大政策集成与创新力度。四是坚持消费者体验与企业转型相结合。以用户体验为出发点再造

[1] 商务部:《关于加快居民生活服务业线上线下融合创新发展的实施意见》，商服贸函〔2015〕865号。

企业业务流程和组织架构，构建以消费者为中心的、灵活动态的商业模式和营销方法。

（三）工作目标。通过加快推进居民生活服务业线上线下融合创新发展，形成一批有效满足居民生活服务需求、具有较强专业化服务能力的本地生活服务平台；培育一批创新型生活服务企业，并从中成长出引领未来居民生活服务业发展的骨干企业，形成新的业态和经济增长点；培养一支引领互联网时代发展的从业人员队伍，能为居民提供良好的用户体验，满足人民群众对多样性、便利化的生活服务需求。

二、重点任务

（四）推动模式创新。鼓励居民生活服务企业创新商业模式，采用团购式、体验式、上门式、配送式等线上到线下融合发展模式，实现企业多元化发展。整合各类公用设施和社会资源，统筹建设和改造餐饮、住宿、家政、洗染、维修、美发美容等居民生活服务网点，完善一站式便民综合服务体系。鼓励餐饮企业通过团购式、配送式、上门服务式等，实现外卖、订座、点餐、半成品配送、厨师上门等服务线上线下融合创新发展。支持住宿企业依托网点优势，利用微信、微博、客户端等建立直销体系，提供方便快捷的预订住宿服务；充分利用第三方酒店在线预订平台拓展营销渠道；加快建设民宿短租平台，开发闲置资源，扩大住宿服务供给。支持家政服务业与互联网深度融合，建立集聚家政服务人员的服务平台，方便消费者选择服务；鼓励发展集聚家政服务企业的信息平台，向会员企业提供技术支持，并对其进行规范管理；引导各类家政和养老信息平台提供面向老年人的在线咨询、法律援助、健康保险、医疗护理等服务。支持洗染、维修、美容美发等行业依托已有电商平台或自有服务平台，开展上门取送、到家服务等业务，拓展营销渠道。

（五）加强政策引导。各地商务主管部门要用好中央财政服务业发展专项资金，引导居民生活服务企业创新发展。有条件的地区要设立促进居民生活服务业创新发展资金，支持居民生活服务业线上线下融合。引导居民生活服务企业充分发挥多层次资本市场作用，通过互联网股权众筹等方式，为创新发展获取金融资源。围绕构建企业间、产业间的交互、跨界和协同体系，研究出台政策措施。依托以市场化方式发展养老服务产业试点，积极推进智能化养老服务消费。通过开展优化环境促进餐饮业转型发展试点，推动餐饮业线上线下融合。各地商务主管部门视情开展居民生活服务业线上线下融合创新试点和示范工作。

（六）破除体制障碍。各地商务主管部门要按照职权法定原则，对现有行政职权进行清理、调整，优化权力运行机制，加强事中事后监管。要坚持问题导向，以有利于居民生活服务业转型创新为出发点，把群众生活密切相关的事项放在优先位置，着力解决服务差、服务贵等社会反映强烈的突出问题，让群众切实感受到居民生活服务业创新发展带来的变化。对于不在商务主管部门职权范围内的体制机制障碍，要积极协调有关部门予以解决。

（七）规范市场秩序。按照国务院职能转变和简政放权的要求，加强对居民生活服务质量的监管，通过制定企业标准、社团标准提升服务质量。规范居民生活服务企业线上线下竞争行为，建立开放、公平、诚信的市场竞争环境，加强个人信息保护工作。加强反垄断监测，及时发现和制止垄断协议和滥用市场支配地位等不公平竞争行为。完善部门、群团、行业组织等信息共享和职能衔接机制，切实保护消费者利益。鼓励居民生活服务类平台完善点评机制和惩戒机制，通过信息公开，加强行业自律。

（八）健全信用体系。按照《商务部关于加快推进商务诚信建设工作的实施意见》（商秩函〔2014〕772号）的总体要求，加快建立居民生活服务业行政管理信息共享机制，整合政务信息资源，实现部门信息互通共享；建立市场化生活服务综合信用评价机制，保障消费者权益；建立第三方信用评价机制，客观、公正反映信用建设情况。各地商务主管部门要引导企业建立包括用户信息认证、信用等级评价、业务流程保障、惩恶扬善机制等内容的信用体系。支持第三方消费点评平台建设，打击虚假点评，让商家承担更多责任，维护消费者权益。

（九）开展典型示范。各地商务主管部门要深度挖掘居民生活服务业创新发展的先进典型，在制订科学合理的评价标准和严格规范的遴选程序前提下，推荐一批影响力大、带动性强、示范效应好的典型企业，引领行业有针对性的推进线上线下融合发展。通过现场经验交流会、新闻媒体和政府公众信息平台等渠道，推广先进典型，扩大社会影响，调动社会资本积极参与居民生活服务业发展，在全社会形成支持发展居民生活服务业的良好氛围。

三、保障措施

（十）明确工作重点。要以促进实体经济发展为主线，倡导网络化、数字化、智能化生活方式，重点发展大众化餐饮、住宿、家政、洗染、维修等居民生活服务业态的线上线下创新与转型，着力发展面向老年人的订餐、家政、咨询等上门服务。

（十一）加强人才培养。各地商务主管部门要加强人才培训，培养一批掌握商业经营管理和信息化应用知识的高端紧缺人才。推动大专院校、培训机构、行业组织等开设互联网创业教育课程，培养一批符合行业发展要求的优质服务员队伍。

（十二）发挥协会作用。支持生活服务领域行业组织建设，特别是鼓励民间行业社团发展。鼓励行业组织根据发展实际搭建企业协作平台，制订社团标准，开展行业自律，加强行业研究，宣传先进典型，开展人员培训。

各地商务主管部门要高度重视推进居民生活服务业线上线下融合创新发展工作，强化互联网思维和创新意识，加强与相关部门的工作协调，加强情况调研，完善政策措施，认真抓好落实工作。

关于加快发展流通促进商业消费的意见[1]

各省、自治区、直辖市人民政府，国务院各部委、各直属机构：

党中央、国务院高度重视发展流通扩大消费。近年来，各地区、各部门积极落实中央决策部署，取得良好成效，国内市场保持平稳运行。但受国内外多重因素叠加影响，当前流通消费领域仍面临一些瓶颈和短板，特别是传统流通企业创新转型有待加强，商品和生活服务有效供给不足，消费环境需进一步优化，城乡消费潜力尚需挖掘。为推动流通创新发展，优化消费环境，促进商业繁荣，激发国内消费潜力，更好满足人民群众消费需求，促进国民经济持续健康发展，经国务院同意，现提出以下意见：

一、促进流通新业态新模式发展。顺应商业变革和消费升级趋势，鼓励运用大数据、云计算、移动互联网等现代信息技术，促进商旅文体等跨界融合，形成更多流通新平台、新业态、新模式。引导电商平台以数据赋能生产企业，促进个性化设计和柔性化生产，培育定制消费、智能消费、信息消费、时尚消费等商业新模式。鼓励发展“互联网+旧货”“互联网+资源循环”，促进循环消费。实施包容审慎监管，推动流通新业态新模式健康有序发展。（发展改革委、工业和信息化部、生态环境部、商务部、文化和旅游部、市场监管总局、体育总局按职责分工负责）

二、推动传统流通企业创新转型升级。支持线下经营实体加快新理念、新技术、新设计改造提升，向场景化、体验式、互动性、综合型消费场所转型。鼓励经营困难的传统百货店、大型体育场馆、老旧工业厂区等改造为商业综合体、消费体验中心、健身休闲娱乐中心等多功能、综合性新型消费载体。在城市规划调整、公共基础设施配套、改扩建用地保障等方面给予支持。（工业和信息化部、自然资源部、住房城乡建设部、商务

---

① 国务院办公厅：《关于加快发展流通促进商业消费的意见》，国办发〔2019〕42 号。

部、体育总局按职责分工负责)

三、改造提升商业步行街。地方政府可结合实际对商业步行街基础设施、交通设施、信息平台和诚信体系等新建改建项目予以支持，提升品质化、数字化管理服务水平。在符合公共安全的前提下，支持商业步行街等具备条件的商业街区开展户外营销，营造规范有序、丰富多彩的商业氛围。扩大全国示范步行街改造提升试点范围。(住房城乡建设部、商务部、市场监管总局按职责分工负责)

四、加快连锁便利店发展。深化“放管服”改革，在保障食品安全的前提下，探索进一步优化食品经营许可条件；将智能化、品牌化连锁便利店纳入城市公共服务基础设施体系建设；强化连锁企业总部的管理责任，简化店铺投入使用、营业前消防安全检查，实行告知承诺管理；具备条件的企业从事书报刊发行业务实行“总部审批、单店备案”。支持地方探索对符合条件的品牌连锁企业试行“一照多址”登记。开展简化烟草、乙类非处方药经营审批手续试点。(住房城乡建设部、商务部、应急部、市场监管总局、新闻出版署、烟草局、药监局按职责分工负责)

五、优化社区便民服务设施。打造“互联网+社区”公共服务平台，新建和改造一批社区生活服务中心，统筹社区教育、文化、医疗、养老、家政、体育等生活服务设施建设，改进社会服务，打造便民消费圈。有条件的地区可纳入城镇老旧小区改造范围，给予财政支持，并按规定享受有关税费优惠政策。鼓励社会组织提供社会服务。(发展改革委、教育部、民政部、财政部、住房城乡建设部、商务部、文化和旅游部、卫生健康委、税务总局、体育总局按职责分工负责)

六、加快发展农村流通体系。改造提升农村流通基础设施，促进形成以乡镇为中心的农村流通服务网络。扩大电子商务进农村覆盖面，优化快递服务和互联网接入，培训农村电商人才，提高农村电商发展水平，扩大农村消费。改善提升乡村旅游商品和服务供给，鼓励有条件的地区培育特色农村休闲、旅游、观光等消费市场。(发展改革委、工业和信息化部、农业农村部、商务部、文化和旅游部、邮政局按职责分工负责)

七、扩大农产品流通。加快农产品产地市场体系建设，实施“互联网+”农产品出村进城工程，加快发展农产品冷链物流，完善农产品流通体系，加大农产品分拣、加工、包装、预冷等一体化集配设施建设支持力度，加强特色农产品优势区生产基地现代流通基础设施建设。拓宽绿色、生态产品线上线下销售渠道，丰富城乡市场供给，扩大鲜活农产品消费。（发展改革委、财政部、农业农村部、商务部按职责分工负责）

八、拓展出口产品内销渠道。推动扩大内外销产品“同线同标同质”实施范围，引导出口企业打造自有品牌，拓展内销市场网络。在综合保税区积极推广增值税一般纳税人资格试点，落实允许综合保税区内加工制造企业承接境内区外委托加工业务的政策。（财政部、商务部、海关总署、税务总局、市场监管总局按职责分工负责）

九、满足优质国外商品消费需求。允许在海关特殊监管区域内设立保税展示交易平台。统筹考虑自贸试验区、综合保税区发展特点和趋势，扩大跨境电商零售进口试点城市范围，顺应商品消费升级趋势，抓紧调整扩大跨境电商零售进口商品清单。（财政部、商务部、海关总署、税务总局按职责分工负责）

十、释放汽车消费潜力。实施汽车限购的地区要结合实际情况，探索推行逐步放宽或取消限购的具体措施。有条件的地方对购置新能源汽车给予积极支持。促进二手车流通，进一步落实全面取消二手车限迁政策，大气污染防治重点区域应允许符合在用车排放标准的二手车在本省（市）内交易流通。（工业和信息化部、公安部、生态环境部、交通运输部、商务部按职责分工负责）

十一、支持绿色智能商品以旧换新。鼓励具备条件的流通企业回收消费者淘汰的废旧电子电器产品，折价置换超高清电视、节能冰箱、洗衣机、空调、智能手机等绿色、节能、智能电子电器产品，扩大绿色智能消费。有条件的地方对开展相关产品促销活动、建设信息平台和回收体系等给予一定支持。（工业和信息化部、生态环境部、商务部按职责分工负责）

十二、活跃夜间商业和市场。鼓励主要商圈和特色商业街与文化、旅游、休闲等紧密结合，适当延长营业时间，开设深夜营业专区、24小时便利店和“深夜食堂”等特色餐饮街区。有条件的地方可加大投入，打造夜间消费场景和集聚区，完善夜间交通、安全、环境等配套措施，提高夜间消费便利度和活跃度。(住房城乡建设部、交通运输部、商务部、文化和旅游部、应急部按职责分工负责)

十三、拓宽假日消费空间。鼓励有条件的地方充分利用开放性公共空间，开设节假日步行街、周末大集、休闲文体专区等常态化消费场所，组织开展特色促消费活动，探索培育专业化经营管理主体。地方政府要结合实际给予规划引导、场地设施、交通安全保障等方面支持。(住房城乡建设部、交通运输部、商务部、文化和旅游部、应急部、市场监管总局按职责分工负责)

十四、搭建品牌商品营销平台。积极培育形成若干国际消费中心城市，引导自主品牌提升市场影响力和认知度，推动国内销售的国际品牌与发达国家市场在品质价格、上市时间、售后服务等方面同步接轨。因地制宜，创造条件，吸引知名品牌开设首店、首发新品，带动扩大消费，促进国内产业升级。保护和发展中华老字号品牌，对于中华老字号中确需保护的传统技艺，可按相关规定申请非物质文化遗产保护相关资金。(商务部、文化和旅游部、市场监管总局按职责分工负责)

十五、降低流通企业成本费用。推动工商用电同价政策尽快全面落实。各地不得干预连锁企业依法申请和享受总分机构汇总纳税政策。(发展改革委、财政部、税务总局按职责分工负责)

十六、鼓励流通企业研发创新。研究进一步扩大研发费用税前加计扣除政策适用范围。加大对国内不能生产、行业企业急需的高性能物流设备进口的支持力度，降低物流成本；研究将相关领域纳入《产业结构调整指导目录》“鼓励类”，推动先进物流装备产业发展，加快推进现代物流发展。(发展改革委、科技部、财政部、商务部、税务总局按职责分工负责)

十七、扩大成品油市场准入。取消石油成品油批发仓储经营资格审批，将成品油零售经营资格审批下放至地市级人民政府，加强成品油流通事中事后监管，强化安全保障措施落实。乡镇以下具备条件的地区建设加油站、加气站、充电站等可使用存量集体建设用地，扩大成品油市场消费。(发展改革委、自然资源部、生态环境部、住房城乡建设部、交通运输部、商务部、应急部、海关总署、市场监管总局按职责分工负责)

十八、发挥财政资金引导作用。统筹用好中央财政服务业发展资金等现有专项资金或政策，补齐流通领域短板。各地可因地制宜，加强对创新发展流通、促进扩大消费的财政支持。(财政部、商务部按职责分工负责)

十九、加大金融支持力度。鼓励金融机构创新消费信贷产品和服务，推动专业化消费金融组织发展。鼓励金融机构对居民购买新能源汽车、绿色智能家电、智能家居、节水器具等绿色智能产品提供信贷支持，加大对新消费领域金融支持力度。(人民银行、银保监会按职责分工负责)

二十、优化市场流通环境。强化消费信用体系建设，加快建设覆盖线上线下的重要产品追溯体系。严厉打击线上线下销售侵权假冒商品、发布虚假广告等违法行为，针对食品、药品、汽车配件、小家电等消费品，加大农村和城乡接合部的市场治理力度。修订汽车、平板电视等消费品修理更换退货责任规定。积极倡导企业实行无理由退货制度。(发展改革委、工业和信息化部、公安部、农业农村部、商务部、应急部、海关总署、市场监管总局、药监局按职责分工负责)

各地区、各有关部门要充分认识创新发展流通、推动消费升级、促进扩大消费的重要意义，切实抓好各项政策措施的落实落地。各地区要结合本地实际完善政策措施，认真组织实施。各有关部门要落实责任，加强协作，形成合力，确保推动各项政策措施落实到位。

参考文献

[1] IBM. 智慧的城市在中国 [EB/OL]. http://www.ibm.com/cn/zh,2012-01-10.

[2] Juan Carlos Augusto. Past, Present and Future of Ambient Intelligence and Smart Environments [J]. HCI, 2011 (7): 425-432.

[3] Ago Luberg, Tanel Tammet, Priit Hirv. Smart City: A Rule-based Tourist Recommendation System [R]. Information and Communication Technologies in Tourism, 2011.

[4] Andrea Caragliu, Toppeta D. The Smart City Vision: How Innovation Can Build Smart, "Liveable"? Sustainable Cities [R]. Think Report, 2010.

[5] Tonnies. Ferdinand. Community and Society [M]. Michigan State University, 1957.

[6] 郑杭生. 社会学概论新修（第三版）[M]. 北京：中国人民大学出版社, 2003: 272.

[7] 唐忠新. 社区服务思路与方法 [M]. 北京：机械工业出版社, 2003: 6-7.

[8] 李雪，张赫，于丁一. 网络经济驱动下社区便民商业设施配置方式研究——以菜市场为例 [J]. 现代城市研究, 2020 (2): 33-41.

[9] 华淑华. 发达国家智能社区的特色及成功因素分析 [J]. 情报探索, 2009 (12): 91-93.

[10] 李曼. 社区商业建设发展若干问题思考 [J]. 商业时代, 2006 (8): 11-12.

[11] Huff. D. L. A Probabilistic Analysis of Shopping Center Trading Areals [J]. Land Ecnomics, 1963 (39): 81-90.

[12] 唐振兴. 对发展中国养老服务业的思考 [J]. 老龄科学研究, 2014 (4): 13-22.

[13] 魏伟，熊伊茗. "城市人" 理论视角下社区服务中心优化配置策略研究——以武汉市为例 [J]. 现代城市研究, 2021 (6): 125-132.

[14] Burgess, E. W. The growth of the city: an introduction to a research project [J]. American Social, 1924 (18): 85-97.

[15] Hoyt, H. The structure and growth of residential neighborhoods in American cities [J]. Federal Housing Administration, 1939.

[16] Garner. Geography of Marketing [M]. Longman, 1979.

[17] Potter. R. B. The Urban Retailing System: Location, Cognition and Behavior [M]. Gower and Retailing and Planning Associates, 1982.

[18] K. Hayton. Scottish community business: an idea that has had its days? [J]. Policy&Politics, 2000.

[19] Steven Bodzin. New life for old malls [J]. Journal of housing and community development, 2003.

[20] Kamel El Hedhli. Shoppingwell-beingatthemall: Construct, antecedent and consequences [J]. Journal of Business Research, 2013.

[21]《居住区详细规划》课题研究组. 居住区详细规划 [M]. 北京: 中国建筑工业出版社, 1985.

[22] 张占东. 社区商业问题探讨 [J]. 地域研究与开发, 2004 (3): 58-60.

[23] 商务部. 关于加快我国社区商业发展的指导意见 [R]. 2005. 12.

[24] 张荣齐. 社区商业管理 [M]. 北京: 中国物资出版社, 2008.

[25] 杨琳. 社区会所经营实务 [M]. 广州: 广东经济出版社, 2001.

[26] 马龙龙. 商业学 [M]. 北京: 中国人民大学出版社, 1998: 122-142.

[27] 王彦辉. 走向新社区 [M]. 南京: 东南大学出版社, 2003.

[28] 李定珍. 中国社区商业概论 [M]. 北京: 中国物价出版社, 2004. 3.

[29] 李定珍. 社区商业理论探索 [J]. 湖南商学院学报, 2004 (1): 27-29+32.

[30] 沈萌萌. 社区商业的理论与模式 [J]. 城市问题, 2003 (2): 40-41.

[31] 赖阳. 对社区商业的理想形态与开发模式探讨 [J]. 北京市财贸管理干部学院学报, 2005 (3): 9-12.

[32] 丰志勇, 何骏. 我国城市社区商业的现状、定位和发展模式 [J]. 地域研究与开发, 2008 (4): 47-51.

[33] 张晓娜. 城市社区商业组织模式探讨 [J]. 北京工商大学学报 (社会科学版), 2008 (6): 19-23.

［34］葛英. 城市社区商业开发模式及规模探析［D］. 合肥工业大学，2009.

［35］李炅之，王梦珂，何丹. 社区商业模式选择的思考——以苏州工业园区邻里中心为例［J］. 世界地理研究，2010，19（4）：138-144.

［36］谭博裕. 新加坡“邻里中心”社区商业模式对中国的启示［J］. 技术与市场，2011（8）：256-257.

［37］杨娟. 城市邻里中心商业空间模式的探究［D］. 长安大学，2013.

［38］赵灵翡. 新型城镇化背景下北京社区商业发展研究［D］. 首都经济贸易大学，2014.

［39］杨晓娜. 我国城市大型社区商业模式探析［J］. 江苏商论，2014.

［40］蒋明阳. 新型社区商业模式——邻里中心的探讨［J］. 现代经济信息，2016（7）：84.

［41］郑淑蓉. 社区商业的发展模式及其运作［J］. 商讯商业经济文荟，2004（3）：1-3.

［42］沈萌萌. 社区商业的理论与模式［J］. 城市问题，2003（2）：40-44.

［43］杜岩，彭品志，庄玉梅. 我国城市社区商业辨析与探讨［J］. 山东经济，2005（1）：21-24.

［44］何骏. 我国城市社区商业的发展模式研究［J］. 北京工商大学学报（社会科学版），2008（2）：23-26.

［45］黄国雄. 以城建市以市兴城——首都商业网点规划之我见［J］. 北京市财贸管理干部学院学报，2000（1）：17-19.

［46］徐晓燕，曲静，叶鹏. 基于空间句法的住区配套商业设施可达性研究［J］. 规划师，2012，28（S2）：244-248.

［47］丰玮. 公共服务设施配置与居民出行间关系研究［D］. 合肥工业大学，2012.

［48］钟桂芬，张丽君，李伟. 社区商业业态空间布局研究——基于典型社区商业案例的总结［J］. 中国房地产，2013（7）：46-49.

［49］富嫱. 城市大型社区商业空间布局模式研究［J］. 城市建设理论研究（电子版），2015（10）：46-47.

［50］王庆璐. 哈尔滨市社区商业空间布局策略研究［D］. 哈尔滨工业大学，2017.

［51］徐晓燕. 城市社区配套设施微区位布局研究［J］. 规划师，2011，27（12）：62-66.

［52］柴彦威，沈洁. 基于居民移动—活动行为的城市空间研究［J］. 人文地理，2006（5）：108-112+54.

［53］沈洁，柴彦威. 郊区化背景下北京市民城市中心商业区的利用特征［J］. 人文地理，2006（5）：113-116.

［54］龙海波. 上海现代社区商业空间研究［D］. 上海师范大学，2007.

［55］张波，张荣齐. 社区商业建设评价指标体系构建［J］. 商业时代，2009（24）：18-19.

［56］陶晓波. 社区商业设施满意度测评指标体系实证研究——以北京市为例［J］. 北京工商大学学报（社会科学版），2009，24（6）：21-27.

［57］郑光财. 浅议评价社区商业建设水平的指标体系［J］. 北方经济，2010（16）：13-14.

［58］吕一林，田林，李妍嫣. 基于居民满意度的社区商业发展实证研究［J］. 商业时代，2010（3）：23-25.

［59］樊盛兰. 城市社区商业开发运营研究［D］. 重庆大学，2006.

［60］万房网地产研究机构. 社区商业开发操盘实战解码［M］. 大连：大连理工大学出版社，2009.

［61］周霞，周晓静. 对现阶段我国社区商业开发经营模式的几点思考［J］. 现代商业，2009（15）：6-7.

［62］俞海英. 如何成功运营城市社区商业综合体［J］. 城市建设理论研究，2013（7）：14.

［63］郑宏晟. 基于商业策划的社区商业开发研究［D］. 湖南大学，2014.

［64］柳丽. 我国社区商业发展现状分析及建议［J］. 时代金融，2015（24）：191+194.

［65］薛凯，王崇岗. 社区商业开发策略研究——以青岛福州路万科广场社区商业为例［J］. 中小企业管理与科技（上旬刊），2016（6）：51-52.

［66］靳晶晶. 中外社区商业开发模式比较及经验借鉴［J］. 商业经济研究，2018（17）：9-12.

［67］王晓玉. 国外社区商业发展的理论与实践［J］. 上海经济研究，2002（11）：

68-73.

[68] 李程伟，张晓红. 北京市社区商业服务的发展：难点与对策 [J]. 北京行政学院学报，2002 (4)：52-55.

[69] 赵立华. 社区商业未来商业新的增长点 [J]. 北京市财贸管理干部学院学报，2003 (3)：24-26.

[70] 孙元欣. 社区生命周期与社区商业发展规律 [J]. 上海商业，2003 (3)：10-12.

[71] 梁运文，谭力文. 商业生态系统价值结构、企业角色与战略选择 [J]. 南开管理评论，2005 (1)：57-63.

[72] 赵立华. 北京社区商业发展探讨 [J]. 商业时代，2005 (23)：19-20.

[73] 叶强. 社区商业管理的问题及对策研究 [D]. 上海交通大学，2006.

[74] 蔡鑫. 发展社区商业——社会和谐与经济发展的并重之举 [J]. 商场现代化，2006 (18)：151-152.

[75] 曹汝东. 我国社区商业发展模式研究 [D]. 东北财经大学，2007.

[76] 陆文隽. 社区商业空间规划与消费行为的互动 [D]. 同济大学，2008.

[77] 刘建湖. 城市社区商业发展模式的定位思考 [J]. 商业研究，2008 (12)；197-200.

[78] 何骏. 上海社区商业的发展模式研究 [J]. 城市问题，2008 (4)：40-43+48.

[79] 宋春光，刘江涛. 中国社区商业发展的路径分析 [J]. 学术交流，2008 (1)：4.

[80] 徐爽. 基于消费者行为学的居住社区商业规划与设计研究——以瑞虹新城为例 [D]. 同济大学，2009.

[81] 孙元欣. 上海郊区新市镇商业发展的模式与措施 [J]. 商业研究，2009 (8)：159-161.

[82] 李华明. 城市社区商业设施配置研究——以南京市建邺区为例 [D]. 长安大学，2009.

[81] 刘岭. 北京回龙观特大型社区商业发展探析 [J]. 中国商论，2010 (6)：226-227.

[82] 李亚晴. 市场主导下政府干预居住社区商业设施配置研究 [D]. 深圳大

学，2010.

［83］赖月云. 国外社区商业发展对杭州的启示［J］. 商场现代化，2010（13）：96-97.

［84］隋鑫毅. 济南城郊大型社区商业设施配置研究［D］. 山东建筑大学，2011.

［85］曹正进. 大力发展首都社区商业的动因探析［J］. 北京工商大学学报（社会科学版），2011，26（2）：22-28.

［86］汤婧雯. 城市居住小区商业服务设施配置调查研究——以西安市为例［D］. 长安大学，2013.

［87］黄振波，王先庆. 新城镇化背景下社区商业的业态选择及发展趋势［J］. 广州城市职业学院学报，2013，7（2）：13-17.

［88］黄国雄. 试论商业原则［J］. 北京工商大学学报：社会科学版，2013（6）：1-3.

［89］张华. 南京市保障性住房社区商业管理研究［D］. 东南大学，2014.

［90］张荣齐，石秀娟. 新型城镇化社区商业发展问题研究——以北京门头沟区为例［J］. 中国市场，2014（28）：60-67.

［91］黄晓微. 上海社区商业发展研究［D］. 上海社会科学院，2014.

［92］邢志宏. 提升服务品质建设宜居之都［J］. 前线，2015（4）：77-80.

［93］韩凝春. 北京社区居民生活性服务业发展需求及消费方式基础研究［J］. 时代经贸，2016（25）：24-37.

［94］龚丹. 社区商业管理［J］. 同行，2016（14）：91.

［95］杜万辉. 浅谈现代社区商业物业的管理特色［J］. 中国房地产业，2016（9）：45-46.

［96］徐波. 宁波市鄞州新城区社区商业设施配置与空间布局研究［D］. 浙江大学，2016.

［97］高宝华. 促进我国居民生活服务业“一体两翼”发展的战略思考［J］. 金融经济，2017（12）：21-23.

［98］杨宜. 把握新常态提升生活性服务业品质［N］. 北京日报，2017-01-10（7）.

［99］陈红华，栾志强. 国内外社区商业发展比较研究及对发展我国社区商业的相关建议［J］. 商场现代化，2005（21）：16-17.

[100] 鲍观明. 社区商贸服务业业态模式选择［J］. 上海商业，2006（3）：31-33.

[101] 储铁军. 国内外社区商业发展对比研究［J］. 合作经济与科技，2012（20）：14-15.

[102] 王成荣. 智慧型社区商业：现状、模式与政策导向［J］. 时代经贸，2019（22）：13-16.

[103] 赖阳. “云消费”时代提升生活性服务业品质的思路［J］. 商贸流通，2015（20）：14-16.

[104] 王振坡，翟婧彤，贾宾，郑志恒. “互联网+”时代下城市商业空间布局重构研究［J］. 建筑经济，2016，37（5）：78-83.

[105] 郭振. 广州市商铺租赁市场研究［D］. 广州大学硕士论文，2011.

[106] 武平. 移动互联社区商业模式创新研究［C］. Information Engineering Research Institute，USA. Proceedings of 2013 3rd International Conference on Education and Education Management（EEM 2013）Volume 29. Information Engineering Research Institute，USA：Information Engineering Research Institute，2013：646-650.

[107] 刘丽. 智慧商业发展研究［J］. 旅游纵览（下半月），2013（11）：188.

[108] 冯璐，赵佳因，郭乐深. 智慧城市智慧服务体系构建［J］. 北京城市学院学报，2014（1）：65-70.

[109] 张荣齐，张寻. 平台战略下社区商业业态业种共生研究［J］. 商业研究，2015（8）：45-51.

[110] 乜标，俞佳峰. 城市社区商业满意度实证研究——以杭州市为例［J］. 北京工商大学学报（社会科学版），2011，26（4）：38-45.

[111] 曹迪. 基于O2O模式的社区便利店转型路径［J］. 商业经济研究，2016（16）：92-93.

[112] 刘思雨. 大数据对生活服务业业态的影响——以零售业为例［J］. 经济论坛，2017（7）：94-98.

[113] 康健. 北京生活性服务业“零距离”“云服务”发展路径［J］. 时代经贸，2017（22）：44-51.

[114] 陈章勇，肖珩，吕坤，吴汶儒. 基于O2O模式的社区餐饮服务体系发展研究——以“精致餐饮社区”网络公司为例［J］. 现代商贸工业，2017（24）：56-58.

[115] 孙尧. 智慧商业，新动力、新机遇、新挑战［J］. 时代经贸，2018（1）：

71-72.

[116] 范晓波. 基于居民社区的 O2O 商业模式研究 [D]. 南京航空航天大学，2018.

[117] 袁娅薇. 价值共创视角下的社区增值服务模式研究 [D]. 郑州大学，2017.

[118] 董利. 社区商业发展的新趋势和新模式 [J]. 时代经贸，2019 (22)：17.

[119] 张先振. 社区商业发展与便利蜂的实践 [J]. 时代经贸，2019 (22)：24-25.

[120] 王成荣. 第四次零售革命：从电商到智能零售 [J]. 时代经贸，2018 (1)：6-13.

[121] 王砚羽，苏欣，谢伟. 商业模式采纳与融合："人工智能+" 赋能下的零售企业多案例研究 [J]. 管理评论，2019，31 (7)：186-198.

[122] Chesbrough H., Rosenbloom R. S.. The Role of the Business Model in Capturing Value from Innovation: Evidence from Xerox Corporation's Technology Spin-Off Companies [J]. Industrial and Corporate Change. 2002, 11 (3): 529-555.

[123] Ferrando F. Is the post-human a post-woman? Cyborgs, robots, artificial intelligence and the futures of gender: a case study [J]. European Journal of Futures Research. 2014, 2 (1): 243-275.

[124] 罗永红，林楠. 基于供应链视角的智慧物流商业模式发展研究 [J]. 商业经济研究，2019 (21)：82-85.

[125] 周波，周玲强. 国外智慧旅游商业模式研究及对国内的启示 [J]. 旅游学刊，2016，31 (6)：8-9.

[126] 杨雅厦. 智慧社区建设对公共服务供给模式的变革及其优化研究 [J]. 中国行政管理，2018 (11)：151-153.

[127] Patel A. S., Darji H., Mujapara J. A. A Survey on Role of Intelligent Community and Social Networking to Enhance Learning Process of Students and Professionals [J]. International Journal of Computer Applications. 2013, 69 (4): 14-17.

[128] 何继新，李露露. 城市社区公共服务智慧化供给功能价值意蕴与建设模式设计 [J]. 海南大学学报（人文社会科学版），2019，37 (4)：56-64.

[129] 朱懿，韩勇. 我国智慧社区建设及其优化对策 [J]. 领导科学，2020 (2)：122-124.

[130] 阮重晖，李明超，朱文晶. 智慧城市建设的商业模式创新研究 [J]. 浙江

学刊，2015（6）：216-221.

[131] Mathews，J. A.，and D. S. Cho. Tiger Technology：The Creation of a Semiconductor Industry in East Asia [M]. Cambridge：Cambridge University Press，2000.

[132] Manyika，Chui J.，Roxburgh R. Big data：the next frontier for innovation，competition and productivity [R]. Mckinsey Gbbal Institute，2011（5）.

[133] Pisano，P.，M. Pironti，and A. Rieple. Identify Innovative Business Models：Can Innovative Business Models Enable Players to React to Ongoing Trends [J]. Journal of Entrepreneurship Research，2015，5（3）：181-199.

[134] 董承华，刘国辉. 信息技术提升流通业效率的路径研究 [J]. 北京工商大学学报（社会科学版），2013，28（2）：31-34.

[135] 郭燕，王凯，陈国华. 基于线上线下融合的传统零售商转型升级研究 [J]. 中国管理科学，2015，23（S1）：726-731.

[136] 李冠艺，徐从才. 互联网时代的流通组织创新——基于演进趋势、结构优化和效率边界视角 [J]. 商业经济与管理，2016（1）：5-11.

[137] 王春豪，袁菊. 西部地区现代流通业效率测度及空间差异分析——基于非径向超效率三阶段 DEA 模型 [J]. 工业技术经济，2019，38（12）：102-110.

[138] 沈华夏，殷凤. 全球价值链视角下零售业效率测度与升级策略——结合"新零售"实践探索的新思路 [J]. 中国流通经济，2019，33（6）：3-13.

[139] 李晓雪，路红艳，林梦. 零售业数字化转型机理研究 [J]. 中国流通经济，2020，34（4）：32-40.

[140] 王强，王超，刘玉奇. 数字化能力和价值创造能力视角下零售数字化转型机制——新零售的多案例研究 [J]. 研究与发展管理，2020，32（6）：50-65.

[141] 刘向东，汤培青. 实体零售商数字化转型过程的实践与经验——基于天虹股份的案例分析 [J]. 北京工商大学学报（社会科学版），2018，33（4）：12-21.

[142] 张建军，赵启兰. 新零售驱动下流通供应链商业模式转型升级研究 [J]. 商业经济与管理，2018（11）：5-15.

[143] 谢莉娟，庄逸群. 互联网和数字化情境中的零售新机制——马克思流通理论启示与案例分析 [J]. 财贸经济，2019，40（3）：84-100.

[144] 马晨，王东阳. 新零售时代电子商务推动农产品流通体系转型升级的机理研究及实施路径 [J]. 科技管理研究，2019，39（1）：197-204.

［145］孟庆鹏，王诚杰．生鲜农产品智慧物流推进策略研究［J］．农业经济，2019（5）：141-142.

［146］师博．人工智能助推经济高质量发展的机理诠释［J］．改革，2020，33（1）：30-38.

［147］俞彤晖，陈斐．数字经济时代的流通智慧化转型：特征、动力与实现路径［J］．中国流通经济，2020，34（11）：33-43.

［148］Patel A. S.，Darji H.，Mujapara J. A. A Survey on Role of Intelligent Community and Social Networking to Enhance Learning Process of Students and Professionals［J］. International Journal of Computer Applications. 2013，69（4）：14-17.

［149］刘君．智慧社区服务发展策略研究［J］．管理现代化，2012（6）：46-48.

［150］郑从卓，顾德道，高光耀．我国智慧社区服务体系构建的对策研究［J］．科技管理研究，2013，33（9）：53-56.

［151］汪碧刚，王永健．新经济背景下智慧社区的服务与运营［J］．人民论坛，2017（32）：76-77.

［152］张艳国，朱士涛．互联网+社区服务：智慧社区服务新趋势［J］．江汉论坛，2017（11）：139-144.

［153］陈跃华．加快智慧社区建设　破解社区治理难题［J］．人民论坛，2019（2）：60-61.

［154］王凯，岳国喆．智慧社区公共服务精准响应平台的理论逻辑、构建思路和运作机制［J］．电子政务，2019（6）：91-99.

［155］王成荣，王春娟．“后新冠时代”加快智慧型社区商业服务体系建设的思考［J］．商业经济研究，2020（12）：5-9.

［156］孙德芳，秦萧，沈山．城市公共服务设施配置研究进展与展望［J］．现代城市研究，2013，28（3）：90-97.

［157］冯猛．城市社区服务的供需匹配：模型构建及其应用［J］．福建论坛（人文社会科学版），2016（2）：142-150.

［158］周岱霖，黄慧明．供需关联视角下的社区生活圈服务设施配置研究——以广州为例［J］．城市发展研究，2019，26（12）：1-5+18.

［159］张忠国，赵旭，杨震，张舰．城市社区服务圈便民设施配置均好性评估体系构建探索［J］．城市发展研究，2020，27（3）：63-69.

[160] 王春娟，王成荣. 数字经济背景下社区商业智慧化转型：理论体系与机制模型 [J]. 商业经济研究，2021 (10)：5-9.

[161] 于凌云，李易颖. 社区智慧养老资源配置协同度评价研究 [J]. 经济与管理评论，2021，37 (4)：149-160.

[162] 朱志伟. 特大城市社区资源配置模式演化与推进机制——以上海市为例 [J]. 福建论坛（人文社会科学版），2020 (11)：181-190.

[163] [法] 费尔南·布罗代尔. 15 至 18 世纪的物质文明、经济和资本主义 [M]. 顾良，施康强，译. 北京：生活·读书·新知三联书店，2002：1-82.

[164] 周皓. 资本形式、国家政策与省际人口迁移 [J]. 中国人口科学，2006，(1)：42-51.

[165] E. G. Ravenstein. The Laws of Migration [J]. Journal of the Royal Statistical Society，1885，XLVIII (PartII)：167-227.

[166] E. G. Ravenstein. The Laws of Migration [J]. Journal of the Royal Statistical Society，1889，LII：241-301.

[167] Bogue D. J.，Internalmigration. Hauser P.，Duncan O. D. The Study of population. Chicago：University of Chicago Press，1959，pp. 486-509.

[168] Lee，E. S. A Theory of Migration. Demography，1966，3 (1)，pp. 47-57.

[169] Jackson Duncan J. R.，Carr Stuart C.，Edwards Margot，et al. Exploring the Dynamics of New Zealand's Talent Flow [J]. New Zealand Journal of Psychology. 2005，7：110-116.

[170] Trausti Valsson，Gudmundur F. Ulfarsson & Sigurdur M. Gardarsson. A Theory of the Evolution of Settlement Structures Based on Identification and Use of Patterns：Iceland as a Case Study [J]. Futures，2013，54：19-32.

[171] Moon B. Paradigms in Migration Research：Exploring "Moorings" As a Schema [J]. Progress in Human Geography，1995，19 (4)：504-524.

[172] Jen-Ruei Fu. Understanding Career Commitment of IT Professionals：Perspectives of Push - Pull - Mooring Framework and Investment odel [J]. International Journal of Information Management，2011，31：279-293.

[173] Alan C. K. Cheung&Timothy W. W. Yuen. Examining the Motives and the Future Career Intentions of Mainland Chinese Preservice Teachers in Hong Kong [J]. High

Education, 2016, 71: 209-229.

[174] Vilmante Kumpikaite& Ineta Zickute, Synergy of Migration Theories: Theoretical Insights [J]. Engineering Economics, 2012, 23 (4): 387-394.

[175] 李秀珍，马万华. 来华留学生就业流向的影响因素研究——基于推拉理论的分析视角 [J]. 教育学术月刊，2013 (1): 36-39.

[176] 韩凝春，王春娟. 新生态体系下的新消费、新业态、新模式 [J]. 北京: 中国流通经济，2021 (3): 121-128.

[177] 江小涓. 高度联通社会中的资源重组与服务业增长 [J]. 经济研究，2017, (3): 4-17.

[178] 刘洋，董久钰，魏江. 数字创新管理: 理论框架与未来研究 [J]. 管理世界，2020, 36 (7): 198-217+219.

[179] Galindo M. M., Castaño M. M., Mendez P. M. 2019. Digital transformation, digital dividends and entrepreneurship: A Quantitative Analysis [J]. Journal of Business Research, 101: 522-527.

[180] Ravenstcin, E. G., The Laws of Migration. Journal of the Royal Statistical Society, Vol. 52, No. 2, Jun 1889, pp. 241-305.

[181] 祝合良，王春娟. "双循环" 新发展格局战略背景下产业数字化转型: 理论与对策 [J]. 财贸经济，2021 (3): 14-27.

[182] Yin, R. K. Case Study Research: Design and Methods [M]. Newbury Park, CA: Sage Publications, 1989.

[183] Siggelkow, N. Persuasion with Case Studies [J]. Academy of Management Journ1al, 2007, 50 (1): 20-24.

[184] Eisenhardt K. M. Building theories from case study research [J]. Academy of Management Review, 1989, 14 (4): 532-550.

[185] Eisenhardt, K. M., and M. E. Graebner. Theory Building from Cases: Opportunities and Challenges [J]. Academy of Management Journal, 2007, 50 (1): 25-32.

[186] Robertson B. J. Holacracy: the new management system for a rapidly changing world [M]. New York: Henry Holt and Company, 2015.

[187] Ramaswamy V., Ozcan K. Offerings as digitalized interactive platforms: a conceptual framework and impli-cations [J]. Journal of Marketing, 2018, 82 (4): 19-31.

[188] 祝合良，王春娟. 数字经济引领产业高质量发展：理论、机理与路径 [J]. 财经理论与实践，2020，41 (5)：2-10.

[189] 孙新波，钱雨，张明超，李金柱. 大数据驱动企业供应链敏捷性的实现机理研究 [J]. 管理世界，2019，35 (9)：133-151.

[190] 王艳，王成荣. 常态和疫情下社区生鲜电商的盈利模型比较研究 [J]. 物流技术，2020，39 (6)：20-24+29.

[191] 王春娟. 零售企业娱乐型购物满意度影响因素实证分析 [J]. 商业经济研究，2017 (24)：113-115.

[192] 范秀成，杜建刚. 服务质量五维度对服务满意及服务忠诚的影响——基于转型期间中国服务业的一项实证研究 [J]. 管理世界，2006 (6)：111-118+173.

[193] 何迎朝，王笑磊. 线上线下销售渠道选择研究：基于博弈论的视角 [J]. 现代管理科学，2015 (7)：106-108.

[194] 谢卫红，林培望，李忠顺，郭海珍. 数字化创新：内涵特征、价值创造与展望 [J]. 外国经济与管理，2020，42 (9)：19-31.

[195] 朱睿. 疫情危机下的商业创新趋势与竞争策略 [EB/OL]. http://m.jiemian.com/article/4057894.html.

[196] 中国社区商业工作委员会，武汉肯创商业运营机构. 武汉战疫社区商业消费调研报告 [R]. 2020.

[197] 王成荣，王春娟. 构建互联网时代社区商业新生态 [J]. 北京财贸职业学院学报，2017，33 (5)：21-26.

[198] 邢惠淳. “新零售”背景下生鲜电商商业模式比较分析——以盒马鲜生和每日优鲜为例 [J]. 商业经济研究，2019 (4)：85-87.

[199] 王艳. 社区新零售企业比较研究——基于四家典型企业的对比分析 [J]. 时代经贸，2019 (28)：6-11.

[200] 王艳. 供应链视角下的前置仓研究 [J]. 物流技术与应用，2019，24 (10)：188-190.

[201] 胡健歆，陈喜文. 新零售背景下生鲜业态发展的阻碍及突破——以盒马鲜生与超级物种为例 [J]. 商业经济研究，2020 (5)：108-111.

[202] 魏国辰. 电商企业生鲜产品物流模式创新 [J]. 中国流通经济，2015，29 (1)：43-50.

[203] 刘建鑫，王可山，张春林. 生鲜农产品电子商务发展面临的主要问题及对策 [J]. 中国流通经济，2016，30 (12)：57-64.

[204] Mitsuyoshi Horikawa. Information of Community Activities on Regional Shopping Street [A]. Proceedings of 12th Asia Pacific Industrial Engineering & Management Systems Conference, 2011.

[205] Charles M. Tiebout. Exports and Regional Economic Growth [J]. Charles M. Tiebout, 1956, 64 (2): 21.

[206] Teitz M. B. Toward A Theory of Urban Public Facility Location [J]. Papers of the Regional Science Association, 1968, 21 (1): 35-51.

[207] Urban Redevelopment Authority of Singapore. Yishun planning area planning report 1996 [R]. Singapore: Urban Redevelopment Authority of Singapore, 1996.

[208] 王成荣等. 第四次零售革命：流通的变革与重构 [M]. 北京：中国经济出版社，2014.

[209] 王成荣. 新的零售革命：机遇与挑战 [J]. 中国商贸，2014 (7)：20-24.

[210] 王成荣. 零售革命背景下百货店的转型与创新 [J]. 商业经济研究，2015 (7)：7-9.

[211] 王成荣，王肇. 现代城市社区功能与智慧型社区商业服务：文献探索与研究展望 [J]. 中国商论，2020 (21)：21-24.

[212] 张晓娜，施明华. 我国城市社区商业的空间布局模式探讨 [J]. 北京工商大学学报，2009，24 (6)：28-33.

[213] 康健，王成荣，王春娟. 数字经济背景下智慧型社区商业配置研究 [J]. 商业经济研究，2021 (21)：29-32.

[214] 祝合良，王春娟. 数字经济引领产业高质量发展：理论、机理与路径 [J]. 财经理论与实践，2020，41 (5)：2-10.

[215] 黄建中，胡刚钰，李敏. 老年视角下社区服务设施布局适宜性研究——基于步行指数的方法 [J]. 城市规划学刊，2016 (6)：45-53.

[216] 耿冰，付梅臣. 基于开放数据的社区商业布局研究 [J]. 商业经济研究，2017 (8)：8-10.